jardines pequeños

jardines pequeños

una guía práctica para la jardinería en espacios muy reducidos

Jill Billington

Royal Horticultural Society

BLUME

BLUME

Título original:
Really Small Gardens

Traducción y revisión de la edición en lengua española:
Anna Domínguez Puigjaner
Licenciada en Ciencias Biológicas
Universidad de Barcelona
Ursel Fischer
Miguel Iribarren Berrade

Coordinación de la edición en lengua española:
Cristina Rodríguez Fischer

Primera edición en lengua española 2005

© 2005 Art Blume, S.L.
Av. Mare de Déu de Lorda, 20
08034 Barcelona
Tel. 93 205 40 00   Fax 93 205 14 41
E-mail: info@blume.net
© 2005 del texto Jill Billington
© 2005 Quadrille Publishing Limited, Londres

May 2009

ISBN: 84-9801-021-7

Impreso en China

CONSULTE EL CATÁLOGO DE PUBLICACIONES *ON-LINE*
INTERNET: HTTP://WWW.BLUME.NET

contenido

Para Bill, mi marido, con todo mi cariño y consideración.

páginas anteriores *La cabeza de terracota que emerge de las flores verdes y del follaje de Eucomis bicolor es parte integrante de este grupo de plantas situadas al pie de un árbol.*

página anterior *El enrejado de madera, al igual que el entarimado, permite a las enredaderas configurar los límites, creando un lugar verde y placenteramente íntimo.*

elección

En un jardín de reducidas dimensiones todo cuenta, por lo que resulta esencial una meticulosa planificación: esto implica tomar decisiones sobre cómo aprovechar el jardín y qué es lo que se desea tener en él. A menudo, los propietarios de jardines grandes se exceden en la compra de plantas y de otros elementos y los mezclan de un modo caótico. Por el contrario, un jardín de dimensiones reducidas conlleva una planificación simple, de modo que se convierta en una íntima expresión del propietario.

Este diminuto patio interior no se ve alterado ni por el viento ni por el clima, lo que favorece que sea un lugar tranquilo, recogido y contemplativo.

La simetría reina en este jardín pavimentado con ladrillos donde la plantación se mantiene dentro de arriates geométricos delimitados por setos enanos de boj.

Las líneas paralelas de las tarimas de madera se yuxtaponen con los guijarros redondeados, creando texturas que realzan el diminuto terreno todo el año.

En este pequeño jardín urbano, el imprescindible cobertizo para almacenamiento se ha transformado en un atractivo elemento al pintarlo de color crema.

Las texturas verdes llenan el espacio, mientras que la plataforma crea un jardín prefabricado en varios niveles, con espacio para colocar una tumbona.

En este jardín se ha ampliado verticalmente el área útil buscando la luz, con lo que se ha creado un espacio de diferentes niveles para los niños. El agua que discurre por las láminas de acero reclama la atención del observador.

a pequeña escala

Planificar un espacio reducido implica realizar elecciones esenciales y decidir qué se debe sacrificar para lograr el objetivo. La funcionalidad debe prevalecer sobre cualquier cosa, de forma que no todo objeto, planta o elemento sirve; sin este requisito, el lugar se convertirá en un espacio superpoblado y confuso.

¿Qué le resulta más importante: la vida al aire libre o su gran afición por las plantas? Actualmente mucha gente desea aprovechar sus jardines como una extensión de la vida en el interior de la casa, pero, por ejemplo, el enorme placer de comer fuera requiere de espacio, lo cual limita las posibilidades de plantación. Si realmente le gustan las plantas, quizás podría diseñar un pequeño sendero con diferentes grupos de plantas. ¿Debería tener césped? La hierba resulta agradable y siempre es bienvenida, pero precisa ciertos cuidados y no crece bien en pequeños espacios oscuros; por otra parte, puede que no disponga de sitio suficiente para almacenar una máquina cortacésped.

En un espacio reducido debe considerar algunos aspectos prácticos, además de ciertas necesidades, que dependerán de su estilo de vida e intereses. Por ejemplo, si usted es un gran amante de las plantas, ¿hasta qué punto le interesa una zona pavimentada? ¿Necesita realmente un cobertizo o se conforma con un invernadero pequeño o una fría estructura? Si dispone de espacio suficiente en el interior de su casa para guardar las herramientas del jardín, podrá disfrutar de mayor espacio en el exterior para otras cosas? ¿Es realmente necesaria una barbacoa si el jardín está situado justo al lado de la cocina? Piense en todo ello antes de llevar a cabo la planificación de su jardín.

en términos de escala

La escala es el primer elemento que el propietario de un jardín de dimensiones reducidas debe tener en cuenta. Se trata de la relación entre uno mismo y el espacio en el que se mueve.

Sin duda, en los ilimitados horizontes de un pantanal o en el desierto, con el inmenso cielo encima, las personas realmente se vuelven pequeñas y vulnerables. El ser humano se relaciona de forma más cómoda cuando la escala se altera; esto es,

Encerrado en sus flotantes límites, el espacio central de este compacto jardín urbano se ha concebido para uso personal. Los cuadrados que conforman la plataforma de madera cubren todo el suelo, y el mobiliario de tablillas se ha escogido a juego.

superior izquierda *Ideado para la vida en el exterior, el banco de hormigón que hay detrás de la mesa de comedor de granito funciona también como un macizo elevado para las plantas.*

superior derecha *Este cómodo mobiliario ocupa poco espacio, mientras que la inclusión de la enorme maceta de arcilla constituye una atrevida decisión.*

derecha *Este jardín se ha concebido como un espacio para las plantas. El sendero de madera, flanqueado por lirios, asciende hacia el insinuante y escondido horizonte.*

cuando el paisaje se encuentra confinado por las colinas o el bosque. En espacios muy pequeños, asumimos grandes proporciones, como le sucedía a Alicia al aceptar la orden «bébeme» y crecer desmesuradamente.

Así que veamos: ¿qué dimensiones tiene realmente su espacio? ¿Es de unos 6 m² o no es mucho más ancho que un pasillo de, aproximadamente, 1,5 m de longitud? En el primer supuesto, la escala permite comer en el exterior, mientras que en el segundo caso es tan reducido que el jardín se convierte en un escenario virtual más adecuado para ser contemplado desde una ventana. Si quiere disfrutar al máximo de un espacio pequeño, deberá realizar un trabajo a escala reducida. Ello no significa que todo en el jardín tenga que ser diminuto: un espacio pequeño, lleno de muebles *bijou*, macetas liliputienses y plantas enanas no resulta agradable. La gente debe sentirse cómoda para moverse por el jardín o descansar en él; no debería tener que emplear una gran lente de aumento para apreciar las plantas. Un ejemplar de gran tamaño, bien escogido, en armonía con otros de menor tamaño, equilibrará el espacio y animará el jardín.

ventajas y restricciones

Además de las propias dimensiones, hay otros elementos del terreno que son inalterables, de modo que también ejercen una gran influencia. Pero la idea es transformar las restricciones en elementos creativos. Los niveles de luz, el clima, el tipo de suelo y los límites del jardín son condiciones fijas (véase el apartado «Bajo tierra», pág. 54): deberá trabajar con ellas, pero no podrá cambiarlas. No obstante, al resolver los problemas que plantean quizás encuentre soluciones ingeniosas y originales, incluso aunque en ocasiones deba

sacrificar la elegancia por conveniencia. Ciertos problemas son habituales en la mayoría de los terrenos de dimensiones reducidas.

Dado que numerosos jardines realmente pequeños son urbanos y se hallan rodeados de altas paredes o hundidos entre los elevados edificios que los rodean, todos estos elementos los dominan y crean problemas debido a la sombra que proyectan tanto otros edificios, como muros colindantes o árboles cercanos. Pero existen diversas formas de esconder su jardín y,

si planta ejemplares que toleren la sombra podrá transformarlos en agradables. En el siguiente capítulo (véase pág. 27) encontrará consejos sobre las plantas más adecuadas para ello.

El acceso es otro potencial problema en los pequeños jardines urbanos. Si no dispone de un pasaje lateral, los materiales duros, el compost y las plantas deberán trasladarse a través de la casa; si el terreno está situado a nivel de sótano, puede

encontrarse con el problema añadido de que haya una escalera con moqueta. Si piensa en ello con antelación, es fácil encontrar soluciones como sacar algún espécimen por una ventana o, en caso extremo, utilizar una grúa para trasladar un árbol maduro sobre una terraza, como en un jardín urbano que diseñé.

Recuerde que también puede ser necesario hacer más de un viaje para ocuparse de los restos vegetales: si decide no dedicar un poco de espacio al compost, la poda, los recortes de hierbas, las malas hierbas y las hojas muertas, deberá recogerlo y trasladarlo fuera de casa. En un jardín pequeño debe reinar un cierto orden.

tratar con la sombra

La primera impresión que se tiene de un jardín pequeño puede ser la de un lugar oscuro y tenebroso, pero todo es mejorable, de modo que plantéele ese desafío a su imaginación. La naturaleza proporciona plantas para cualquier situación, excepto para la tierra seca y estéril; y son muy numerosas las especies atractivas que pueden desarrollarse en zonas oscuras. Incluso una oscuridad «real» puede transformarse con la utilización de colores pálidos, luminosos en la oscuridad, como la lunaria de flores blancas (*Lunaria annua* «Variegata») o la forma variegada blanca del evónimo (*E. fortunei* «Silver Queen»). Diviértase con trucos y efectos con espejos para aportar ilusiones e iluminación al jardín (véase «Trucos», pág. 80).

jardines expuestos

Estar expuesto al implacable sol y al calor puede resultar tan dañino para las plantas como estarlo al viento o a las heladas. Si su jardín se encuentra en un clima cálido, donde el patio cerrado concentra el calor reflejado, opte por plantas que se adapten a estas condiciones. Las hojas pequeñas y delgadas cubiertas de finos pelos, como el caso de numerosas artemisas,

izquierda *La cremosa caliza se adapta a este elegante y soleado patio donde las paredes reflejan la cálida luz solar. Cautiva por la luz, la escultura clásica se une a la atmósfera, con lo que equilibra el detalle de la escalera. Otro elemento decorativo es el follaje verde.*

extremo izquierda *Al jardín cubierto se llega mediante una empinada escalera desde el sótano. El reducido espacio está bien aprovechado, con una zona de descanso, una alacena e incluso un tendedero. Las paredes blancas reflejan la luz.*

Abierto al cielo, este hermoso jardín de una azotea se encuentra expuesto a cualquier fenómeno climático y a la luz solar. Se ha cerrado mediante un límite protector de espalderas de tablillas que filtran el viento y el calor tanto lateral como superior.

no perderán tanta humedad a través de la evaporación; por ello es preferible adquirir plantas como éstas o lavandas, santolinas y *Cistus* «Silver Pink».

Los jardines de azotea presentan diversos problemas. Casi siempre pequeños, deben enfrentarse a la exposición al viento y al sol. El viento no es sólo destructivo, sino que además seca de forma extrema el suelo en un rápido proceso denominado «desecación». Dado que en general los macizos de los jardines de azotea se hallan elevados, la tierra es menos profunda que en los situados a nivel de suelo, por lo que un sistema de irrigación gota a gota podría resultar esencial. También es necesaria cierta delimitación para proteger las plantas del viento, además de ofrecer seguridad; los edificios altos tienden a concentrar el viento, de modo que éste es incluso más fuerte

a nivel del suelo de la azotea. Los límites sólidos como los muros pueden, sencillamente, crear un lugar de remanso, mientras que una forma semipermeable de pantalla, como paredes perforadas o paneles de espalderas, tablillas de madera o bambú o vallas de zarzas, resultan más efectivas, pues filtra el viento y reduce su fuerza. Mantenga los paneles en su sitio con la ayuda de soportes de madera o andamios. El calor también se concentra más en las capas superiores, de modo que puede ser necesario un dosel ligero de tablillas de madera que proporcione sombra y proteja aquellas plantas que se blanquean con el sol fuerte. Seleccione plantas como el espino amarillo y la *Phyracanta,* de manera que los extremos se toquen en el techo de la azotea. A pesar de sus siluetas, existen algunos maravillosos jardines pequeños en el cielo.

En este pequeño jardín de azotea rodeado de casas se ha logrado cierta intimidad, a pesar de los pequeños orificios a través de paneles de policarbonato opacos que actúan como paredes. Por encima, una pantalla crea una sombra moteada, con lo que el espacio resulta agradable para las plantas y los habitantes del jardín.

crear intimidad

En la vida actual, la intimidad es una cualidad altamente apreciada. Un pequeño espacio cerrado puede presentar algunas dificultades, aunque es posible encontrar soluciones a esto. Si está abierto por la parte superior, elija alambres delgados colocados a una altura por encima de la cabeza que soporten plantas trepadoras como la wisteria o la vid, las cuales tienen un follaje lo suficientemente ligero como para no impedir el paso de la luz; las plantas de follaje escaso actuarán como pantalla de modo tan efectivo como una cortina, y al mismo tiempo permitirán la visión a través. Como alternativa, opte por un árbol pequeño como *Betula pendula* «Tristis», que filtrará la luz sin crear una sombra densa y proporcionará intimidad. De esta forma, podrá ignorar el otro lado del mundo y disfrutar de su espacio «interior».

los aspectos positivos

Tener un jardín de dimensiones reducidas conlleva ciertas ventajas. Para empezar, el coste de mantenimiento es menor. Éste es un factor habitualmente poco mencionado en los libros, pero cuando se enfrenta al hecho de tener que comprar plantas y mantener el jardín, los gastos aumentan de forma rápida.

Tener un jardín pequeño implica que existe la posibilidad de utilizar materiales de pavimentación más caros, como losas auténticas, en lugar de empedrado de hormigón que imitan a la piedra, o bien que puede construir límites con los mejores materiales, como una valla robusta, hecha por un carpintero. También puede tener ejemplares más exclusivos de plantas para empezar a diseñar su jardín.

En terrenos pequeños y cerrados, los muros protegen del viento y crean un microclima algunos grados por encima que el entorno. Ello le permitirá plantar arbustos de pared y trepadoras que se beneficiarán de dicha protección. Si se trata de un terreno a pleno sol opte por la bignonia (*Campsis radicans*) o *Trachelospermum jasminoides*; en una pared con sombra parcial crecerá mejor una *Abelia*. Incluso podría adquirir ejemplares exóticos, aunque su precio es más elevado (véase pág. 50).

Los espacios pequeños también pueden ofrecer beneficios reales en cuanto a su cuidado: resultan ideales para la gente con muy poco tiempo por su fácil manejo. El tiempo que tardará en remover el suelo en otoño se reducirá, probablemente, a una hora. Los trabajos pesados de poda, división de plantas y despuntado pueden hacerse de forma rápida y sólo le llevarán un par de minutos cada día si quiere que las plantas luzcan su mejor aspecto. Puesto que el trabajo no es excesivo, dispondrá de más tiempo para descansar y disfrutar de su jardín, algo que rara vez hacen los propietarios de jardines más grandes.

planificación de un jardín pequeño

Tras valorar lo que tiene, deberá decidirse sobre lo que puede descartar. Puesto que en un espacio reducido todo cuenta, es preferible renunciar a aquello que no tiene un propósito claramente funcional o estético, aunque esto signifique deshacerse de algún objeto querido. Pero no se apresure a eliminar objetos que más adelante le resulten útiles. Si la primera visita al terreno se lleva a cabo en invierno, cuando la mayoría de los jardines presentan el peor aspecto, puede ser que no aprecie el valor de las plantas que están invernando a primera vista. En primavera, el espacio se beneficiará del aspecto verde de los jardines vecinos o quizás pueda adquirir buenos ejemplares que madurarán adecuadamente.

¿qué tenemos en el lugar?

¿Qué es lo que ha heredado? ¿Exactamente cuáles son las dimensiones de su espacio y de cuántos metros cuadrados de suelo dispone? ¿Es suficiente para acomodar una pequeña silla o bien permite un banco de mayor tamaño? ¿Tiene bastante espacio para una pequeña mesa plegable? ¿Se trata de un espacio sombrío, expuesto o abierto a las miradas? Haga una lista de ventajas y desventajas y se sorprenderá al comprobar que la primera siempre es más larga que la segunda.

No se deshaga de las plantas del terreno antes de comprobar su valor; algunas, como el arce japonés de crecimiento lento (*A. palmatum*), pueden tardar años en alcanzar el tamaño de un árbol. En cambio,

debería pensarlo dos veces antes de mantener coníferas enanas o una joven magnolia, ya que en ocasiones llegan a dominar no únicamente su espacio sino también el de sus vecinos, con lo que reducen la luz a ambos lados de la verja. Las magnolias en general florecen sólo una vez al año, y además limitan la plantación debajo de ellas. Puesto que cada elemento y planta del jardín necesita su espacio, opte por plantas grandes sólo si va a poder controlar su crecimiento con facilidad mediante la poda u otros métodos.

Compruebe la orientación del jardín para descubrir el lado más soleado. Los muros cálidos y protegidos proporcionan un sitio resguardado para descansar, además de una buena oportunidad para cultivar plantas trepadoras aromáticas: los espacios reducidos concentran más los aromas. ¿Su jardín se encuentra rodeado de edificios altos que no dejan pasar la luz? Si es así, opte por elementos que atraigan la mirada de modo que el jardín se transforme completamente en un espacio íntimo. Una escultura o una planta que destaquen actuarán como punto focal que distraerá la vista de los límites y el entorno.

Si la inspección de la propiedad vecina revela paredes negras cubiertas de tuberías, edificios altos sin ventanas o alguna pared oculta de una fábrica, coloque una pantalla sobre ese muro, por ejemplo una espaldera de madera festoneada con magníficas trepadoras como la wisteria o *Actinidia kolomikta*, las cuales dominarán la vista en sustitución del desagradable entorno. Al contemplar el pequeño jardín puede encontrar atractivas vistas. Quizá vislumbre una elegante aguja de una iglesia o, en un piso urbano, una vista del Empire State Building o del Parlamento londinense. Tal vez divise algún río. Si tales elementos forman parte del paisaje urbano, no dude en «tomarlos» e incorporarlos a su jardín. Elija las plantas de modo que enmarquen la vista o bien opte por que ésta sea el punto focal del jardín, sin otros elementos que distraigan la atención.

Si su jardín es tan pequeño que apenas puede moverse en él, piense en él como en una pintura viviente y diséñelo teniendo en cuenta las ventanas de la casa. Cree un punto focal dominante que resulte atractivo en cualquier estación, quizás una urna o una maceta grande, y limite las plantas al mínimo, por ejemplo a un espécimen de hierba ornamental, como la púrpura *Miscanthus sinensis* var. *purpurascens,* con una hiedra trepadora de hojas pequeñas a sus pies como la *Hedera helix* «Sagittifolia Variegata».

¿qué le gustaría ver en su jardín?
Una vez que haya estudiado el espacio existente, puede empezar a diseñar el jardín. Deberá decidirse por el estilo en general que desea, además de definir cuál será su uso; incluso aunque las prioridades sean de carácter práctico, ello no significa que el jardín no pueda tener una atmósfera propia. ¿En qué estilo ha pensado? Todos tenemos una idea de cómo nos gustaría que fuera ese espacio, y estas ideas difieren ampliamente –lo que hace que cada jardín sea algo personal. Para algunas personas, una serie de plantas que crecen con un desorden dulcemente aromático constituye ideal de sensualidad. Otras, sin embargo, consideran que las plantas requieren de su propio espacio para ofrecer la mejor apariencia, por lo que seguramente pensarían que un jardín como el anterior es un enorme caos. Un orden formal puede resultar elegante y seductor en un espacio reducido, de modo que cabe elegir el sencillo arte de la simetría y utilizar diferentes ejes que conduzcan la vista de manera lineal hacia determinados puntos focales. Otra opción consiste en reducir estas ideas al minimalismo, en el cual la estructura esencial de una planta, en contraste con una simple roca, puede expresar la exquisita armonía inspirada en los jardines japoneses clásicos. Haga un esquema antes de plantar definitivamente las plantas en el suelo. Si no está convencido sobre el estilo que va a elegir, consulte las fotografías que encontrará en este capítulo y en otros capítulos posteriores para inspirarse.

Obviamente, la vida en familia presenta más requisitos en un espacio reducido que en el caso de una persona sola: el uso múltiple implica disponer de un lugar para el trabajo duro que probablemente necesite de algún sitio dedicado al almacenamiento.

Para algunos, comer fuera en verano resulta esencial, mientras que otros se reservan el espacio para saborear una copa de vino bajo una glorieta. Incluso aunque no disponga de espacio para una sombra; procure hacer sitio al menos para una silla creando una zona pavimentada de reducido tamaño para ello. En verano se sentirá eternamente agradecido: sentarse fuera no es lo mismo que sentarse dentro.

Por otro lado, el propietario de un jardín pequeño puede tener ideas clásicas, en cuyo caso la única pavimentación requerida será un acceso hacia la zona de las plantas para que los zapatos no se ensucien. Si se trata de un apasionado de las flores, las diversas condiciones de cultivo ampliarán el

inferior *Un informal jardín familiar con un césped poco recortado se ha dividido mediante espalderas abiertas que también sirven como escondite de los niños. Las enmarcadas vistas, reforzadas por los reflejos de viejos espejos, muestran colecciones personales.*

abanico de lo que se puede plantar. Aunque el terreno sea plano, muchos jardines pequeños son lo bastante espaciosos como para contemplar un cambio de nivel, creando así atractivos efectos al mismo tiempo que se aumenta el espacio de cultivo. Un sistema apilado de macizos elevados permite que algunas plantas se desarrollen hacia la luz y que otras se arrastren sobre los muros de contención que, si son de madera o ladrillo, se doblarán al sentarnos. Además, disponer de macetas, aumenta el número de plantas que puede cultivar al proporcionarle diferentes condiciones de suelo, de forma que, por ejemplo, las plantas propias de condiciones ácidas como las azaleas crecerán incluso en suelos alcalinos.

elección de los materiales

Resulta crucial no tratar la pequeña escala de su jardín en términos de miniaturización, ya que así sólo se prestaría atención a la compactación del espacio. Es igualmente importante evitar que aparezca desordenado a causa de la utilización de excesivos y diferentes materiales. Pero ello no significa, por otro lado, que se deban emplear únicamente dos tipos de materiales porque el espacio sea reducido. Una buena solución consiste en introducir unos escalones que conduzcan desde una cubierta de madera hacia un pavimentado de ladrillos y colocar losas de piedra sobre grava; ello resulta agradable tanto para su uso como para la vista. En cualquier caso, si dispone de un contraste de texturas, asegúrese de que los colores no choquen;

superior *A pesar de la pequeña escala de este suelo, no se han escatimado ni las plantas seleccionadas ni los materiales utilizados. Sólidos cantos redondeados, madera y piedra «revestida» crean una imaginativa superficie dura. La desnuda elección de plantas incluye un alerce y un gran formio. El alerce crece en una maceta, lo que limita sus raíces y frena su desarrollo.*

demasiados cambios harán que el espacio resulte recargado así como desordenado.

el suelo

Existen numerosos argumentos contra la utilización de césped en pequeños espacios. La hierba no resiste el mobiliario; necesita muchos cuidados y, además, ¿dónde se puede guardar la máquina cortacésped? Pero si aun así quiere disfrutar de la suavidad de la hierba y del placer de sentirla bajo sus pies, y puede guardar el cortacésped en cualquier lugar, no desista de su deseo: la verdad es que no resulta cómodo estirarse sobre la grava. No es necesario que su «césped» sea tan suave como una mesa de billar; puede escoger una semilla adecuada para una zona de paso o incluso para un lugar sombrío, y en ambos casos obtendrá buenos resultados.

Si está dispuesto a renunciar al césped o desea crear un estilo campestre, pavimente el jardín con losetas grandes o pequeñas. Es importante que todos los elementos duros se coloquen de forma adecuada sobre una base firme. Unas pocas planchas naturales, de gran tamaño distribuidas al azar,

inferior *Es posible manipular el pavimento irregular de manera estética para crear una superficie agradable. Como en este logrado ejemplo de pequeño jardín formal, resulta tan importante prestar atención al modelo de unión como al tamaño y colocación de las losas.*

sin ningún modelo predeterminado, presentarán un estilo efectivo en un espacio pequeño, mientras que unas losetas más pequeñas de diversos tamaños (existen en el mercado piedras naturales o buenas imitaciones de calidad) parecerán

descuidadas si se colocan al azar, incluso cuando el espacio sea mínimo; como resultado se reduciría la zona aparente. Sin embargo, si se instalan losetas pequeñas de idéntico tamaño en una retícula geométrica, se creará un modelo que cubrirá todo el suelo de manera uniforme. Este diseño no disminuye el espacio porque se extiende en toda la zona, y no en unidades individuales, lo que lo convierte en algo significativo.

También es posible utilizar ladrillo o cemento, baldosas o esferas de granito para recubrir el suelo, todos ellos de tamaño estándar, para crear uniones o diseños unificados. El modelo de unión en rejilla o *chevron* (en el cual los ladrillos se colocan en un ángulo de 45° entre sí) tradicionalmente tiene un aire rural. Una unión seguida de ladrillos indica dirección y por ello se emplea normalmente en senderos. Piénselo dos veces antes de utilizar materiales naturales como ladrillos o piedras en zonas sombreadas y húmedas, que atraen a las resbaladizas algas y musgos, lo que obliga a limpiarlos con frecuencia. El pavimento irregular también crea modelos. No ignore este económico material: en manos de expertos japoneses, una piedra de formas irregulares puede resultar muy hermosa en sus pequeños patios, de modo que ¿por qué no va a serlo también en el suyo?

El hormigón es un material con mala fama, si bien resulta al mismo tiempo económico y conveniente. El pavimento de hormigón puede hacerse en el lugar, de forma que sólo tienen que transportarse los materiales secos hasta el suelo donde se va a instalar. Este duradero y fluido material se puede verter de modo que se ajuste exactamente a la forma y al espacio requerido. La textura de su superficie puede verse realzada si se incorporan pequeñas piedras o cascajos, descritos como «agregados»; en un clima húmedo, las texturas bastas resultan menos resbaladizas que las más suaves. Algunas personas optan por mezclar el hormigón con algunos elementos divertidos como canicas, o lo marcan con pisadas e incluso huellas; estos detalles pueden resultar atractivos en espacios pequeños. El hormigón también puede instalarse con una textura aserrada o estriada, que se conforma mientras está húmedo, lo que resulta muy adecuado para un jardín sombrío en un clima húmedo. Si el clima es seco, el hormigón puede colocarse para que quede alisado e incluso sellarse con un material apropiado o pintarse en brillantes colores.

También es posible distribuir guijarros sobre cemento o de forma laxa sobre grava; resultan atractivos asociados con arbustos alpinos, arces japoneses o pinos pequeños como *Pinus mugo*. Aunque no es cómodo caminar sobre ellas, las rocas crean una atmósfera interesante y constituyen una ventaja en un espacio reducido de mirada introspectiva. Unas pocas rocas colocadas con guijarros y grava pueden asociarse con uno o dos arbustos pequeños para crear un efecto duradero en cualquier estación, algo aconsejable concretamente en un patio pequeño o en un jardín que se vea principalmente desde una ventana.

Por otro lado, la grava resulta muy adecuada para caminar sobre ella. Existen de diferentes tipos, desde el cascajo de tamaño medio hasta el canto rodado redondeado. Elija la que se adapte más a los materiales propios de la zona o a los del estilo de la casa. El blanco no es muy conveniente y las láminas de cuarzo evocan jardines para descansar,

de forma que es mejor optar por materiales como granito, arenisca, caliza, dolomita, pórfido, pedernal y gravas de pizarra. Todos ellos están disponibles en varios colores y texturas: un cálido marrón-rosado; ámbar y marrones mezclados con grises forman sutiles fondos para las plantas. Una grava de gran tamaño no resulta atractiva junto a determinadas plantas de delicada estructura, además de que resulta muy incómodo caminar sobre ella, como ocurre en la playa.

Una ventaja de la grava que cubre espacios reducidos es que puede actuar también como un acolchado, si se reparte sobre todo el terreno, de modo que la zona para transitar no se distinga de la parte plantada. Si coloca una capa de geotextil bajo la zona de tránsito impedirá que se desarrollen plantas en ese lugar, pero en otro crecerán plantas bajo la protección de una capa de grava. Elimine primero las malas hierbas del suelo y, a continuación, extienda una capa de grava de aproximadamente 5 cm, la cual suprimirá las especies anuales y conservará la humedad. Si quiere que algunas plantas como la valeriana se reproduzcan, extraiga la capa de geotextil y deje que juegue la creatividad.

inferior La arenisca de York y los ladrillos antiguos, ambos de un color miel original, han sufrido juntos el paso del tiempo. Puesto que la arenisca puede resultar muy resbaladiza cuando está húmeda, es mejor que elija losetas con una superficie irregular y mantenga el pavimento sin musgo.

izquierda La mezcla de materiales funciona bien en un espacio reducido donde domina uno de ellos, como en este caso. Las losas paralelas se han colocado a modo de «balsas» en un mar de guijarros.

superior *Las plataformas conducen a diseños geométricos. Los cambios de nivel, a la vez que lo facilitan, proporcionan el espacio para un asiento empotrado. Las diferentes zonas se identifican simplemente colocando la plataforma en distintas direcciones. La adición de una silla tradicional de «cubierta» se une al sofisticado estilo de este moderno jardín.*

Las plataformas de madera resultan útiles para espacios pequeños, especialmente para jardines de azotea en los que el peso es un factor importante. Es preferible construirlo sobre travesaños soportados por sólidos postes de 100 × 100 mm. Cubra el suelo bajo con una capa de 8 cm de cascajos de piedra o con una capa de plástico de máximo rendimiento cubierta con tierra para evitar el crecimiento de malas hierbas. Las plantas pueden sobresalir en los márgenes de las losetas y también se pueden realizar unos orificios en la madera de forma que algunos arbustos o árboles muy pequeños se desarrollen a través de ellas.

Las plataformas de madera son mejores para lugares cálidos y soleados, donde se verán animadas por pequeños arbustos de follaje grisáceo. En cambio, la madera no resulta adecuada para espacios oscuros y con lluvias abundantes, heladas o nieve, ya que pasaría gran parte del tiempo húmeda y poco atractiva el resto del año. Sin embargo, la madera se seca rápidamente, lo que hace de ella una buena opción si su pequeño jardín también forma parte del entorno habitable. Utilice siempre una madera tratada a presión y decida si prefiere un acabado natural o una superficie pintada. Existen módulos ya preparados, pero éstos presentan una apariencia «pavimentada» que estropea el potencial de diseño de líneas continuas.

Si dispone de espacio suficiente para que haya un sendero que conduzca desde la puerta de acceso de la casa, utilice el mismo material de pavimentación que el que ha elegido para el jardín, evitará así una apariencia desordenada. Tenga en cuenta que un sendero de menos de 1 m de anchura no permitirá el desarrollo de las plantas y que en un espacio minúsculo necesita sólo 75 cm para caminar por el jardín y tener plantas.

los muros

Los límites pueden llegar a ser tan evidentes que resulten opresivos en un jardín de dimensiones muy reducidas. No obstante, se pueden ocultar con plantas trepadoras, o quizás el límite sea un elemento de diseño, atractivo en sí mismo. Un muro de ladrillo o de piedra seca sin argamasa podría dar lugar a un estilo vernáculo, y si el ladrillo es antiguo y concuerda en colorido o el muro de piedra es parecido a la piedra de la casa, estará de suerte. Los nuevos y económicos ladrillos, con frecuencia de un color rojo intenso, configuran un valioso fondo para las plantas. Pocas veces resulta una buena idea pintar un muro de ladrillo, incluso aunque se piense que aportará luminosidad al jardín, ya que va a tener que apartar las trepadoras y los arbustos para volver a pintarlo cada tres o cuatro años, cuando la pintura se ensucie y se cubra de algas y moho. En el exterior, la mayoría de las pinturas resisten poco, por lo que pintar continuamente repercutirá en que su jardín nunca tendrá un aspecto de acabado. Es recomendable dejar envejecer el ladrillo o la piedra en su tonalidad natural para que se mezcle con el entorno y permitir que las plantas muestren su mejor apariencia. Si hereda un muro con un aspecto poco atractivo, una espaldera de madera robusta lo camuflará y las plantas harán el resto.

Las vallas de madera ocupan poco espacio y crean un efecto cálido. Además, una valla de tablillas separadas reduce la fuerza del viento, pues hace que éste se filtre a través de ella, mientras que una valla sólida no detiene de forma tan efectiva el viento sino que crea una turbulencia a su alrededor. El viento es el principal enemigo de los jardineros, puesto que amarillea el follaje o elimina plantas enteras. Una valla fuerte formada por tablas verticales, alternas y solapadas a cada lado de las traviesas principales, permite que el aire fluya a través de ella, al tiempo que proporciona una completa intimidad. En los jardines de azotea, donde la intimidad es importante, una estructura más ligera de enrejado a modo de pantalla resulta efectiva. Utilice madera blanda o dura tratada a presión de una fuente renovable.

Las maderas blandas pueden estar terminadas, con lo que se enfatiza el color natural de la madera, o teñidas para extraer la beta de la madera. Los tonos que mejor funcionan con los colores de las plantas son los azul verdosos suaves o los marrones grisáceos. A menos que su presupuesto sea reducido, no opte por vallas prefabricadas de madera, ya que son débiles y con frecuencia se hallan teñidas de un llamativo color marrón anaranjado; asimismo, las más económicas pueden curvarse hasta el punto de no

estacas puntiagudas la hacen de modo efectivo en jardines en el campo, aunque en las ciudades tal vez no quiera estar tan expuesto. En los jardines de azotea, los paneles totalmente transparentes de vidrio reforzado o las hojas de policarbonato, que se fijan a postes seguros, permiten la visibilidad al mismo tiempo que reducen el viento; pueden ser opacos o contar con distintas texturas, y permiten el paso de la luz a la vez que proporcionan aislamiento. Las verjas metálicas constituyen un modo tradicional y ornamental de proporcionar un límite a nivel de suelo, o un acabado seguro para un balcón, pero ofrecen poca intimidad y seguridad.

La mejor forma de reducir el impacto de los límites dominantes que están muy próximos a la casa consiste en ocultarlos con la ayuda de algunas plantas. Los límites vivos son mejores, pero

sostenerse y caer sobre las plantas. Para obtener un efecto rústico informal, elija estacas semirredondas o zarzas colocadas en diagonal. Las nudosas cañas de bambú partidas o las esteras de cañas entrelazadas añaden textura y aportan un ligero aire oriental, aunque no suelen durar mucho.

El efecto de un límite o lindero resulta menos opresivo cuando deja pasar la luz y se puede ver a través de él; las verjas de

recuerde que los setos captan gran cantidad de elementos del suelo –nutrientes además de agua– y dificultan la plantación bajo ellos.

Las vallas también precisan al menos 60 cm de profundidad, por lo que no resultan un límite ideal para un patio reducido. Para cubrir un muro o una valla, elija trepadoras como *Clematis,* que ahorran espacio de plantación, o bien un arbusto de pared como *Pyracantha,* que puede recortarse

Los setos son límites vivos que pueden estar recortados ajustadamente para lograr un efecto arquitectónico. Otros elementos de este elegante recinto cuadrado incluyen un estanque central a la sombra, adornado con Pachysandra terminalis, y una inesperada «gruta» situada en un rincón que alberga una pequeña escultura figurativa.

con facilidad contra la pared y necesita tan sólo 23 cm de profundidad.

Si dispone de mayor espacio, decántese por trepadoras más potentes como el jazmín o el arbusto *Escallonia*. Una vez que haya considerado los límites como una superficie que puede llenar con plantas perennes o de flores se dará cuenta de que la jardinería vertical es un elemento importante, que siempre debe tenerse en cuenta en los espacios cerrados de dimensiones muy reducidas.

elección de plantas

En un ambiente protegido, un magnífico ejemplar variegado de Cordyline australis «Albertii» crece en un jardin de reducidas dimensiones que realza las plantas de follaje.

En los jardines pequeños, donde sólo hay espacio suficiente para el crecimiento de pocas plantas, su elección deberá ser meticulosa. Asegúrese de que las plantas seleccionadas sean apropiadas para su entorno, además de aportar valor al conjunto por su interés.

El primer criterio que se debe seguir al escoger las plantas es que han de adecuarse, desde el punto de vista hortícola, a las condiciones del lugar en el que se encuentren dado que no es posible cambiarlas. Esto implica conocer el tipo de suelo del cual se dispone, si es ácido o alcalino, seco o húmedo, y en qué condiciones se encuentra. Los jardines pequeños con muchas plantas reclaman grandes demandas al suelo, por lo que siempre deberá añadir compost orgánico bien fermentado o abono para mejorar la estructura y calidad del

mismo (véase pág. 57). La resistencia de la planta es otro aspecto que se debe considerar. Los pequeños jardines urbanos, con frecuencia recluidos, tienden a ser significativamente más delicados que los jardines abiertos rurales, lo cual implica que se debe incluir un menor número de elementos resistentes.

En segundo lugar, es necesario que se asegure del valor que tiene cada planta en el diseño del jardín y la estructura. Obviamente, resulta importante elegir plantas que no crezcan en exceso. El marco de un jardín normalmente está formado por arbustos y, en lugares pequeños, éstos deben ser susceptibles de poda de modo que puedan aplanarse contra una pared o mantenerse como ejemplares libres; además debería incluir siempre alguna planta perenne. Realmente, el esqueleto del jardín se exhibe en invierno, cuando la frescura permanente o un hermoso desarrollo se ponen de manifiesto.

El tercer criterio es que debe justificarse la inclusión de cada planta por el papel que desempeña. Puesto que cada rincón del pequeño jardín se va a ver a lo largo de todo el año, no tiene sentido reservar un espacio a un arbusto que florece durante dos semanas y que parece desnudo el resto del año. La idea es disponer de plantas con un buen follaje, porque incluso las hojas de las especies caducas ofrecen efectos variados y duraderos: opte, si es posible, por un follaje que resulte atractivo durante todo el año o que tenga más de una estación de interés, como la floración en primavera y el agradecido color otoñal de las hojas. La siguiente prioridad es que la planta cuente con un período de floración prolongado o de floración repetitiva, como es el caso de algunas rosas y clemátides. Recuerde el valor del cambio estacional y asegúrese de incluir en el diseño plantas para cada estación. Después de un crudo invierno, los bulbos de primavera mantienen la nota de interés a principios de año y se retiran gentilmente para dejar paso a los brillantes colores del verano sin dejar espacios poco atractivos. Desde finales del verano, la forma y el color otoñal de plantas como los arces japoneses asumen el protagonismo, seguidas de la elegante estructura invernal de otros más vivaces como el *Sedum spectabile* y así como algunas hierbas ornamentales.

La elección entre la sobreabundancia de plantas disponibles supone un desafío, por lo que debe tener claro qué es lo que prefiere. La visita a los viveros resulta siempre tentadora, pero en un espacio pequeño deberá controlarse y tomar una decisión de acuerdo a sus necesidades.

En cuanto al estilo de jardín que quiere, las primeras ideas serán su mejor guía; anótelas, pero no permita que crezcan

inferior El detalle de esta inmaculada superficie se pone de manifiesto en un grupo de plantas elegidas con el mismo cuidado. Las pequeñas lavandas centrales, las artemisas, las santolinas y los tomillos se mantendrán en un tamaño manejable en este soleado lugar lleno de grava.

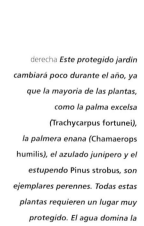

derecha Este protegido jardín cambiará poco durante el año, ya que la mayoría de las plantas, como la palma excelsa (Trachycarpus fortunei), la palmera enana (Chamaerops humilis), el azulado junípero y el estupendo Pinus strobus, son ejemplares perennes. Todas estas plantas requieren un lugar muy protegido. El agua domina la zona del jardín, lo que aumenta su efecto por el reflejo.

demasiado. La calidad, en espacios pequeños, es mucho más relevante que la cantidad, y las plantas bien escogidas florecerán y desempeñarán el papel que ha planeado para ellas.

¿se ajustan a las condiciones?

Al escoger las plantas, formúlese preguntas sobre las necesidades hortícolas de cada ejemplar. Puede apoyarse en la información del directorio de plantas que encontrará en este libro (véase pág. 130), así como en libros de referencia de jardinería acerca de la altura y envergadura de las plantas, sus hábitos y preferencias en cuanto a suelo y sol o sombra.

Utilice esta información para decidir si la planta que ha elegido es adecuada a su reducido espacio. Por lo general, la altura y envergadura total se desarrollan al cabo de cinco años en el caso de las plantas vivaces y los arbustos y diez años en el caso de los árboles. Adquiera las plantas en un vivero fiable, donde le aconsejarán sobre su tamaño así como el tiempo de desarrollo. Como cualquier ser vivo, las plantas crecen de forma irregular y no es posible ser exacto, pero es preciso tener una idea aproximada del espacio que ocuparán y el tiempo que tardarán en crecer.

Con esta información, resista a la tentación de plantar los ejemplares juntos. Deje suficiente espacio entre ellos para que desarrollen el diámetro definitivo y, durante el primer o segundo año, llene los agujeros con macizos de verano o semillas anuales.

En el mundo natural, las plantas raramente se desarrollan aisladas. Casi siempre lo hacen en grupos tras diseminarse mediante semillas, sarmientos o raíces subterráneas. Esta apariencia «natural» puede resultar una valiosa guía cuando diseñe jardines con bulbos y plantas vivaces, incluso en espacios muy reducidos. Los grupos de ejemplares impares resultan agradables a la vista porque su apariencia es más natural; así que plante en grupos de tres o cinco, según el tamaño final y el papel que desempeñe la planta en el diseño global de plantación. No obstante, a veces un elemento aislado puede resultar muy efectivo si conduce la vista a través del espacio. Por ejemplo, un conjunto de tres pequeños flox de color azul (*P. divaricata* subesp. *laphamii* «Chattahoochee») junto al pavimento puede quedar sutilmente reforzado si se coloca otro ejemplar un poco más lejos, entre otras plantas de ribete. Esto suele darse en la naturaleza, cuando una semilla se dispersa un poco más lejos del lugar parental, el efecto llega a ser encantador.

¿dispone de espacio para las plantas?
Cada planta posee su propio desarrollo natural y no todas crecen bien en un lugar confinado, por lo que resulta esencial evitar la sobrepoblación.

izquierda *El dosel formado por las hojas ofrece un oasis de fresca sombra en climas soleados. Bajo éstas, las esferas de boj recortadas contrastan con el delicado helecho de hojas satinadas de* Cyrtomium falcatum, *bajo el cual crece la perenne* Sarcococca confusa *de floración invernal y la herbosa* Liriope spicata.

Evite las plantas que parecen tener un desarrollo bajo pero que se extienden a lo ancho, como el nogal de la brujería (*Hamamelis*). Si el crecimiento de una planta puede controlarse con la poda, no hay problema. Incluso algunos arbustos

mientras que la variedad *S. pubescens* subesp. *microphylla* «Superba», ligeramente más alta y estrecha, florece casi a finales de primavera, además de ofrecer una segunda floración a finales de verano.

derecha *Los lugares muy estrechos presentan una gran oportunidad para el desarrollo vertical. En este caso, los rosales trepadores y el jazmín que adorna las paredes y bajo ellos hay plantas tolerantes a la sombra, incluidas hortensias, boj, hostas y pequeños rododendros.*

extremo derecha *Este grupo de perennes amantes de la sombra requerirá que se controlen sus proporciones mediante la poda.* Mahonia, *el laurel portugués variegado,* Aucuba *y* Elaeagnus *están en grupos cerca del níspero del Japón de hojas grandes (*Eriobotrya japonica).*

grandes, como la floreada *Buddleja,* que se benefician de una poda severa, crecerán de nuevo en verano, lo que los desaconseja en espacios diminutos. Opte por versiones más pequeñas de las plantas que le gustan, como la *Buddleja davidii* «Nanho Blue», con casi 1,5 m de altura y envergadura. También existen algunas lilas pequeñas pero aromáticas: *Syringa meyeri* var. *spontanea* «Palibin» es un denso arbusto redondeado de 1,2 × 2 m, cubierto de flores de color malva en primavera,

En general, los espacios reducidos son más adecuados para arbustos muy pequeños. Si su suelo es de tipo ácido debe incluir ejemplares de azaleas y rododendros enanos (véase «Bajo tierra», pág. 56). También, existen otros arbustos enanos valiosos por sus flores, su follaje y aroma. Las *Daphne* resulta al mismo tiempo fragantes y compactas. La caduca *D. mezereum* posee agradables flores de color rosa-púrpura, marcadamente aromáticas, a finales de invierno.

La perenne *D. sericea* Grupo Collina, de tamaño mucho más pequeño, prefiere un suelo de turba y a finales de primavera presenta unas aromáticas flores. En verano, la opción de pequeños arbustos en flor puede incluir *Potentilla,* santolina, *Helianthemum, Cistus,* hebes, romero, ruda y lavanda.

Cotoneaster se encuentra disponible en formas pequeñas como *C. salicifolius* «Gnom», que forma montículos, y la rastrera *C. congestus,* ambos con flores de color blanco y pequeños frutos de color rojo. O quizás prefiera los sauces pequeños como el *Salix lanata,* de hojas lanosas, con sus amentos en primavera, o una retama de crecimiento bajo (*Chamaecytisus purpureus*). *Hypericum* x *moserianum,* de flores doradas, florece durante todo el verano, y más tarde puede encontrar numerosos arbustos pequeños de flores azules que ofrecen interés en otoño, como *Ceratostigma willmottianum,* de unos 75 cm de alto y ancho, y *Caryopteris* x *clandonensis* «Kew Blue»; ambos se relacionan bien con las hortensias y los tonos rojizos del otoño al final del año.

Cuando considere la cuestión del tamaño y el hábito de desarrollo, piense que algunos arbustos, como *Mahonia* x *media* «Winter Sun», se arquean sobre otros, con lo que dejan espacio bajo ellos para plantar. Otros crecen de forma tan lenta que podrían permanecer como ejemplares enanos, como el *Acer shirasawanum* f. *aureum* y algunas perennes como los acebos (*Ilex*), mientras que algunas denominadas coníferas «enanas» en realidad son de crecimiento muy lento, como la

Chamaecyparis obtusa «Nana Gracilis». Todos ellos son buenos candidatos para espacios de dimensiones reducidas.

¿Pueden recortarse para delimitar el tamaño?

No debe preocuparle la altura y la envergadura final de un arbusto, puesto que el vigor es un elemento manipulable. Muchos arbustos son susceptibles de ser podados, entre ellos *Forsythia, Deutzia* y *Kolkwitzia*; de hecho, deben recortarse inmediatamente después de la floración, ya que florecen en el año anterior al desarrollo. En el caso de otros arbustos en flor, como el ornamental membrillo (*Chaenomeles*) y las más pequeñas hortensias, su tamaño puede mantenerse mediante una poda sensible que trabaje con su hábito natural de desarrollo. Es preferible dejar algunos arbustos sin restricciones y recortarlos ligeramente una vez al año, por lo que sus proporciones deberían estar fijadas desde el principio: *Viburnum davidii,* hebes, *Daphne* y la compacta *Skimmia,* amantes de suelo ácido desarrollan un hábito nítido y necesitan sólo un ocasional recorte. En el caso de arbustos como el boj (*Buxus*), el tejo (*Taxus*) y el aligustre (*Ligustrum*), la poda debe realizarse cuidadosamente con unas tijeras de cizalla. Resultan ideales como setos bajos y de formas recortadas y, por lo tanto, tienen un gran valor en pequeños espacios, donde pueden recortarse hasta casi cualquier tamaño.

la influencia del microclima

Es bastante probable que existan dos jardines en la misma zona climática y a tan sólo media hora de distancia; uno de ellos dentro de la ciudad, rodeado de edificios y protegido por muros, y el otro en el campo, abierto al cielo y sin ninguna protección frente al viento. El primero tendrá varios grados más de temperatura que el segundo al estar protegido y «envuelto» por edificios, lo que hace que los cambios de temperatura sean menos acusados. Disponer de un pequeño jardín urbano con un microclima protegido aumenta las opciones de plantación de forma considerable. En una localidad de clima templado, le permitirá cultivar algunas plantas sensibles a la escarcha, incluidas ciertas especies mediterráneas e incluso cactus, si el jardín no sufre heladas; también podría intentarlo con algunas plantas grandes «exóticas» como *Dicksonia* o *Monstera*. En una pared cálida y soleada, trepadoras como *Eccremocarpus scaber* podrían fortalecerse con una wisteria más resistente. Una pared que se encontrara en un lado con sombra podría incluso resultar lo bastante cálida para la perenne planta del coral (*Berberidopsis corallina*), siempre que el suelo fuera de tipo alcalino y con un buen drenaje. Sin embargo, no deje nunca que el suelo se encharque, porque de lo contrario las plantas se pudrirán.

luchar con la sombra

Resulta crucial establecer en primer lugar si la sombra es húmeda o seca. En condiciones de sequedad y oscuridad puede introducir color en primavera con plantas vivaces bien naturalizadas, como la expansiva *Euphorbia robbiae* con sus flores de color verde-lima, mezcladas con los helechos de escudo de un verde fresco como *Polystichum aculeatum* y algunas decorativas para cubrir el suelo en forma de una ortiga blanca (*Lamium*), hiedras, búgula de hojas púrpuras (*Ajuga reptans*), pervincas como *Vinca minor* «Variegata» y la rastrera *Waldsteinia ternata*, con pequeñas flores amarillas. A principios de primavera es también la época de los elegantes montículos de *Epimedium,* que muestran sus diminutas flores amarillas suspendidas de tallos tan delgados como alambres. La vivaz lunaria (*Lunaria rediviva*) produce durante el otoño mutaciones con flores primaverales de color púrpura y blanco y cabezuelas transparentes y elípticas con semillas. Todas las bergenias resultan valiosas por sus desnudas y satinadas hojas y flores de color rosa o cereza-púrpura, pero

existe una forma pequeña particularmente apropiada, *B.* «Baby Doll», con sólo 20 cm de altura y flores de color rosa caramelo. A medida que avanza el verano, *Alchemilla mollis* explota en burbujeantes flores de color amarillo pálido sobre escaroladas hojas; además puede animar la zona con una gramínea amarilla, *Milium effussum* «Aureum», que producirá semillas con generosidad, a la vez que se puede retirar con facilidad.

superior *Un túnel sombrío conduce a través de la pequeña zona de descanso donde la figura de un mascarón de proa es el centro de atención. Las anuales de floración estival y las sensibles vivaces proporcionan una nota de color.*

En otoño aparecen las espigas de flores púrpura de *Liriope spicata*, funcionan bien en espacios pequeños, gracias a que su herboso follaje es perenne y sólo alcanza 30 cm de altura.

Si el suelo no se seca por completo, puede aumentar la serie de plantas que va a cultivar. Para un fondo de perennes, *Viburnum tinus* posee la ventaja de ser un planta de floración invernal: opte por la forma limpia, *V. tinus* «Gwenllian», de 1,2 × 1,2 m. *Aucuba japonica* «Rozannie» presenta brillantes bayas de color rojo y funcionará bien con el pequeño *Prunus laurocerasus* «Dart´s Low Green», de hojas delgadas. Los arbustos caducos como *Hydrangea* «Blue Deckle» son compactos y florecen a finales de verano; *H.* «Preziosa» presenta el valor añadido de un follaje otoñal en tonos de bronce que rodea las flores rosas.

Debajo de estos arbustos elija plantas vivaces de crecimiento bajo, de preferencia aquellas con un período de floración prolongado. Desde principios de primavera, diversos eléboros, como *H. corsicus* y *H. foetidissima*, se cubren con flores de color verde pálido durante unos cuatro meses. *Brunnera macrophylla* proporciona grupos de flores blancas o azules y grandes hojas redondeadas; *Omphalodes cappadocica* posee hojas más delicadas con grupos de flores «no-me-olvides» en primavera. El sello de Salomón o poligonato (*Polygonatum* x *hybridum*) se arquea sobre estas plantas de hábito bajo, cuyas flores acampanadas de color crema cuelgan a finales de primavera, mientras que la dicentra (*Dicentra spectabilis*), aguileñas (*Aquilegia*) y digitales (*Digitalis*) añadirán

un color de flores estacional. *Viola cornuta* «Alba» es una buena opción para sombra más ligera, junto a los vigorosos helechos de escudo (formas de *Dryopteris filix-mas*). Todos estos ejemplares son adecuados para espacios con poca luz y suelo normal.

elección para suelos cálidos y expuestos

Si su jardín está rodeado de edificios, el calor que desprenden todas las paredes, sobre todo si son de ladrillo, podría repercutir en un espacio poco aireado, con lo que se intensificaría el calor y se crearía un microclima todavía más cálido. Una luz solar intensa puede resultar tan difícil de tolerar para las plantas como una sombra intensa. La naturaleza ha resuelto, en cierto modo, estos problemas reduciendo el tamaño de la hoja o cubriendo algunas plantas con una mata de finos pelos, pues así evita una rápida evaporación y desvía el calor desde la superficie foliar. Ésta es la razón por la cual tantas plantas amantes del sol poseen una apariencia gris y plateada. Para zonas de sol y calor deberá elegir aquellas especies que procedan del Mediterráneo o de regiones áridas como desiertos, o incluso de algún lugar subtropical. En todos los casos, las condiciones de sequedad deben permanecer constantes, de modo que si la lluvia en invierno es abundante tendrá que asegurar un buen sistema de drenaje; de lo contrario, estas plantas morirán si se mantienen en un suelo frío y mojado. Recuerde que la aplicación de un acolchado es crucial para la retención de humedad y que una cubierta de grava tiene un efecto refrescante.

En un lugar expuesto al aire libre, como un jardín de azotea, agrupe plantas compatibles que aguanten períodos prolongados de sequía y exposición al calor. Los arbustos pequeños proporcionan una base, como las formas de *Potentilla fruticosa*, de floración prolongada. Muchos no llegan a 1 m de altura y, aunque las hojas son muy pequeñas, presentan multitud de flores, sobre todo de color amarillo; la pequeña y rastrera *P. fruticosa* «Manchu», que posee flores de un blanco púrpura entre las grisáceas hojas, tiene un hábito casi postrado. Los miembros más pequeños de la familia de los cistus son arbustos pequeños ideales para sitios reducidos soleados, ofrecen flores durante un mes, además de algunas interesantes hojas perennes.

izquierda A pesar de que la pared, con una magnífica fuente de cobre, es poco soleada, al extremo izquierdo llega mucho sol, por lo que constituye un lugar ideal para plantas mediterráneas de hojas grises como la lavanda y Stachys lanata.

derecha *Esta terraza expuesta en una azotea de Paris capta todo el calor del sol del mediodía gracias a que no tiene protección por arriba. No obstante, las santolinas de hojas plateadas y las artemisas crecen bien en estas condiciones.*

superior *Las espigas verticales de* **Kniphobia** *«Little Maid» ofrecen un buen contraste en forma a las corpulentas hojas de* **Sedum** *spectabile «Brillant»; ambas comparten la necesidad de vivir en condiciones soleadas y con buen drenaje.*

Opte por *Cistus* x *hybridus* o *C.* «Silver Pink», con hojas grises y flores de color rosa. Cuando las cruce con *Halimium* obtendrá como resultado el hermoso x *Halimiocistus sahucii,* de escasa altura (30 cm), pero con un amplio desarrollo y cubierto de flores blancas.

Hebe resulta perfecto para jardines pequeños y con sol durante todo el año; incluye numerosas formas enanas, como la gris-peltre *H.* «Carl Teschner», con flores de un color púrpura intenso, glaucas *H. pinguifolia* «Pagei» y la de textura plateada *H. pimeleoides* «Quicksilver». Las santolinas y las lavandas también son ideales para los espacios soleados. Estos pequeños arbustos deben recortarse en primavera, como la lavanda, para que mantengan una buena forma. El fiable espliego de algodón (*Santolina chamaecyparissus*), de color siempre gris, normalmente presenta flores de color mimosa, pero existe una variedad de menor tamaño y de color limón,

S. pinnata neapolitana «Edward Bowles», cuyo follaje es ligeramente gris verdoso. Para una opción fresca, de un color verde parecido al musgo, *S. rosmarinifolia* «Primrose Gem» es adecuada. Las lavandas merecen un lugar en el sol por su aroma, forma y versatilidad. *Lavandula angustifolia* «Hidcote» es una forma enana de estas especies que es densa y apta como seto, con sus flores de un lila intenso. *Anthemis punctata* subesp. *cupaniana,* de flores blancas, otra planta perenne plateada, es una buena compañera para las lavandas. Añada algunas manchas marrón intenso con *Allium sphaerocephalon,* con sus flores de color púrpura carmesí y, más tarde en verano, con *Knautia macedonica,* una flor de color magenta parecida a la escabiosa; termine el lote con uno de los geranios más pequeños, como por ejemplo *G. renardii,* una planta verde salvia ligeramente peluda y que se caracteriza por sus flores, que presentan una vaina de color púrpura blanco porcelana.

¿valen su precio?

Las plantas pueden contemplarse como un material estructural y utilizarse como los bloques constructores de un jardín o los elementos que subdividen el espacio. En una zona pequeña todas las plantas desempeñan un papel crucial, tanto si conforman el marco del espacio, revisten las paredes o sencillamente proporcionan colorido al conjunto.

el esqueleto del jardín

Generalmente, el marco de un jardín se mantiene gracias a las especies perennes, ya que éstas conservan sus hojas durante todo el año y crean una estructura permanente contra la cual las plantas seleccionadas por un interés estacional pueden soportar los cambios. Su constancia es tan valiosa para un espacio diminuto como lo son el pavimento, los límites del jardín y los elementos duros del paisaje en general.

Entre los arbustos perennes particularmente adecuados para espacios pequeños se incluyen los laureles, cuyas brillantes hojas reflejarán la luz en la parte más escondida y oscura de un patio. *Prunus laurocerasus* «Mischeana», que es más pequeño que el tipo, aguanta incluso en sombra intensa como una erguida planta de refuerzo de desarrollo fuerte, cuyas hojas son largas y suaves y la parte superior aplanada. *Choisya* es también de hojas brillantes, pero si usted sólo dispone de espacio suficiente para una versión más pequeña de la flor de azahar mexicana, elija *C.* «Aztec Pearl», cuyo aromático follaje es precioso en sol o en sombra ligera y florece dos veces, una a finales de primavera y otra de nuevo a finales de verano; protéjala del clima extremo con un vellón si es necesario. Para sombra intensa, ningún ejemplar supera a *Pyracantha*, que puede guiarse para fijarla al muro. Al pie de los arbustos que sirven de base, opte por plantar un evónimo variegado enano (*E. fortunei*) para añadir color y luz: «Emerald Gaiety» posee variegadas hojas blancas y verdes, mientras que las de «Emerald´n´Gold» son amarillas y verdes.

El perenne *Ceanothus* resulta adorable al sol y existen numerosos ejemplares azules para elegir, aunque deberá mantenerlos bajo control eliminando anualmente unos cuantos brotes para favorecer su crecimiento; opte por una de las formas más robustas, como *C.* «Autumnal Blue», y plántela contra una pared cálida. O inténtelo con la diminuta *Escallonia* «Red Elf», que en general es perenne pero que puede perder sus hojas en un clima excepcionalmente frío. Si el esqueleto del jardín se fundamentara sólo en arbustos perennes de pared, podría resultar apagado. Algunas espectaculares formas pueden añadir estilo a un paisaje demasiado formal; aunque las espigadas yucas resultan excesivamente rígidas en espacios pequeños; es posible alcanzar la misma apariencia vertical ensiforme con perennes formios. *P. tenax* «Maori Sunrise» es una forma relativamente pequeña y con hojas de color púrpura crema; *P. cookianum* subesp. *hookeri* «Cream Delight», también pequeña, presenta un follaje elegantemente curvado alrededor de una base central de hojas clásicas ensiformes.

divida y controle

Un espacio muy pequeño puede convertirse con suma facilidad en un lugar desordenado y sobrepoblado de plantas si no tiene en cuenta la díscola naturaleza de muchas de ellas. Si recorta algunos ejemplares formando setos enanos, la apariencia del jardín mejorará considerablemente; incluso dividir una pequeña zona puede resultar una forma efectiva de preservar el orden que tanto se anhela. El elemento divisor del espacio más perfecto, que se puede recortar para adaptarse a cualquier zona, es el boj, del que existen muchas variedades.

izquierda El «esqueleto» de este jardín lo constituyen las coloreadas y perennes coníferas. Otras plantas de follaje, como el arce de hojas rojas y el variegado Cornus, proporcionan un color añadido durante la mitad del año, mientras que la inclusión de delicadas plantas vivaces en macetas aporta una nota de interés en verano.

Pyracantha, que tolera sombra, el perenne *Ceanothus*, un amante del sol, o, para un lugar algo más protegido, la floreciente *Escallonia* ocuparán menos espacio que muchos de los arbustos de pared, y pueden recortarse hasta que queden planos contra un muro o pared. Enriquezca el suelo, al pie del muro, con abundante compost fibroso bien descompuesto para favorecer que se mantenga la humedad.

El ornamental membrillo de floración temprana (*Chaenomeles speciosa*) es una caduca alternativa con un elegante hábito, de forma que debe podarlo cuidadosamente, y no recortarlo. Existen numerosos híbridos con flores de color rojo, rosa y blanco: una de inusual belleza es *C. speciosa* «Moerloosei»; *C. x superba* «Pink Lady» tiene un hábito bajo, más ancho, por lo que es una buena opción para colocar bajo las ventanas. En la misma posición, el hábito de crecimiento en forma de abanico bajo de *Cotoneaster horizontalis* adornará una ventana de modo atractivo y caerá sobre el pavimento; si es necesario, se puede podar fácilmente.

La especie *Buxus sempervirens* es resistente; «Suffruticosa» es la forma enana tradicional y «Rotundifolia» resulta adecuada para esculturas en formas recortadas, mientras que la plateada y variegada «Elegantissima» o la amarillo variegada «Aureovariegata» proporcionan una nota de color. Las lavandas y santolinas forman, igualmente, setos compactos de hojas grises, ideales para delimitar zonas con rellenos decorativos. En áreas cálidas, el mirto constituye una aromática alternativa; prefiere un clima suave y un suelo con buen drenaje. El teucrio (*Teucrium chamaedrys*), una aromática planta de color verde medio, con flores rosas a finales de verano, crece hasta 30 cm de altura. Si quiere separar la zona de reposo de la de plantación, o bien aislar una barbacoa, un aromático seto de lavanda o el más informal *Caryopteris* x *clandonensis* «Kew Blue» será la mejor opción.

vestir las paredes

Para crear un oasis verde, cubra los límites con arbustos de pared y trepadoras que escondan cualquier elemento de albañilería y vallas: seleccione aquellas plantas que no se expandan excesivamente o que puedan guiarse bien. La fiable

Las trepadoras ocupan menos espacio en el suelo que los arbustos de pared, de modo que son una mejor opción en jardines reducidos. Sin embargo, pocos ejemplares son perennes, pero una hiedra de hojas pequeñas, como *Hedera helix* «Oro di Bogliasco» (sin. «Goldheart»), es indispensable en una zona de sombra total, en la que sus brillantes hojas amarillas iluminarán la oscuridad; en la fase madura, la parte superior es densa, por lo que debe podarla.

Muchas *Clematis* se adaptan bien a los límites. De las dos especies perennes, *C. cirrhosa* var. *balearica* presenta un follaje parecido al de los helechos y unas bonitas campanas colgantes de color crema en invierno, pero en primavera debe podarse

hasta un tercio, mientras que *C. armandii* es de proporciones generosas y cuenta con grandes y satinadas hojas, así como grupos de flores blancas o rosas a principios de primavera. Tanto *Clematis alpina* como *C. macropetala* son de reducida escala y resistentes, con diminutas flores colgantes en primavera y plumosas y verticiladas cabezuelas de semillas en otoño. *C. viticella* florece más tarde, en verano, con pequeñas flores de color blanco o púrpura. También existen numerosos cultivares de flores grandes que ocupan poco espacio.

Los rosales trepadores tienen un lugar incluso en los jardines más pequeños. Opte de forma prioritaria por aquellos resistentes a las enfermedades, puesto que los sitios cerrados y poco ventilados favorecen el desarrollo de hongos como mildiu, así como de algunos insectos como los áfidos. Algunos rosales trepadores, como el rojo «Guinée» y el de floración libre «Mme. Alfred Carrière» se desarrollan en muros sombríos, mientras que, en el sol, el blanco *noisette* «Aimée Vibert» es vigoroso y de floración temprana, y «Adelaïde d'Orléans» presenta grupos de pequeñas flores de color rosa. Existen muchos más ejemplares: búsquelos por el aroma, el hábito y el vigor controlable. Los rosales de pilares son mejores en espacios muy limitados: opte por «Casino», una aromática rosa con

grupos dobles de flores globulares dobles de color amarillo, y la fragante «Dublin Bay», con grupos de flores de color rosa. Otras trepadoras de flor adecuadas podrían incluir la enredadera blanca chilena de la patata (*Solanum jasminoides*), que presenta un período prolongado de floración y necesita una pared soleada, y la pasionaria (*Passiflora caerulea*), que funciona bien siempre que en su jardín no se produzcan heladas y disfrute de cálidos veranos. Si busca follaje, elija las vides con zarcillos como la *Parthenocissus henryana*, con hojas de color verde oscuro pentalobuladas y de nerviación blanca; esta variedad cobra vida en otoño, cuando aporta un vibrante color al pequeño jardín.

árboles para espacios pequeños
Los árboles pequeños pueden desempeñar diversos papeles en un jardín reducido. A veces proporcionan una sombra moteada y una pantalla en la parte superior; también pueden utilizarse como un punto focal del jardín. Entre los árboles adecuados para este último propósito se encuentra el fastigiado *Malus* «Van Eseltine» o el de menor tamaño, y de hábito lloroso, *Cotoneaster salicifolius* «Pendulus», que se cultiva como un estándar injertado en un tallo de 2 m. La técnica del injerto se utiliza, asimismo, para otras plantas cobertoras de suelo como el evónimo variegado y algunos de los sauces alpinos, como el *Salix helvetica*. *Caragana arborescens* «Walker» es un arbusto de hábito postrado que puede ser reinjertado para obtener un árbol floreciente muy pequeño con rastreras flores amarillas semejantes a las del guisante y un follaje parecido al del helecho. Las formas diminutas similares a árboles que se crean a partir de estos arbustos son lo suficientemente enanas como para crecer bien en el lugar más reducido aunque, al ser árboles, requieren ciertos cuidados.

En un jardín realmente pequeño no suele haber espacio suficiente para árboles de verdad, a menos que opte por algunos muy delgados como *Prunus* «Amanogawa», que crece con un hábito de centinela; su forma lo hace demasiado dominante para situarlo en el centro, de modo que es preferible colocarlo en un lado del jardín. Si quiere un efecto más suave, escoja el peral de hábito lloroso (*Pyrus salicifolia* «Pendula»): bastante pequeño y con ramas rastreras y un ondulado follaje plateado, que resulta agradable durante la mayor parte del año.

Presentan un desarrollo muy lento, por lo que a menudo se plantan como arbustos, pero en ocasiones alcanzan cierta altura y su dosel se extiende con forma de arco u horizontal. Vistos desde abajo, con la luz solar filtrándose entre las hojas, poseen una apariencia magnífica. Algunos, como A. *palmatum* «Osakazuki», presentan un permanente color otoñal, y otros, como A. *palmatum* «Dissectum Atropurpureum», se cultivan sobre todo por su follaje finamente recortado.

En lugares soleados, decántese por aquellos árboles pequeños que proporcionen una sombra moteada. Los plateados abedules como *Betula pendula* «Fastigiata» filtran de modo efectivo la luz solar, al igual que algunos de los serbales que ofrecen flores y frutos. *Sorbus cashmiriana*, de ramas abiertas, presenta grupos de flores de color rosa pálido y frutos de color blanco puro; *S. vilmorinii*, incluso más pequeño, cuenta con un hermoso follaje parecido al de los helechos y frutos blancos con una nota rosada. Algunos ejemplares de la familia del espino (*Crataegus*) son algo pequeños, pero muy densos, por lo que forman una sombra profunda. *C. laciniata*, de crecimiento más lento, posee flores blancas y frutos amarillentos; *C. tanacetifolia* es de desarrollo aún más lento, pero resulta muy ornamental, con unas hojas grisáceas profundamente recortadas y flores aromáticas de color blanco a las cuales le suceden frutos amarillos.

plantación para todas las estaciones

Es frecuente que desde la casa se suela divisar la totalidad del pequeño espacio; por ello, su prioridad debe ser hacerlo atractivo durante todo el año, pues también se mira por las ventanas en invierno. Diversos arbustos pequeños florecen en primavera y muchos de ellos ofrecen coloridos frutos o follaje durante el otoño; inclúyalos en la planificación básica del jardín. Las vivaces herbáceas y los bulbos reflejan cambios estacionales de modo muy efectivo; elija aquellas plantas que aparecen

En un espacio pequeño los árboles que han sido elegidos deben ofrecer más de dos o tres semanas de interés, de modo que primero tendrá que hacer sus deberes y descubrir aquellos que aportan valor al conjunto; evite siempre el efecto instantáneo en el centro del jardín.

Para lograr una completa elegancia, los arces japoneses son las mejores opciones en espacios reducidos. Se asocian perfectamente en jardines sencillos con diseño minimalista.

inesperadamente y se marchitan con discreción y no requieren mucho mantenimiento.

En la base de algunos arbustos se pueden cultivar numerosos bulbos de primavera. Incluya los acónitos de principios de invierno (*Eranthis hyemalis*) y las leñosas anémonas (*A. blanda*) en rincones sombríos, y sígalos con tempranos narcisos pequeños como *Narcissus* «February Gold», o los realmente diminutos, como *N*. «Minnow». Los espacios

reducidos constituyen el lugar ideal donde se puede apreciar en su totalidad la delicada belleza de *Cyclamen coum*, con sus flores de color rosa y blanco sobre hojas verde oscuras que imitan la plata. Los pequeños híbridos *Iris reticulata* también resultan muy importantes en lugares reducidos. Las especies de crocos como *Crocus tommasinianus* son más delicadas que su progenie; cuando se abren al sol ofrecen una hermosa bienvenida después del invierno; *Scilla sibirica* puede masificarse sin llegar a ser invasiva. Si desea una estructura más formal, los altos tulipanes proporcionan repetidas formas verticales con una vasta serie de colores de flores y formas, y algunas especies más pequeñas, como *Tulipa tarda*, se abren como los crocos con la luz del sol. Durante el verano, los *Allium* aparecen en casi todos los caminos: son altos, de delgados palillos como

A. *sphaerocephalon* y *A. hollandicum*, además de muchos de menor tamaño como el amarillo *A. moly*.

Si desea contemplar masas de flores herbáceas empiece cultivando dorónicos y refuércelos con los clásicos claveles (*Dianthus*), híbridos de crisantemos, *Leucanthemum maximum*, *Campanula lactiflora* «Pouffe» y, más tarde, *Rudbeckia*, flox, anémonas japonesas (*A*. x *hybrida*) y *Aster*, seguidas de *Nerine* y *Schizostylis coccinea*. Rellene el jardín con plantas anuales como acianos, amapolas, *Linaria, Limnanthes, Nigella, Nicotiana*, lino y cosmos para producir destellos de color en verano allá donde sea necesario. Plante arriates con plantas vivaces tiernas como verbenas, *Impatiens*, tagetes y el sensible subarbusto *Senecio cineraria*, que llenarán los espacios vacíos y darán volumen a un jardín joven antes de que madure.

Al final del año, los ejemplares de *Cotoneaster*, rosales, *Pyracantha* y *Skimmia* traerán bayas de color rojo, naranja, amarillo o blanco. Las cabezuelas con semilla como las peludas de *Clematis*, las de textura semejante al papel de la lunaria (*Lunaria annua*), las flores muertas de *Agapanthus* y los soberbios globos de *Allium* sobre tallos largos animan el jardín durante meses desde el otoño hasta que se cubren de nieve. Otoño es también un tiempo de brillos, cuando el follaje de los arces y numerosas azaleas aparece de forma abundante y las vides estallan en colores escarlatas y rojos carmesí.

inclusión de plantas alimenticias

Producir alimento en su pequeño terreno constituye todo un desafío, dado que las dimensiones de su jardín dictarán sus posibilidades. Pero existen diversas técnicas de cultivo, como guiar árboles frutales a modo de espalderas, que economizan espacio, y también es posible combinar varias cosechas de forma decorativa con plantas más ornamentales. Y no olvide nunca la opción de cultivar hierbas, además de algunos frutales y hortalizas, en macetas.

Los manzanos, perales o cerezos pueden guiarse como espalderas de tallo simple contra una pared cálida, y en el caso de los melocotoneros y cerezos es posible guiar las ramas de forma abierta como un abanico.

izquierda **Una variante de color**
púrpura intenso de Helleborus
orientalis, **con estambres de color**
crema, ofrece una visión exquisita
en primavera, en este caso asociada
con ejemplares dorados de celidonia
mayor y narcisos de flores
pequeñas.

página siguiente **Con un tallo**
majestuoso, Angelica archangelica
forma una desnuda pieza central en
una diminuta maceta con hierbas,
especies de lechuga y pequeños
tomates dentro de un lindero creado
mediante árboles frutales guiados
en forma de abanico. Los tagetes
(Tagetes) **enfatizan la geometría y**
vibran con el color.

Si el terreno es sombrío, cultive un cerezo «morello», que resulta decorativo y produce frutos negros ácidos. En la sección «Bajo tierra», página 63, se trata la manipulación de formas como ésta mediante la poda. Algunos arbustos frutales como los groselleros silvestres pueden guiarse como árboles semi-estándar y mantener una atractiva apariencia durante todo el año. Como alternativa, puede cultivar uno de los árboles frutales «ballerina» de tallo simple como «Waltz», que presenta flores de manzano a lo largo de su columna en primavera y frutos en otoño.

La vid ocupa poco espacio en el suelo. En los veranos calurosos, cultive *Vitis* «Brant», una resistente vid para climas templados, sobre alambres colocados por encima de la cabeza, o también *V. vinifera* «Purpurea», particularmente hermosa en otoño. Contra una pared, una mora negra cubierta de espinas como «Bedford Giant» desalentará a los visitantes no deseados, mientras que «Oregon Thornless» resulta más agradable y de hojas parecidas al perejil. Si ocupan gran parte del espacio vertical, las judías trepadoras subirán

por cañas paralelas sobre una pared o cañas a modo de tienda, junto a pequeños pepinos, tomates, ornamentales calabazas anuales o incluso chiles. Algunos soportes resultan decorativos en sí mismos: elija espalderas o considere la posibilidad de adquirir obeliscos prefabricados a modo de aquellas, que pueden ser bastante elaborados o consistir en estructuras sencillas.

A nivel del suelo, probablemente no disponga de espacio suficiente para nada más, excepto para especies de lechuga y hierbas, muchas de las cuales son decorativas por sí mismas. Podría optar por unas pocas lechugas decorativas como «Lollo Rosso» o «Sangria», así como por la col «Dwarf Green Curled», algunas remolachas «Red Ace» y ruibarbos. Las judías y los guisantes enanos, como «Little Marvel», pueden cultivarse en macetas grandes o, si las siembra en el interior, pueden transplantarse fuera, a una parte soleada del jardín con un suelo rico e iluminado. Numerosos cultivares enanos resultan ideales en terrenos muy pequeños e incluso en ventanas.

De manera tradicional, las hierbas se asocian a jardines pequeños. El tomillo, la salvia y el romero formarán un arbustivo marco entre el cual hierbas más delicadas como la albahaca pueden crecer en verano. Plante cebollinos (*Allium schoenoprasum*) como borde en un suelo rico y húmedo donde reciban sol, u opte por el hinojo entre esquemas herbáceos, ya que resulta atractivo tanto en sus formas verdes como de color bronce. Las salvias son también ornamentales: existen formas de color púrpura, amarillo, variegado y gris de hojas marrones. Un rojo armuelle, una dorada mejorana, azul ruda y floridos tomillos añaden una nota de color. Puede encerrar en un diseño formal algunas hierbas mediante setos enanos de lavanda o santolina, o más informalmente con cebollinos o pequeños claveles, o puede dejar que crezcan juntos con algunos ejemplares de *Allium* delgados y altos, al lado de linos azules y grupos coloreados de caléndulas y berros. Los recipientes son la mejor forma para cultivar hierbas invasoras como la menta y el estragón; de hecho, es posible contener un jardín de hierbas entero en una artesa, una maceta o una jardinera.

plantas para recipientes

En jardines muy pequeños, tanto si se encuentran en un patio, en azoteas, balcones o en un espacio poco más estrecho que un pasillo, los recipientes no tienen precio. Las zonas donde no es posible tener ningún arriate plantado permiten cultivar casi cualquier variedad de raíces limitadas. Y muchos terrenos pequeños son básicamente jardines con especies de hoja, mientras que se dejan las plantas de flor en macetas, cajas y artesas para un color de primavera y verano. Los recipientes ayudan a mantener los cambios a medida que avanzan las estaciones o de un año al siguiente.

Es preferible agrupar los recipientes pequeños y dejar solos aquellos que producen un gran impacto y que en ocasiones destacan más que las plantas. De hecho, las grandes macetas de estilo mediterráneo «Ali Baba» de terracota o las jarras de aceite presentan una mejor apariencia sin ninguna planta en ellas. Las albercas de plomo simulado, fabricadas a partir de fibra de vidrio llena de polvo de plomo, son grandes y estilizadas, ideales para una plantación sencilla como el *Oleander* en climas cálidos o bien un arce japonés o un grupo de lirios blancos en verano en lugares de climas templados. Las urnas de piedra tienen un porte digno, y en consecuencia las plantas cultivadas en ellas deberán presentar una apariencia similar, por ejemplo, hermosos *Cordyline*, elegantes hierbas ornamentales y laureles, todos con una presencia proporcional. Masas de reales pelargonios, fucsias y ejemplares plateados de *Ballota* son más tradicionales y acogedores. Los recipientes de madera normalmente son rectangulares y por lo tanto no ocupan espacio gracias a que aprovechan todos los rincones.

Las tradicionales tinas cuadradas de estilo Versalles resultan ideales para un solo espécimen de planta como las margaritas estándar de floración estival, los conos de laurel recortados y estrechos, los acebos recortados formalmente o bien el boj. Las artesas grandes, rectangulares y estrechas pueden utilizarse para cultivar bambú, que normalmente desarrolla raíces rapaces, pero cuya apariencia es hermosa cuando crece en un contenedor. Si busca intimidad en un terreno pequeño puede dejar varios bambúes, uno junto a otro, para que formen una tupida pantalla.

*izquierda **La combinación de Parahebe lyallii**, una planta vivaz de hábito bajo, semiperenne proporciona grupos de flores blancas a principios de verano, y anima así una escalera en el jardín de la azotea. Si la despunta regularmente puede volver a florecer.*

inferior *Este arreglo formal comprende boj recortado en macetas de terracota que rodean un gran contenedor lleno de petunias con flores blancas, verbenas, margaritas y* Helichrysum petiolare *de hojas plateadas.*

derecha *Los contenedores permiten aprovechar cada centímetro de espacio disponible en un jardín pequeño.*

Pelargonios zonales idénticos, plantados en pequeñas macetas de arcilla, cuelgan en hileras de una escalera en espiral.

Las artesas de madera ofrecen la oportunidad de cultivar plantas anuales de verano, mezclar pelargonios, margaritas, lobelias azules, *Senecio cineraria* de hojas plateadas y verbenas, o bien tapetes de color naranja rojizo, rojo caoba y dorados. Esto compensará las limitaciones del jardín. Las macetas que se colocan en las ventanas por lo regular son de fibra de vidrio o madera. Pueden incluir algunas plantas como la erecta *Iris stylosa* o *Sisyrinchium striatum,* que bordeará la vista desde el interior, así como aquellos ejemplares que pueden guiarse para ser contemplados desde el exterior y desde un nivel inferior, como los pelargonios de hoja parecida a la hiedra, *Vinca minor, Helichrysum petiolare* y fucsias rastreras.

Se puede lograr un efecto de plantación ordenada en gradas colocando varias macetas sobre alguna plataforma, incluso sobre el nivel de la cabeza. Esto incrementa el número de plantas que es posible utilizar, además de permitir introducir aquellas que le gustaría guiar y que caigan hacia abajo, como atractivas hiedras junto a una pequeña *Clematis,* una madreselva de desarrollo lento (*Lonicera syringantha*) al lado de berros rastreros o *Lobelia* junto a verbena. También resulta efectivo disponer de una planta alta en un recipiente grande que se «apoye» en otras de hábito más bajo situadas en macetas a sus pies, por ejemplo, se puede poner *Phormium* «Bronze Baby» rodeado de *Tagetes* «Paprika» de color caoba. Si planta bulbos y después variedades estacionales, la apariencia de sus macetas cambiará constantemente.

Para el color de verano, las posibilidades son amplias y tentadoras, por lo que llenar un terreno pequeño con flores de colores es el sueño de mucha gente. Variedades como margaritas, petunias, verbenas, begonias, lobelias, *Osteospermum,* tagetes, malvas, salvias, *Cosmos* y *Mesembryanthemum,* además de *Nicotiana* grandes y pequeñas, incluyen todos los tamaños y formas. El color de la plantación ayuda a unificar en cierto modo el conjunto, de forma que su pequeño espacio no parezca tan confuso. Podría condensar el color plantando, por ejemplo, grupos de *Heliotropo* con verbenas rastreras de flores violeta o, en un esquema más sosegado, introduciendo una alta *Nicotiana sylvestris* de tono blanco junto a rastreras *Campanula isophylla* del mismo color y una hiedra verde de hojas pequeñas.

Para lograr efectos veraniegos brillantes, coloque alguna *Dimorphotheca sinuata* de color naranja junto a otras plantas vivas sudafricanas como *Gazania* y *Nemesia*. Para la sombra, ningún ejemplar iguala al miramelindo (*Impatiens*) en un blanco fresco o vivos rosas y rojos. *Arctotis,* con su plateado follaje y sus flores naranjas, es uno de mis favoritos.

El mejor valor lo constituyen plantas que proporcionan un color adecuado durante el otoño, como petunias, pelargonios y lobelias. Opte también por incluir arbustos delicados, como la inusual *Fucsia* «Thalia», en un contenedor durante el verano; sus largas y delgadas flores, a modo de tubos de color rojo anaranjado, lucen bien contra el follaje marrón.

La plantación permanente, como pequeños rododendros, puede ser un modo de cultivar algunas plantas impresionantes a quienes no le gusta su suelo. De este modo, ejemplares

de azaleas pequeñas, rododendros enanos y *Skimmia* constituyen una opción incluso en áreas alcalinas, mientras que las camelias, cultivadas en una hora no vespertina de luz solar, tienen un gran atractivo. Otra alternativa consiste en llenar diversas macetas con formas recortadas de plantas perennes y cambiarlas de lugar continuamente. Euforbias como *E.characias* y hierbas altas como *Miscanthus sinensis* presentan una distinguida apariencia en grandes macetas, al igual que los arces y los arbustos enanos como las floridas cincoenrama.

Para recipientes sencillos parecidos a una artesa que se hallan a pleno sol existen diversas plantas muy pequeñas originarias

de zonas elevadas que crecen entre rocas desnudas o grava, por lo que están expuestas al calor del mediodía. Muchas de ellas son arbustos muy pequeños con un desarrollo natural agradable, bajo o serpenteando los contornos, de modo que evitan el viento. En invierno, *Daphne cneorum* «Eximia», un arbusto rastrero alpino, crece hasta unos 15 cm de altura y se expande al doble de tamaño; para suelos más húmedos existen algunos sauces alpinos como el escaso *Salix* «Boydii», *S. retusa* y *S. apoda*. El enano *Cotoneaster congesta* y *C. astrophoros* constituyen otras dos buenas opciones que, junto a resistentes crasuláceas pequeñas, presentan una estructura enana. En el acolchado de grava situado entre ellos podemos sumergir parcialmente algunas rocas para reforzar la apariencia de un paisaje alpino diminuto y añadir la posibilidad de cultivo de pequeñas plantas como *Sempervivum*, pequeños *Sedum* y rosetas de encrustadas saxífragas que se pueden cultivar en ellas.

Si se decide por el sistema alpino plantado en artesas o pequeñas macetas de arcilla, elija ejemplares de cultivo fácil como enanos *Dianthus*, *Campanula*, *Armeria*, flox, violas, saxífragas, *Sempervivum* y *Sedum*. Apóyelos con *Thymus minima*, *Helichrysum bellidioides*, *Limonium minutum* y *Raoulia australis*, y añada diminutos bulbos de ciclamen y narcisos pigmeos como *N.* «Little Beauty» y «Minnow»; *Scilla sibirica*, de sólo 10 cm de altura, cuenta con flores de un azul intenso en primavera. Un buen drenaje es esencial; una capa superficial de grava de pequeño tamaño mantendrá las raíces de las plantas alpinas frías de forma efectiva.

Las diversas aplicaciones de los versátiles contenedores demuestran el amplio margen de posibilidades que el jardinero dispone en un espacio pequeño. El tamaño determinará inevitablemente, gran parte de la selección de plantas, pero, una vez que se hayan asimilado los factores que limitan la elección, podrá explorar el potencial de su pequeño jardín. El conocimiento de las plantas y una fértil imaginación constituye el camino para realizar un exitoso jardín; en el siguiente capítulo se tratan los diferentes estilos que pueden crearse sin tener en cuenta el tamaño de su terreno.

superior *Las macetas pequeñas de terracota representan una opción para cultivar especies alpinas formadoras de esteras como Sempervivum, las cuales comparten necesidades específicas como un buen drenaje y un suelo arenoso.*

izquierda *Las macetas de arcilla pintadas de forma brillante con festivos colores se han colocado sobre soportes especiales y se han llenado con begonias rosas que crecen juntas al sol.*

En el reducido jardín de un verdadero aficionado se demuestra que la utilización de contenedores permite incluso en un espacio tan limitado contar con un gran número de plantas de todo el mundo. Los contenedores de cualquier forma y tamaño, que se hallen sobre mesas y en hilera, así como en el suelo, están agrupados con delicadeza y razonablemente; entre las plantas se incluyen Euphorbia mellifera, Ophiopogon nigrescens, hostas, eléboros, Heuchera, Dicentra, hiedras y un pequeño Cordyline de color bronce púrpura.

plantación efectista

El planteamiento de un paisaje y la creación de una atmósfera son, en último término, los elementos en los que se basan los jardines de cualquier tamaño. Ni los detalles sobre la plantación ni las decisiones relativas a su aspecto práctico serán satisfactorios si el jardín no posee un significado personal. Su oasis exterior le dará placer siempre: un jardín no funciona si no es del todo adecuado y no produce ninguna emoción ni le recompensa de un duro día de trabajo. En el capítulo anterior se han visto los criterios que son necesarios para seleccionar las plantas en un jardín muy pequeño; a continuación nos concentraremos en su aplicación y combinación para crear la atmósfera deseada. Ello implica la necesidad de ser sensible a las cualidades estéticas de las plantas, por lo que merece la pena profundizar en esas cualidades inherentes primero. Las plantas son, después de todo, la parte viva de la ecuación: convierten un espacio exterior en un jardín.

la estética de un jardín

La esencia de un jardín, su penetrante ambiente, se crea seleccionando diferentes plantas y poniéndolas juntas, igual que un artista utiliza los materiales. Como las «herramientas del oficio» de un artista, las propiedades estéticas de las plantas –su forma, su textura y su color– contribuyen de forma significativa a la apariencia global del espacio.

forma de las plantas
Cada planta posee un hábito natural que, en términos bidimensionales, puede describirse como una silueta. Algunas plantas son altas y de crecimiento estrecho; otras presentan un desarrollo horizontal amplio; algunas se arrastran o «lloran», y unas pocas abrazan el suelo siguiendo su contorno. La forma de cada planta desempeña un papel en el esquema global.

Las formas verticales resultan siempre atractivas, pues detienen el movimiento. A veces, la forma distintiva de una planta se aprovecha para obtener un punto focal, en lugar de introducirla en un objeto como una urna. En una escala intimista, el delgado *Juniperus scopulorum* «Skyrocket» o *Chamaecyparis lawsoniana* «Little Spire» destacan más que el familiar ciprés italiano o el fastigiado tejo. En espacios reducidos, puede plantar una hiedra erecta –*Hedera helix* «Congesta» o *H. helix* «Erecta»– para aportar orden. Opte también por las vivaces herbáceas para lograr el mismo efecto dominante. Los formios son rígidamente ensiformes, y tanto el pequeño *P. tenax* «Maori Sunrise» como el *P.* «Bronze Baby» son verticalmente vistosos y de colores intensos. El color del follaje de la expansiva gramínea *Avena candida* y las plateadas flechas del glamoroso *Astelia nervosa* también resultan interesantes. La caduca *Crocosmia* «Lucifer» posee la misma figura ensiforme, pero es más alta y su perfil no presenta tan marcadamente forma de «V», de modo que se adapta bien al esquema, siempre que el intenso color rojo de las flores se adecue a su planificación.

Si el efecto de una aislada aguja resulta excesivamente fuerte, puede reducir el impacto haciendo grupos; un conjunto de tres se integrará de un modo más cómodo con el esquema

izquierda *Este patio interior está abierto al cielo, si bien se diseñó para ser visto desde dentro de la casa. La plantación minimalista de un ejemplar regularmente recortado de* Juniperus virginiana *«Grey Owl», así como de un elegante* Acer palmatum *«Osakazuki» y un joven ejemplar de bambú (*Fargesia murieliae*), junto a las piedras, el granito y los cantos rodados crean la relajada atmósfera de este jardín de estilo japonés.*

global. Un ejemplar solitario de *Iris germanica*, por ejemplo, presenta una apariencia triste, mientras que un grupo de estos ejemplares, con sus erguidas hojas, resultan efectivos sin ser dominantes. La duplicación, en cierta manera, posee el mismo efecto unificador, de modo que si un marcado hábito erecto es imitado en otra parte del jardín, pierde el poder de un dictador solitario. Incluso si la segunda variedad es una planta totalmente diferente, dará lugar a una «línea de conexión» con la otra zona. Así, al imitar un grupo de lirios en cualquier otro lado con unos pocos ejemplares de *Sisyrinchium striatum*, el vínculo visual integraría parte

del entramado. Las flores erectas y estrechas atraen la vista de igual modo. Los gigantes como *Verbascum* y *Delphinium* pueden ser replicados en una escala menor por los puntiagudos efectos de *Veronica gentianoides*, seguidos después por los erguidos ritmos de la compacta *Salvia nemorosa* «Ostfriesland», de color azul púrpura, y las más cortas *Kniphofias* como *K. galpinii* o *K.* «Little Maid». Más avanzado el año, *Schizostylis coccinea*, de flores de tonalidades rosas, rojas o blancas, puede ser rematada por la perenne *Liriope muscari,* que se caracteriza por sus varillas de color azul violáceo.

Las formas densas, como los redondeados montículos de
Hebe, siempre transmiten una sensación de calma; estas
inertes formas nunca se mueven con el viento. Las lavandas
generalmente se recortan en formas cupuladas en que
las espigadas flores se hacen eco de otras figuras verticales.
Algunas coníferas enanas perennes como *Picea pungens*
«Globosa» o el dorado *Pinus mugo* «Ophir» crecen
de una manera naturalmente densa, redondeada; funcionan
mejor entre alpinas de desarrollo bajo o arces japoneses
que entre plantas herbáceas floríferas. Las formas
arqueadas o llorosas, por el contrario, sugieren
movimiento y aportan vitalidad a un jardín pequeño.
Éstas incluyen las gramíneas ornamentales, que se inclinan
y crujen con cada brisa de aire, y vivaces con flores
pendulares como la flor de varilla (*Dierama
pulcherrimum*).

textura de las plantas

La textura, como un detalle decorativo, produce un efecto
inmediato en los jardines pequeños debido a que las plantas
están lo suficientemente cerca como para poder disfrutar
de ellas. Se pueden pasar los dedos por las cabezuelas florales,
acariciar el peludo y plateado *Stachys lanata*, el suavemente
afilado gris pálido *Artemisia ludoviciana* var. *latiloba* o las
resplandecientes hojas flexibles de *Convolvulus cneorum*.
Algunos de los sauces alpinos más aptos para los espacios
pequeños son particularmente táctiles: el enano *Salix helvetica*
presenta amentos de color plateado, mientras que la *S. lanata*,
algo más grande, está más densamente estructurada, con un
follaje plateado lanudo. Ambos pueden resultar atractivos en
un pequeño jardín de grava junto a unas rocas, pequeños arces,
diminutos helechos y plantas alpinas, incluidos bulbos de
primavera enanos.

No todas las texturas son agradables al tacto; algunas resultan predominantemente visuales. El ojo capta las diferencias entre la confusa *Gypsophila paniculata* «Baby's Breath» y los masificados modelos de *Anthemis punctata* subesp. *cupaniana*, de flores parecidas a margaritas. Las artemisias con hojas semejantes a las de los helechos, como *A. schmidtiana* «Nana», configuran una destacada yuxtaposición con el coriáceo follaje de *Heuchera* «Pewter Moon». En un jardín muy pequeño, estos contrastes añaden una nota picante en las concentraciones cercanas de plantas.

Algunas texturas proporcionan un placer esencial porque constituyen una sorpresa, como la del espinoso *Eryngium*, muy amante del sol. *E. giganteum* «Silver Ghost» (que alcanza 75 cm de altura) presenta brácteas de color plata metálica alrededor de las cónicas flores centrales; *E. alpinum* cuenta con flores azules más grandes y un collar de encaje más fino en la corona. Contrasta con la confusión del hinojo (*Foeniculum vulgare*) o las temblorosas flores que hay entre las brácteas de astrantias. Las gramíneas ornamentales proporcionan una gran variedad de texturas, enredadas flores y delgado follaje de junco y se vuelven particularmente hermosas a mediados de verano. El erecto *Calamagrostis* x *acutiflora* «Karl Foerster» contrasta en forma y textura con la fragilidad de *Stipa tenuifolia* y las peludas flores de finales de verano de *Pennisetum orientale*. Recuerde que después del otoño, tanto estas variedades como *Miscanthus* ofrecen pálidas texturas invernales; alineadas en la escarcha blanca, aportan una imponente visión desde una ventana.

Color de las plantas

El color resulta atractivo, refrescante y emotivo; influye poderosamente en el estado de ánimo, calma la mente y eleva el espíritu, y puede dar calor o enfriar de forma efectiva un lugar. La luz del jardín afectará a la selección de los colores. Recuerde que los colores pálidos resultan luminosos en la sombra, pero se emblanquecen con la luz solar: utilícelos para animar un rincón oscuro. La elección de los colores debería ser personal: su espacio, íntimo y especial, debe resultarle siempre agradable.

Si le apasionan los tonos fuertes, no dude en elegir los rojos intensos, los naranjas y los amarillos para los espacios pequeños, si bien es una buena idea tomar un color como

dominante antes que dejar que éstos se mezclen en un derroche de color. Si el color dominante es el escarlata, elija el amarillo ocre o un crema pálido más que el amarillo «dorado» primario. En un esquema de rojo y azul, si el rojo carmesí va a ser el dominante, entonces el azul puede ser o bien intenso y purpúreo o más pálido y subordinado. Cultive el pequeño *Astilbe* x *arendsii* «Fanal», de color rojo intenso, en una zona de sombra húmeda junto a *Hosta* «Halcyon» como contraste o bien opte por alguna *Kniphobia* de un naranja intenso y lirios rallados de color naranja satén al lado de cincoenrama herbáceas de color amarillo pálido. Los amarillos fuertes pueden resultar aturdidores junto a azules pálidos o quedar intensificados en asociación con un púrpura intenso. Así, *Inula ensifolia*, que florece durante un período prolongado en verano, dará lugar a una atractiva combinación cultivada con *Salvia* x *sylvestris* «Mainacht».

Los colores pastel más fríos resultan maravillosos para zonas de poca luz, pues brillan durante la noche y así los propietarios de los jardines urbanos los disfrutan al volver del trabajo. Cuando el día tiende a tener una luz cerrada, ultravioleta, opte por el azul pálido y los matices lavanda de, por ejemplo, *Geranium himalayense*, haciendo que sean casi fluorescentes. El blanco es el color más fresco de todos y relucirá en la oscura reclusión de un jardín pequeño. Los jardines en los que todo es de color blanco resultan fascinantes, pero deberá ir con cuidado cuando plante un esquema monocolor como éste, ya que la mayoría de los «blancos» en realidad son tonalidades pálidas de otros colores, como el crema, el azul, el lila claro y el rosa pálido.

Con frecuencia, los blancos se asocian con un follaje plateado, que posee una cualidad relajante; para jardines pequeños, opte sobre todo por artemisias, incluida *A. ludoviciana* «Silver Queen», realmente hermosa con sus alargadas hojas plateadas, o *A. schmidtiana* «Nana», mucho más pequeña y que se presenta en una masa suave finamente texturizada.

Tradicionalmente, los colores suaves como los rosas y el azul pastel también se asocian con hojas plateadas. Es posible, además, encontrar tonos como éstos en plantas pequeñas como el *Dianthus* alpino y los iris enanos como *I.* «Blue Denim» o *I.* «Brighteyes», así como en el pequeño *Sisyrinchium idahoense* var. *bellum,* teñido de azul. Las diminutas lavandas, las campanulas y el suave *Anthemis*, de crecimiento rápido, funcionan bien juntos dado su esquema de color, y son fácilmente manejables en espacios muy pequeños. Distribuya

el lino de color azul pálido (*Linum narbonense*) para que se incline suavemente sobre estos montículos de desarrollo más bajo durante el verano.

El color verde, que generalmente refresca el espíritu, suele ser el que predomina en los jardines de proporciones reducidas, donde sus tranquilas cualidades se aprecian mejor. En lugares pequeños y sombríos, los helechos de color verde fresco crecen junto a eléboros con flores del mismo tono y *Epimedium,* y proporcionan un refrescante ambiente en primavera y principios de verano. Al diseñar la estructura del jardín, las especies perennes deberán constituir el fondo para los cambios estacionales. Elija colores verde azulados, como el de la gramínea *Festuca glauca,* verde lima, como el de *Milium effusum* «Aureum», verde manzana, como el que se encuentra en el follaje del arbusto *Griselinia littoralis,* o el verde oscuro del laurel cerezo (*Prunus laurocerasus* «Dart's Low Green»). Cada uno de ellos creará un efecto ligeramente distinto y proporcionará un fondo oscuro para las flores pálidas o un brillante esquema de color con amarillo, naranja y púrpura. La escabiosa de color azul y *Astrantia major rosea,* de flores pequeñas y de color rojo burdeos, crearán sutiles efectos de color contra verdes intensos. A pleno sol, las ornamentales gramíneas pueden mezclarse con el plumoso hinojo de color verde claro y el verde de *Artemisia lactiflora,* mezclado con un color de flor veraniego.

estilos de plantación

En los jardines, como en todo, el estilo es un elemento muy personal. Mucha gente busca la tranquilidad y la paz en su espacio; otros necesitan sentirse atraídos y entusiasmados con él. Dado que los jardines pueden colmar innumerables necesidades individuales, diversas formas de plantación pueden crear efectos diferentes. Dichos estilos varían desde el relajante y el formal clásico hasta el aromático despertar de la tradición inglesa de un jardín con flores. Recuerde siempre el papel que desempeña la naturaleza: sea cual sea el diseño para su pequeño espacio exterior, nunca logrará la estática perfección de un espacio interior. Los cambios estacionales producen transformaciones en los jardines pequeños. De este modo, la elección de las plantas implicará optar por aquellas que se adecuen a su espacio, mientras que su utilización conllevará una codirección con la naturaleza para alcanzar los efectos que se desean.

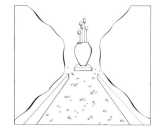

simplicidad limitada

La utilización de un número muy limitado de variedades de plantas puede constituir una forma de crear un paisaje minimalista o un jardín trasero de tipo formal ordenado geométricamente: «lo bastante elegante, donde nada será innecesariamente superfluo», según las palabras de Oscar Wilde. Unos jardines como éstos resultan ordenados y están llenos de paz; puesto que nada sorprende y nada cambia, relajan el espíritu. La aproximación formal se aplica de modo claro a los actuales jardines de un tamaño minúsculo, ya que el orden funciona bien en un espacio pequeño y la simetría siempre resulta satisfactoria por su equilibrio.

Una vez que haya creado un eje a lo largo del cual guiará a la vista, necesitará un punto focal. Éste puede ser una urna de generosas proporciones, pero en un jardín pequeño sería mejor utilizar una planta: elija una con cierto interés como una impactante *Yucca gloriosa* «Variegata» y colóquela en un lugar de semisombra, o bien un formio si el terreno está a pleno sol. En una escala muy íntima podría disponer de un perenne laurel cultivado en maceta y recortado con una forma redondeada de arbolito o una margarita estándar injertada con un follaje gris y flores blancas, muy atractivas en verano. Cultive la limitada plantación contra las paredes, guiando la piracanta en líneas horizontales paralelas estrechamente recortadas (véase «Aspectos prácticos», pág. 166) o cultive hiedras de hojas

pequeñas sobre espalderas con diseños de diamantes grandes.

Los estilos de plantación bien regulados en general son geométricos. Es posible lograr un recorte elegante utilizando un seto compacto para hacer diminutos recintos de boj o la enana *Lavandula angustifolia* «Nana Alba» o *Santolina chamaecyparissus* var. *nana*. Las anuales espumosas y las vivaces en flor pueden cultivarse en macizos bordeados con estas limpias plantas; otra opción consiste en resaltar la importancia de algún ejemplar, en especial mediante algún tipo de marco, como regimientos primaverales de tulipanes seguidos de glamurosas cañas o brillantes ejemplares de *Alstroemeria*. Si busca un efecto estrictamente formal sin la utilización de macizos cerrados, incluya las pequeñas cúpulas de *Hebes* enanas y los montículos de *Sedum spectabile*, formas estáticas que se anclan con firmeza en el suelo; *Achillea* x *lewisii* «King Edward», de hábito bajo y aplanadas flores, o las erectas espigas de *Salvia nemorosa* «Ostfriesland» también poseen una formal quietud.

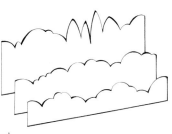

plantación en hileras

Muchos jardines pequeños están unidos a una casa y se ven desde la parte posterior de la misma, de modo que casi siempre se contemplan frontalmente, como un escenario. Si el espacio es estrecho, resulta lógico plantar en hileras de tal modo que las variedades más altas del fondo del rincón no oculten a las más pequeñas de la parte frontal. En un terreno reducido, el acodo puede constituir un buen principio de diseño, con árboles o arbustos grandes que conformen el piso superior, arbustos de tamaño medio y vivaces herbáceas en el medio y plantas rastreras o cobertoras de suelo en la capa más inferior. Los arbustos de pared crean el telón de fondo, el cual, si es sencillo, será una ayuda para el esquema de plantación o, si es muy colorido y presenta destacadas y variadas texturas, se convertirá en parte de un escenario.

Si el muro límite está a pleno sol, los árboles frutales cultivados contra espalderas o guiados radialmente en abanico constituirán un fondo elegante, si bien también puede optar por las manejables trepadoras (véase pág. 31). *Actinidia kolomikta* y algunas viñas, como *Parthenocissus henryana,* se comportan bien y no tienen igual en cuanto a follaje y hábito de desarrollo, lo que las hace ideales como fondo en espacios reducidos. La primera posee hojas verdes que adquieren un color encarnadamente rosa cuando se enroscan en su camino hacia el sol, mientras que el follaje del último, de color verde aterciopelado durante el verano, se torna en un color amarronado en otoño.

Es posible crear una hilera en el centro con artemisias altas, lirios y *Leucanthemum*, todos animados con espigas de *Veronicastrum* y, a los pies, una pequeña *Heuchera* «Red Spangles» o *H.* «Snow Storm» junto a geranios alpinos como *G. cinereum* var. *subcaulescens.*

izquierda **Árboles frutales guiados en espalderas llenan las paredes de este jardín frontal de estilo formal. Cúpulas de boj a modo de centinelas flanquean la escalera y una columna doble de setos, sinuosos y erguidos, aísla la propiedad de la calle.**

inferior **Plantación en hilera, con Miscanthus sinensis «Variegatus» al fondo y bajos Coreopsis y Hemerocallis al frente, animada por el bulbo de flores blancas Pancratium maritimum.**

Entre las plantas bajas se incluyen la versátil *Alchemilla mollis* y los montículos masificados de *Anthemis punctata* subesp. *cupaniana*. Entre las plantas que realmente se deslizan por el suelo se encuentran numerosas especies de *Cotoneaster* de hojas pequeñas, como *C. dammeri*, y algunas coníferas de hábito casi aplanado como *Juniperus communis* «Repanda».

Los bulbos no tienen precio en cuanto al acodo, pues proporcionan interés a diversas alturas. Los tulipanes de altura media resultan rítmicos en esquemas formales, y existen algunas formas impresionantes, como la de color marrón oscuro «Queen of Night», la «White Triumphator», con flores de lirio, y «Elegant Lady», de color rosa pastel. En cuanto a los narcisos, opte por la fría y sofisticada belleza de los poéticos tipos de prístino blanco, como *N. actaea*, así como los atractivos amarillos de *N.* «February Gold». Las especies de *Allium* poseen una gran clase y no ocupan demasiado espacio: busque los palillos púrpura de *A. hollandicum* o el más pequeño, de color azul aciano, *A. caeruleum*. En verano, la aromática *Lilium regale* alegrará con estilo los jardines de estilo formal.

derecha **Robinia pseudoacacia** *«Frisia», de hojas doradas, crece por encima de la hilera central de la variegada* **Kerria japonica** *y la delicada* **Nicotiana sylvestris**, *de flores blancas. Como ribete, a nivel del suelo se incluyen* **Hosta**, **Lamium maculatum** *«Aureum», de un color amarillo variegado, y* **Heuchera micrantha** *var. diversifolia «Palace Purple», de hojas color púrpura.*

entre ellos hileras de lirios de los valles (*Convallaria majalis*) y *Galium odoratum*, con sus diminutas flores blancas en verano. En otoño, a un *Cyclamen hederifolium* pueden seguirle densas alfombras de acónitos de invierno (*Eranthis hyemalis*) o *Anemone blanda*.

En una zona de sombra, plante un fiable y variegado evónimo (*E. fortunei* «Silver Queen») o una agradable hiedra como *Hedera helix* «Oro di Bogliasco» contra un muro. Frente a éstas, introduzca una capa más baja de marcadas vivaces como algunos helechos, formas de *Helleborus orientalis* que no cuelgan y unas cuantas claras pulmonarias como *P. angustifolia* «Munstead Blue», espaciadas con digitales y lirios. Interponga

alzar la vista

Si no dispone de espacio para prolongar el jardín a lo ancho, puede extenderlo hacia arriba. Las arcadas y las pérgolas constituyen los marcos tradicionales para distribuir la plantación por encima del nivel de la cabeza. Siempre que sean de madera resistente o estén hechos con soportes metálicos y se hayan asegurado firmemente en el hormigón, los travesaños soportarán plantas como rosas o vides para que se contemplen desde el suelo. Los travesaños pueden ser del mismo material que los soportes o de cable de acero inoxidable extendido.

focal. Los pilares estáticos formados por secciones estrechas de espalderas de madera, de unos 45-75 cm², pueden alcanzar alturas considerables si se anclan de forma adecuada y están fuertemente construidos. Rellénelos con un tejo de hábito columnar según un modelo tradicional del siglo XVII o utilice trepadoras que crezcan abriéndose paso en el espacio central.

Las tiendas tradicionales de cañas ofrecen un soporte para hortalizas trepadoras como las judías trepadoras, o para anuales como los berros trepadores, y en la actualidad se encuentran disponibles soportes de metal más ligeros que presentan la misma función. Hechos de aluminio en forma de espiral abierta de plata, son esculturalmente decorativos en invierno y pueden recubrirse con trepadoras en verano. Su apariencia es atractiva si se dejan aislados, pero también es posible utilizarlos como sendos centinelas, formando grupos de tres o en una columna de verticales a modo de pantalla. En el capítulo «Aspectos prácticos», página 170, encontrará algunas ideas para formas decorativas de soportes y cómo construirlas.

entrelazar plantas

Plantar en hileras no constituye la única solución para los jardines pequeños. Si el espacio es muy reducido puede entrelazar plantas de un modo más informal. Algunas variedades de desarrollo delgado, aunque alto, son casi «transparentes» y pueden colocarse frente a otras más pequeñas o más densas, de manera que sea posible mirar a través de ellas como a través de una pantalla. Al final de verano, un grupo de ejemplares altos (1,5 m) de *Verbena bonariensis* formarán una alta y frágil pantalla de grupos de flores de color malva sobre tallos delgados como alambres. *Heuchera* resulta igualmente «transparente»: *H. cylindrica* «Greenfinch» posee una roseta de hojas cerca del suelo, pero las espigas de las flores son altas y delicadas. Muchas especies de *Thalictrum* presentan una estructura ligera similar, como *T. delavayi* «Hewitt's Double», con grupos aéreos de flores lila rosadas a finales de verano sobre hojas de color verde grisáceo. *Campanula persicifolia* es otra planta delgada cuya roseta basal de hojas sostiene flores colgantes y acampanadas de color blanco o azul.

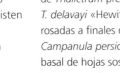

izquierda **Dos obeliscos sobre margaritas y petunias. Durante el primer año no se adornan, primero se establecen y se desarrollan los rosales trepadores a sus pies.**

En los espacios más pequeños, puede utilizar un poste alto de madera para soportar *Clematis,* como *C.* «Polish Spirit», y rosales de pilar, como «Zéphirine Drouhin», o puede transformar una columna verde viviente cubriéndola todo el año con una hiedra de tipo variegado. Actualmente existen en el mercado elegantes obeliscos de metal que pueden trancar una base tan pequeña como de hasta 30 cm; son ornamentales por sí mismos, tanto si se cubren de flores como si no, y pueden constituir perfectamente un punto

Las plantas «transparentes» como éstas pueden colocarse formando curvados meandros con ejemplares más pequeños frente a ellas y detrás. Masas más redondeadas como *Coreopsis verticillata* «Moonbeam», lirios de día de hojas junciformes (*Hemerocallis*) o densos montículos de *Astrantia* pueden seguir el flujo. Otras plantas densas que crecen bien en serpenteantes curvas incluyen *Aster* x *frikartii* «Mönch», las especies de *Astilbe* de altura media como la blanca *A.* «Professor van der Wielen» y geranios como el azul *G. libani* y *G. clarkei* «Kashmir White». Los *Allium* altos pueden aprovecharse también para distintos lugares del esquema de plantación, entrelazándose entre la masa de plantas en verano, mientras que las aguileñas llenan la estructura de la primera floración.

complacencia sensual

En contraste con los estilos de plantación elegantemente restringidos, en hileras y entrelazados, a continuación se tratará lo que podríamos considerar un estilo de plantación generosamente complaciente, de estilo libre, que parece no tener orden alguno. Para que dicho estilo funcione en un espacio pequeño, resulta esencial saber qué plantas se pueden utilizar, de forma que pueda manejar sutilmente y retener la sensualidad del esquema sin perder el control. Es indispensable entender el hábito de las plantas y por qué se han seleccionado para decidir qué hacer con ellas.

La elección de las plantas se basará en aspectos como el aroma, el sonido, el color y el papel que desempeñan. Los placeres sensuales constituyen una parte importante de la experiencia en un jardín y algo que apela al romanticismo. El color produce un efecto considerable en el estado de ánimo (véase pág. 43) y las texturas pueden ser táctiles o visuales (véase pág. 42), o ambas a la vez. Los aromas resultan evocadores, mientras que los sonidos de un jardín lleno de movimiento proporcionan un sutil placer.

fragancia

En los pequeños espacios cerrados, los aromas están destilados, lo que sitúa el aspecto de la fragancia en un lugar destacado en la lista de prioridades. Arbustos como *Choisya*, *Daphne*, las diminutas *Philadelphus* «Manteau d'Hermine» y las más pequeñas lilas como *Syringa meyeri* var. *spontanea* «Palibin», aportan sus perfumes a principios de verano. Protegidos por el microclima del recluido jardín urbano, mirtos como el compacto *Myrtus communis* subesp. *tarentina* «Variegata» resultan muy aromáticos en verano; plantados junto a fragantes rosas y lavanda, la combinación resulta muy placentera. Las noches veraniegas también pueden constituir una experiencia hermosa: los lirios y *Nicotiana* perfumarán el aire, que quedará reforzado con *Cestrum parqui*, de floración prolongada. Artemisas, tomillos y romeros contribuirán también con su perfumado follaje.

Plantado contra una pared cálida, *Itea ilicifolia*, un arbusto de pared algo delicado, es muy aromático en verano; puede reforzarse con la fragancia de la wisteria, que es más resistente, o del jazmín, ambos sobre paredes o sobre glorietas. Para los oscuros meses de invierno, la arbustiva madreselva (*Lonicera* x *purpusii*), de floración invernal, y *Chimonanthus praecox* resultan inigualables por su aroma. Las especies de *Mahonia* también suelen animar los sentidos; elija las más pequeñas, como *M.* x *wagneri* «Undulata», de 1,5 m de altura.

movimiento

El movimiento proporciona al pequeño jardín vitalidad. Incluso aunque usted haya elegido una apariencia «ordenada», formal, si utiliza formas de plantas estáticas como las inertes *Hebe*

puede animar la escena del jardín con el follaje ligero de las gramíneas ornamentales, muy sensibles a cualquier brisa de aire. El amarillo *Milium effusum* «Aureum» proporcionará la ondulante imagen de la gramínea desde finales de primavera, a la que puede seguir, más tarde,

Miscanthus sinensis «Ferne Osten» y *M. sinensis* «Undine», que crujen con la brisa; ambas alcanzan una altura aproximada de 1,2 m. La gramínea *Deschampsia cespitosa* presenta una masa flotante de flores finas como una pluma y *D. flexuosa* nunca está quieta cuando sus ligeras y aéreas flores se dejan llevar por encima de sus finas hojas. Las especies de *Pennisetum* como *P. setaceum* presentan arqueadas y delgadas hojas que se unen a las peludas e inclinadas flores a finales de verano.

Mientras que las formas arqueadas rara vez resultan estáticas, las plantas con un hábito lloroso recuerdan una cascada de agua. Las hojas de muchos de los arces japoneses, en concreto *Acer palmatum* Grupo Dissectum Viride, flotan con elegancia de ballet, igual que las pequeñas fucsias como la arqueada *F. magellanica* var. *gracilis* «Tricolor», que lleva flores pendulares. La flor de varilla (*Dierama pulcherrimum*), también denominada caña de pescar de ángel, nunca está quieta: sus delgados y arqueados tallos que acaban en flores acampanadas de color rosa se inclinan agitadamente con la brisa, si bien son tan fuertes como el acero. Si quiere apreciar mejor esta especial planta y que se vean bien sus penachos, colóquela en un lugar donde el entorno sea plano, ya esté pavimentado o cubierto con una plantas cobertoras de suelo.

utilización de plantas exóticas

Si quiere disponer de un microclima sin escarcha en una área soleada, cree un efecto de jungla con la ayuda de plantas exóticas de follaje e incluso con algunas de las especies subtropicales más resistentes. Muchas de estas plantas son grandes y de hábito expansivo, de modo que deberá tener siempre en mente su tamaño eventual y saber si puede interferir con éxito en su poda o limitar el crecimiento de sus raíces —mediante su cultivo en contenedores, por ejemplo. Las plantas exóticas constituyen un reto, por lo que si busca un entorno atractivo en el cual las hojas grandes abunden y las flores sean inusuales o espectaculares, ignore la escala y muéstrese atrevido.

Una adecuada plantación integrada por hojas resistentes, distintivas y grandes, podría incluir ejemplares de *Fatsia*

*izquierda **Esta hierba de la pampa (Cortaderia selloana «Pumila») es un cultivar pequeño, de 1,5 m de altura, que presenta flores blancas y esponjosas sobre caidas hojas delgadas. Se balancea con el viento, como el follaje herbáceo de Pennisetum alopecuroides.***
***Las estabilizantes plantas de follaje incluyen** Aster amellus «Rosa Erfüllung», Artemisia «Powis Castle» y Heuchera micrantha var. diversifolia «Palace Purple».*

izquierda **Un estanque cuadrado de aguas profundas, colocado en la plataforma, se encuentra rodeado por exóticas palmeras de hojas plateadas y verdes, lo que da lugar a una atmósfera similar a la jungla, pero con un aire más relajado.**

izquierda **La atractiva plantación de este jardín de inspiración californiana incluye una palmera de abanico (Chamaerops humilis), formios de hojas verde y de color bronce y, arqueada sobre ellas, Cantua buxifolia.**

japonica, porque son fuertes y perennes, aunque sugieran una escena subtropical. Además, el resistente níspero del Japón (*Eriobotrya japonica*), con sus hojas largas, de textura coriácea, forma una destacada figura si la cultiva como un pequeño árbol denso. Todavía más reducida –no crece más de 1 m– la delicada y perenne *Cuphea cyanea* originaria de Sudamérica se cubre de brillantes y acampanadas flores tubulares de color naranja durante semanas en verano. Los pequeños bambúes confieren una apariencia oriental, pero resultan invasivos y su eliminación es difícil, por lo que es preferible cultivarlos en macetas. Una magnífica palmera de abanico pequeña procedente del sur de Europa, *Chamaerops humilis,* iluminará al instante el terreno pero, como es delicada, deberá taparla con un vellón antes de que llegue el invierno. El acerado follaje de las yucas y el estupendo *Cordyline australis* «Torbay Dazzler» proporcionan un ambiente exótico; los formios, de cultivo fácil, o el seguro *Acanthus spinosus,* con su distinguible follaje marcadamente afilado, constituyen compañías muy adecuadas.

Si quiere un jardín con una apariencia realmente espectacular opte por un helecho australiano como *Dicksonia antarctica.* Éste se despliega en verano para formar un dosel que cubre todo el jardín y permite que pase la luz teñida de verde; la desventaja es que en invierno se transforma en un grueso ejemplar marrón, de textura fuerte, a semejanza de una escultura minimalista. En zonas de sombra húmeda, los estilizados y grandes helechos como el helecho real (*Osmunda regalis*) crecen hasta los 2 m de altura; en condiciones más secas puede optar por el relativamente humilde, pero proporcionado, *Dryopteris filix-mas.* Para espacios realmente diminutos con sombra húmeda puede lograr el mismo efecto exótico si introduce helechos de hojas satinadas como ejemplares de variedades de *Phyllitis scolopendrium.*

Si las flores son su prioridad, piense en el *Hibiscus* más resistente, como *H. syriacus* «Oiseau Bleu» y, sólo para suelos ácidos, *Callistemon* y el rojo *Crinodendrum.* A pleno sol, incluya plantas algo frágiles, que se beneficiarán del microclima de la zona, como la amapola de California (*Romneya coulteri*) que,

con sus incisivas hojas de color gris peltre y las largas y serpenteantes amapolas blancas, presenta una apariencia exótica. Desde la ventana, estas plantas de flor de grandes hojas pueden evocar una jungla si se excluye de la vista cualquier elemento situado más allá de los límites del jardín. *Euphorbia characias* subesp. *wulfenii*, una característica perenne del oeste del mediterráneo, tiene algo de solista, con su glauco follaje y flores de color verde lima. El delicado ricino de hojas rojas (*Ricinus communis* «Impala») puede constituir un buen fondo para el lirio del jengibre (*Hedychium densiflorum*), que produce unas inusuales y aromáticas espigas florales de color naranja a finales de verano entre amplias hojas lanceoladas. Si no dispone de más espacio, plantas resistentes como *Agapanthus, Nerine, Cleome* y lirios se mezclarán a la perfección con sus más exóticas primas.

Sobre un muro cálido cultive *Clianthus puniceus*, una arrebatadora especie trepadora semiperenne que en primavera presenta brillantes flores de color escarlata a modo de garfio. Para el verano opte por la resplandeciente *Lapageria rosea*, de flores naranjas y originaria de Chile, o por la delicada *Abutilon megapotamicum*, en cuyas inusuales flores colgantes pende el cáliz de color rojo oscuro desde los pétalos, que son de un color melocotón intenso. Tanto las pasionarias tropicales como las más resistentes, como *Passiflora caerulea*, son muy exóticas y el detalle de las flores, con su corona de filamentos central ribeteada de color púrpura, puede apreciarse mejor en la intimidad de un jardín de dimensiones reducidas.

plantas gigantes

El estilo del jardín se hallará, hasta cierto punto, influido por el diseño de la casa. Los austeros interiores contemporáneos fomentan el extraordinario contraste con el follaje exterior. Pero no es necesario que éste sea exótico, pues muchas plantas de climas templados poseen unas proporciones gigantes. Este atrevido estilo de plantación supone, al mismo tiempo, una negación de las dimensiones del jardín y una celebración del enorme follaje en un entorno reducido. La introducción de plantas deliberadamente grandes resulta espectacular y atractiva, por lo que deberá elegir los ejemplares como si fueran una escultura, para crear o dominar la escena.

En jardines diminutos, no es necesario desestimar todos los arbustos grandes, el secreto reside en el desmochado. El ailanto (*Ailanthus altissima*) producirá muchas hojas pinnadas de hasta cerca de 1 m de longitud si se desmocha en invierno a 15 cm del suelo. La forma variegada de la angélica japonesa (*Aralia elata* «Variegata»), que crece a partir de un bosque de espinosos tallos, también forma grandes hojas pinnadas que dominarán espectacularmente un espacio pequeño. Bajo estas plantas que parecen árboles podría introducir un grupo de *Bergenia ciliata,* una planta resistente a la escarcha cuyas amplias hojas formadoras de montículos tienen un diámetro de 30 cm y que crece en zonas de ligera sombra; *B. cordifolia* «Purpurea» es más resistente y el diámetro de su follaje resulta incluso más ancho. También podría cubrir el suelo con hostas de hojas realmente grandes, como *H. sieboldiana* var. e*legans,* cuyo solapado y glauco follaje aporta una nota espectacular a los lugares sombríos. En teoría, es imposible que plantas realmente enormes de pantano como la hierba fétida (*Lysichiton americanum*), *Gunnera manicata* y *Peltiphyllum peltatum* crezcan en un pequeño terreno trasero; no obstante, siempre debe tener presente que para un entusiasta de las plantas todo es posible, incluso si la altura está controlada.

izquierda superior *En un terreno urbano protegido, la exótica plantación de la banana de hojas grandes (*Musa basjoo*), así como prolijas frondas de la Dicksonia antarctica y una acacia de hojas elegantemente pinnadas se mezclan con plantas de follaje espectacular como las palmeras de abanico. Cubra la banana con un vellón para protegerla del invierno en los climas templados.*

izquierda inferior *La alta amapola de penacho de hojas grandes (*Macleaya cordata*) posee un imponente follaje lobulado de color gris que la cubre desde el nivel del suelo hasta una altura de 2 m. En la parte superior, las plumosas flores de color rosa, parecidas al ante, emergen en verano, de modo que esta gigante planta domina completamente el soleado jardín.*

página siguiente *Entre las enormes hojas plateadas de* Verbascum bombyciferum *y el espigado* Cordyline, *otra erecta forma –la de un delgado obelisco de metal– encaja en el estilo.*

Para una zona de sol, opte por la elegante *Melianthus major*; esta planta de desarrollo alto y follaje gris presenta hojas plateadas profundamente serradas y suaves, y aunque es delicada sobrevivirá si la recorta cada otoño. La amapola de penacho (*Macleaya cordata*) es otra planta vivaz alta que se cultiva por sus espectaculares hojas de lóbulos grandes de color gris oscuro y su grupo de broncíneas flores; resulta bastante resistente, aunque otra de sus características es que también es algo invasora.

Las vivaces herbáceas en flor que, en jardines grandes, usted seguramente vería plantadas en grupos o todas juntas, pueden cultivarse como un solo espécimen en un espacio reducido. Plantas grandes como las adelfas blancas (*Epilobium angustifolium*) y la alta sanguisorba de Canadá (*Sanguisorba canadensis*) dominarán sobre otras variedades, incluso aunque crezcan en solitario esplendor; ambas funcionan bien en áreas ligeramente sombrías. En un terreno que reciba más sol, los acianos (*Rudbeckia* «Herbstonne») parecerán crecer de

forma alarmante junto a gigantes *Eremurus*. Todas estas plantas alcanzarán fácilmente una altura de unos 2,3 m, aproximadamente.

Si está pensando en utilizar especies gigantes, sea atrevido y elija algunos candidatos realmente desafiantes. El enorme y algo delicado hinojo silvestre (*Ferula communis*) alcanza los 4 m de altura, de modo que será inevitable que se convierta en el foco dominante de un jardín pequeño y podrá disfrutarse desde abajo. Puesto que se trata de una bianual, deberá ser paciente. Igualmente bianual, la plateada alcachofa borriquera (*Onopordum acanthium*) resulta imponente, aunque magnífica. La yuca *Beschorneria yuccoides* podría sobrevivir en su terreno; dada su altura de 2,4 m resulta muy alta, pero si busca un efecto espectacular, ignore este detalle. De márgenes claramente afilados, sus flores de color rosa coral se arquean sobre las grises hojas ensiformes. El hecho de colocar juntas especies gigantes implica que las plantas acompañantes deberán ser de hábito más bajo, incluso tratarlas como si fueran matas, para que actúen como un apropiado fondo de las *prima donnas*. Masas de pequeñas gramíneas como la verde *Festuca gautieri* o la dorada *Hakonechloa macra* «Alboaurea», que adquiere un color parecido al del herrín en otoño, desempeñarán perfectamente este papel; también puede considerar las hermosas rosetas de la *Heuchera*, que exhibirá sus delgadas e incomparables flores.

Como demuestra esta amplia variedad de estilos de plantación, las plantas ayudan a crear el espíritu de un lugar, e incluso jardines pequeños pueden poseer una atmósfera muy particular. A medida que transcurren las estaciones y los años, su esquema de plantación evolucionará, creando relaciones siempre cambiantes; inevitablemente, algunas plantas se volverán más dominantes que otras y cada año será necesario reducir la altura de algunos ejemplares mediante la poda, eliminar otros y añadir nuevos descubrimientos. En el capítulo siguiente encontrará las tareas prácticas imprescindibles para el manejo de un pequeño jardín. No solamente todos los jardines fluctúan con el paso del tiempo, sino que además al controlarlo, su pequeño espacio se volverá cada vez más y más personal.

bajo tierra

Este capítulo trata el aspecto práctico de la creación de un jardín en un espacio muy reducido. Aunque los jardines pequeños consumen menos tiempo que los grandes, necesitan igualmente unos cuidados para preservar su especial calma. Aprender a anticiparse a los problemas y tomar medidas para superarlos le ayudará a evitar fallos que le pueden salir muy caros.

número y tipo de plantas que adquiera. ¿Cuánto trabajo va a estar dispuesto a invertir en podar, recortar u otras tareas? Incluso en jardines muy pequeños, el tiempo se aprovecha bien si es capaz de mantener los arbustos y árboles en buenas condiciones mientras crecen, lo que evita que se le vayan de las manos.

Para asegurarse de que su pequeño espacio sea algo positivo y no un lugar donde derroche su energía y recursos, piense bien cómo puede simplificar el cuidado del mismo. Un pavimento de calidad bien colocado y unos muros o verjas fuertes presentarán siempre una buena apariencia y ayudarán a mantener su cuidado al mínimo. No se deje tentar por la posibilidad de adquirir más plantas de las que puede manejar, a menos que disfrute particularmente con las tareas del jardín. Considere la opción de adquirir un sistema de riego automático, que al mismo tiempo ahorra tiempo y trabajo, y reflexione sobre la iluminación que instalará para aumentar el aprovechamiento de su espacio exterior. Una vez haya colocado el pavimento y se hayan asentado las plantas no querrá que nada lo perturbe, de modo que trace un plan y disfrute de la tranquilidad de un pequeño jardín en perfecto estado.

el suelo

El suelo constituye el ingrediente más preciado de su jardín. Lo necesitará en grandes cantidades, así que manténgalo fértil y en buenas condiciones para obtener posteriores beneficios. Si dispone de un terreno bien establecido, el suelo puede estar compactado y sin aire; sin embargo, mientras no esté contaminado, no es preciso cambiarlo. En su lugar, debe mejorar la estructura y fertilidad, pues un buen cultivo tendrá su recompensa con los años. El suelo se origina a partir de rocas erosionadas que se han desgastado gradualmente, durante miles de años, debido a la acción natural del agua, del viento, de la escarcha y del hielo, para producir los finos fragmentos que integran el contenido mineral del suelo. Éste puede variar en función de la roca original –si se trata, por ejemplo, de granito, marga o arenisca. La progresiva adición de materiales orgánicos, sobre todo los procedentes de la descomposición de plantas y animales muertos, y la

Los jardines pequeños de estilo formal pueden mantenerse bajo control fácilmente, sobre todo si el boj recortado constituye una parte importante del diseño. Una poda a tiempo mantiene este hermoso y tranquilo espacio de dimensiones reducidas inmaculadamente controlado.

En términos del espacio disponible, usted ya habrá resuelto qué es lo que puede hacer en su pequeño jardín; no olvide que cuanto más mobiliario y equipo tenga, mayor espacio para su almacenamiento necesitará. Ya habrá decidido si va a colocar césped o pavimento duro: puesto que la hierba requiere gran mantenimiento y supone una carga más, quizá considere que una plataforma podría resultar igualmente adecuada para sentarse fuera en verano. La cantidad de tiempo libre de que disponga para la jardinería afectará al acción de los gusanos de tierra y lombrices, así como de otros organismos, normalmente durante varios siglos, produce un suelo fértil.

tipos de suelo

Entender lo que posee va a ayudarle a tomar las decisiones correctas sobre las plantas, de modo que merece la pena averiguar cómo es su suelo. La primera característica –y la prioridad para los jardineros– es la textura. La proporción de arena y arcilla determina si el suelo es ligero y resulta fácil de trabajar con él, o, por el contrario, muy pesado para manejarlo, o si se encuentra en una posición intermedia.
Si dispone de un suelo arenoso al tacto y las partículas no permanecen unidas al presionar sobre él o al pasarlo entre los dedos, entonces se trata de un suelo arenoso, ligero, de fácil excavación y buen aireado. Además se calienta fácilmente tras el invierno, lo que facilita el cultivo de plantas a partir de semillas, y drena con facilidad. Pero su composición también implica que los valiosos nutrientes del suelo son arrastrados fácilmente. El suelo de tipo arcilloso es completamente distinto: está formado por partículas muy finas y cuando se comprime entre los dedos parece pegajoso. La arcilla queda compacta en un suelo liso, denso y sin aire, lo cual la hace pesada para trabajar, pero contiene agua, y por ello es rico en nutrientes. Permanece frío más tiempo, también se encharca con facilidad y las raíces de las plantas jóvenes pueden llegar a anegarse. Si un suelo arcilloso se seca en verano, la densa masa se encoge y se agrieta como el hormigón. Sin embargo, existe una gran variedad de plantas que crecen bien en los ricos suelos arcillosos. Un tercer tipo, el suelo aluvial, se forma a partir de lodos que son lavados, transportados y depositados por ríos o afluentes. Normalmente es fino, muy fértil y fácil de trabajar, pero probablemente son muy pocas las personas que se benefician en la actualidad de un suelo de lodo natural.

Por fortuna, los suelos de tipo extremo son raros y la mayoría de la gente dispone de un tipo mixto, entre arcilloso y arenoso. Todos los suelos se pueden mejorar si se mezclan con alguna forma de materia orgánica, como el compost. Los suelos arcillosos se benefician de ello porque los hace más ligeros, y pueden contener un mayor porcentaje de aire, lo que facilita el trabajo con ellos. Añadir compost a los suelos arenosos ayuda a retener agua y, por tanto, también minerales.

Contenido orgánico

La segunda característica que determina el suelo es la cantidad de materia orgánica que contiene. Los materiales orgánicos y los organismos están presentes de forma natural en el suelo, enriquece su potencial desarrollo y hacen de él un medio vivo. El material vegetal descompuesto por la acción de las bacterias u otros organismos del suelo mejoran de forma natural el suelo y es una fuente de nutrientes. En consecuencia, la materia orgánica es literalmente el salvavidas de sus plantas, dado que cuando el suelo carece de ella sencillamente no es fértil. Los jardineros pueden añadirla en forma de compost; la mayoría de ellos prefieren utilizarlo antes de que se haya descompuesto del todo, cuando es voluminoso y admite más aire, antes que esperar el cultivo negro muy fino, que tarda más. En jardines pequeños, donde no suele haber espacio suficiente para apilar el compost, éste puede guardarse en bolsas de varias maneras (véase pág. 57): asegúrese de que esté limpio y bien descompuesto, sin semillas vivas. Cómprelo a medida que lo necesite, ya que probablemente no dispondrá de bastante espacio para almacenar las bolsas.

acidez y alcalinidad

Los suelos son ácidos o alcalinos, con distintas graduaciones entre ellos. El pH de un suelo indica su acidez o alcalinidad y se puede averiguar fácilmente mediante un test que se puede adquirir en cualquier centro de jardinería. La escala es a partir de 4,5, que confirma el extremo de acidez (descrito con frecuencia como agrio, como el encontrado en una turbera natural), y se desplaza hacia 6,5, que todavía es ligeramente ácido. Entre 6,6 y 7,3, se está frente a un suelo neutro, equilibrado, mientras que el valor de 7,4 a 8,0 indica un suelo fuertemente alcalino, es decir, en una zona de caliza.

izquierda *Las distintas capas del perfil del suelo se revelan cuando una tormenta barre el terreno. Las finas raíces cuelgan bajo la superficie, en una imagen parecida a una pintura abstracta.*

Realice siempre unas cuantas pruebas en diferentes zonas del jardín; incluso en terrenos pequeños el suelo puede proceder de otro lugar y una sola prueba puede conducir a error.

La mayoría de las plantas pueden crecer con algo de acidez, incluso aunque prefieran realmente un suelo calizo. Pero existen algunas variedades que mueren cuando se hallan en condiciones alcalinas: se denominan calcífugas –literalmente, «huyen del calcio»–, y ello implica que no pueden vivir en suelos de caliza o margas, donde el calcio es el elemento mayoritario. Los rododendros, las camelias, *Skimmia*, *Pieris* y algunos brezos adquirirán gradualmente un color amarillo en las hojas cuando dejen de absorber el hierro y otros minerales que son incapaces de captar de suelos alcalinos. De modo que sólo podrá cultivar estas plantas si posee un suelo de tipo ácido o las planta con un compost ericáceo en una maceta. En el caso de los terrenos muy pequeños, por ejemplo, podría considerar la posibilidad de disponer de un suelo ácido en un pequeño macizo elevado. Ello le permitiría cultivar las enanas y perennes azaleas japonesas como la rosa «Hinomayo», la púrpura «Blue Danube» y la blanca «Everest», aunque no en una zona de sombra muy densa. En cambio, la cobertora de suelo *Pachysandra terminalis* y las frondas de encaje del caduco helecho *Adiantum venustum* crecerán en áreas sombrías. Por otro lado, si el suelo es alcalino, las plantas pequeñas que florecen incluirán arbustivas cincoenrama, *Cistus*, *Iris* y escabiosas, además de numerosas alpinas.

perfil del suelo

Las características del suelo cambian en sentido vertical. El suelo superficial está constituido por una capa muy fértil que se halla enigmáticamente enriquecida con humus; ésta varía en profundidad desde los 5 cm hasta los 45 cm; en un pequeño jardín de ciudad, con siglos de cultivo, raramente llega al subsuelo. En los jardines, el suelo superficial con frecuencia se encuentra sobre un denso e impermeable «pan» que con los años se ha formado en el fondo del nivel en el que tiene lugar un cultivo continuado; es posible que tenga que romperlo cavando profundamente o con la ayuda de una horquilla. Debajo de él se encuentra el subsuelo, muy afectado por la roca base de la cual sale, de manera que tiende a ser rico en minerales pero carece de materia orgánica. Al contener menos cantidad de humus presenta un color más pálido, de modo que a medida que profundiza en el perfil del suelo se aprecia más la diferencia. Cuando cave un agujero para la plantación, separe la capa de suelo superficial a un lado y, sin elevar el subsuelo hacia arriba, airéelo con la ayuda de una horquilla de jardín y añada abundante materia orgánica para mejorar su estructura y fertilidad. Aunque la técnica del doble cavado no es realmente factible en jardines pequeños, intente mantener siempre el suelo superficial separado de forma que las capas naturales se queden como están.

mejora del suelo y abonado

Es probable que en su pequeño jardín decida disponer de tantas plantas como le sea posible, para lo que necesitará gran cantidad de tierra. En estas condiciones no naturales deberá favorecer el desarrollo de las plantas mejorando el suelo. Existen dos escuelas en cuanto al cuidado del suelo: la ruta «verde» implica la utilización de compost y fertilizantes orgánicos, mientras que la otra comporta el uso de sustancias químicas sintéticas para compensar directamente las deficiencias. Muchos jardineros, de hecho, emplean una combinación de ambos sistemas.

La mejora orgánica del suelo se basa en seguir un régimen de buen maridaje para crear un jardín ordenado y ecológicamente bien equilibrado, sin nada «artificial» añadido al suelo. Esto implica trabajar regularmente con material orgánico descompuesto para mejorar la estructura del suelo, airearlo, conservar la humedad y romper los terrones sólidos de tierra. Los aditivos adecuados incluyen el compost fabricado por uno mismo, si dispone de espacio suficiente para hacerlo, y si no de estiércol fermentado, restos de lúpulos, compost de setas, hojarasca o boñigas de vaca, todos estos productos se encuentran disponibles en sacos de diferentes pesos y dimensiones en tiendas especializadas en jardinería.

inferior **Trillium** *es una de las cobertoras de suelo más hermosas para zonas sombreadas. Esta forma de color rojo intenso que florece sobre un collar de hojas de color mármol trilobuladas se beneficia de las condiciones ácidas que crea la capa foliar en la base de un árbol.*

Además de todo esto podría utilizar fertilizantes orgánicos en primavera para aumentar los nutrientes del suelo como una forma de alimentar a sus plantas. Fertilizantes como harina de huesos, sangre, harina de pescado y pezuñas y astas se encuentran disponibles tanto en polvo como en forma de grano, y añaden los principales alimentos para plantas en una proporción equilibrada: nitrógeno (N), que facilita el crecimiento del follaje y de los tallos; fosfatos (P), que constituyen la fuente para un sistema de raíces sano y el potasio (K), para obtener unos frutos y unas flores sanas. Los símbolos químicos son citados en las proporciones de los paquetes. La mayoría de los fertilizantes también contienen elementos traza como el magnesio y el hierro, que son necesarios en pequeñas cantidades. Pueden darse deficiencias específicas en otros elementos, aunque normalmente se precisan en cantidades mínimas; busque en su centro de jardinería los remedios concretos para cada caso. Los fertilizantes sintéticos resultan muy efectivos y fáciles de almacenar en espacios reducidos. Se adquieren en forma seca o líquida y se aplican de una manera ecológicamente razonable, lo que significa que no sobrecargan el suelo con sustancias químicas ni interrumpen el desarrollo de la planta. No exceda nunca la dosis recomendada por el fabricante.

La elección de un fertilizante puede ayudar a controlar o reforzar el pH de su suelo. Para incrementar la acidez, añada materia orgánica ácida como hojarasca o utilice sustancias químicas como sulfato de amonio o sulfato de hierro. Existe un tónico concentrado conocido como «hierro secuestrante» que es un reconstituyente para las plantas con hojas amarillentas. Si necesita reducir la acidez, añada cantidades moderadas de caliza en forma de carbonato de cal; utilice guantes y disemínelo con las manos y de forma espaciada. Compruebe de nuevo el pH del suelo cada dos o tres años.

Es preferible aplicar la mayoría de los fertilizantes en primavera, tras las últimas heladas y antes de que se inicie el desarrollo. Algunos, como los líquidos con una base de algas marinas, pueden regarse y llegar a las raíces fácilmente. Plantas como las clemátides se vuelven devoradoras de agua y nutrientes durante el verano, de modo que la utilización regular de un abono líquido cada dos semanas constituye una buena idea en un jardín pequeño lleno de estas variedades. Ponga una tubería a lo largo de la trepadora cuando sea el tiempo de plantar para así asegurarse de que el agua y el alimento llegarán hasta el sistema de raíces.

Los fertilizantes que penetran en la planta a través de las hojas son de acción rápida. También pueden rociarse sobre el follaje en caso de emergencia, como cuando los constructores trabajan en su suelo compactado y molestan a las raíces de los arbustos establecidos. El fertilizante foliar se aplica mejor al anochecer, cuando las hojas se encuentran «respirando». En el otro extremo, los *pellets* de liberación lenta proporcionan un aporte medido de alimento en el tiempo y resultan particularmente valiosos para gente ocupada; asimismo resultan ideales para contenedores como macetas, jardineras y cestas colgantes.

El suelo no es el único medio de crecimiento. Existe compost con una base de suelo y diversos compost ligeramente estructurados sin dicha base de suelo, que se usan en contenedores y para el cultivo de semillas; éstos incluyen arena, cascajos y posiblemente un agregado natural como la perlita, que es un cristal volcánico expandido por calor que ayuda a retener la humedad. Las plantas jóvenes se establecen con facilidad en estas mezclas ligeras. Para jardines de azotea, en los que el peso y la retención de agua resultan especialmente importantes, se utiliza vermiculita en lugar de perlita. Se trata de un material ligero, escamado, parecido a la mica, también de origen volcánico. Incluso los arbustos se desarrollan en este medio, siempre que se incluya un fertilizante.

higiene en el jardín

Los jardines, al igual que las casas, necesitan una limpieza regular para evitar problemas de desarrollo, y una de las ventajas de tener un jardín de dimensiones reducidas es que resulta fácil mantenerlo bajo control. Simplemente, sólo deberá eliminar detritos como las hojas caídas, las malas

hierbas acumuladas y los restos vegetales sobre una base regular. Barra las superficies duras y evite la tentación de dejar lo que ha barrido detrás de los arbustos, otra vez en el suelo. Si deja que se descompongan, se convertirán en el hogar de colonias de insectos y además conformarán

un medio de propagación de esporas de enfermedades; incluso las pilas de hojas secas proporcionan lugares ocultos para caracoles y gusanos. En su lugar, recoja todos los restos y llévelos lejos del espacio. Probablemente tendrá que dejarlos fuera de la casa, por lo que resulta preferible utilizar bolsas de basura fuertes, en lugar de otro material más débil, ya que los restos de la poda pueden tener puntas afiladas.

El despuntado hace que los espacios pequeños presenten una apariencia limpia; hágalo manualmente con la ayuda de unas podaderas; sólo le llevará unos pocos segundos al día en verano. Además así prevendrá a las plantas de gastar su energía en la fabricación de semillas y, en el caso de numerosos arbustos como los rosales, o pequeñas vivaces herbáceas como *Anthemis punctata* subesp. *cupaniana*, que favorece una segunda floración más tarde en verano. Sin embargo, algunas plantas, como lunarias, amapolas, *Achillea*, *Sedum spectabile* y gramíneas ornamentales presentan cabezuelas florales que también resultan atractivas y, si se dejan en la planta, sus formas esqueléticas animarán el jardín en invierno.

control de insectos

En espacios muy pequeños, donde hay pocos depredadores naturales y abundan diversos insectos que son atraídos por las plantas, el problema de la infestación es superior que en un espacio de mayores dimensiones. Si se parte de la premisa de que es mejor prevenir que curar, resulta de gran utilidad conocer al enemigo y estar siempre a la cabeza de la partida. Así, siempre que sea posible, debe elegir cultivares resistentes a las plagas y enfermedades y establecer buenos hábitos de higiene, incluidos un riego y un abonado regulares. Elimine los invasores al primer signo de infestación. Existen métodos orgánicos de control –que no utilizan sustancias químicas, sino insecticidas orgánicos y control biológico– y diversos pesticidas basados en sustancias químicas.

Los insecticidas químicos de contacto se rocían sobre la superficie de la planta, por lo que la plaga se ve afectada directamente o se recoge a partir de la superficie tratada. Funcionan de forma instantánea, pero no necesariamente reducen la población, pues a menudo quedan larvas preparadas para volver a actuar. Otro inconveniente reside en que con los insecticidas es posible eliminar también los insectos beneficiosos. Por este motivo, debe elegir los insecticidas sistémicos, que son absorbidos por la savia de la planta a través del sistema foliar y de las raíces; éstos no afectan a insectos beneficiosos como las abejas, sino que actúan sobre aquellos que se alimentan de la savia de la planta. El control

izquierda **Anthemis punctata** *subesp.* **cupaniana** *resulta muy valiosa por su delicado follaje de filigrana de color gris cubierto de masas de flores blancas de tipo margarita durante semanas. En un verano caluroso, despuntar recortando un poco la planta asegurará una repetida floración más tarde.*

Para evitar la aparición de caracoles y babosas cultive Hosta en contenedores elevados, en los cuales los merodeadores se ven más fácilmente y pueden recogerse con la mano. Esta elegante Hosta «Frances Williams» de flores blancas resulta inigualable por sus enormes hojas azules ribeteadas en color lima.

químico funciona siempre que se emplee el insecticida específico apropiado.

Utilice siempre guantes y aplíquelo estrictamente de acuerdo con las instrucciones del fabricante. Rocíe por la tarde, y asegúrese de que no haya niños en el jardín cuando lo haga. No rocíe cuando haya viento, mucho sol o haga calor. Guarde los insecticidas en un lugar seguro en el recipiente original.

El control orgánico de las plagas implica un enfoque experimentado. En ocasiones, el simple lavado de las hojas con agua limpia puede eliminar los pulgones, por lo que en espacios muy pequeños puede resultar un tratamiento individual factible. En el caso de los áfidos, las arañas rojas y los pulgones puede utilizarse un jabón insecticida. Los organismos de mayor tamaño, como las orugas y las babosas, pueden cogerse con la mano; algunos jardineros dejan vasos de cerveza o de zumo de frutas para atrapar a las babosas y a los caracoles. Insecticidas orgánicos como piretro y derris también pueden aplicarse contra la mayoría de los insectos, pero su efectividad no es duradera.

El control biológico se da en la naturaleza, donde las plagas son comidas por sus depredadores naturales: las mariquitas sirven contra los áfidos, mientras que los cárabos se alimentan de babosas, orugas y agrotis. Se pueden adquirir diversos depredadores y parásitos que proporcionen un control efectivo contra ciertas plagas específicas. Utilice el control biológico sólo como una alternativa al control químico, ya que los parásitos y depredadores son susceptibles a la mayoría de los insecticidas.

enfermedades en jardines pequeños

Un buen cultivo constituye la mejor línea de defensa para el cuidado de las plantas, pues una planta fuerte podrá superar una enfermedad mientras que una débil sucumbirá. Adquiera siempre plantas sanas y para empezar bien, cultívelas en un suelo limpio. Algunas enfermedades se generan en el suelo y otras proceden de insectos que llegan por el aire. En los recluidos jardines de pequeñas dimensiones, la enfermedad que procede del exterior pasa fácilmente de una planta a otra; la humedad del aire favorece el desarrollo de hongos, de modo que algunos veranos pueden ser peores que otros, lo que depende del tiempo. Los patios cerrados, no perturbados por el viento, también favorecen a los hongos. El hecho de dejar un buen espacio entre las plantas ayudará a controlar la infección fúngica como el mildíu en cierta medida, pero puesto que infectan tantas plantas como pueden, una vigilancia constante es la única respuesta. Las bacterias, los virus y los hongos constituyen las tres fuentes principales de infección, si bien puede encontrar remedios químicos para la mayoría de ellos.

Una vez diagnosticado el problema, el control químico –el uso del fungicida de contacto adecuado u otro remedio– funcionará siempre que se realicen repetidas aplicaciones siguiendo las instrucciones del fabricante. Los fungicidas sistémicos penetran en la planta, con lo que proporcionan una resistencia a largo plazo. Los fabricantes de sustancias agroquímicas facilitan folletos explicativos para identificar las enfermedades junto con instrucciones claras sobre el empleo del producto. Trate las sustancias químicas con cuidado y no las traslade nunca a botellas sin etiquetar.

tratamiento de las malas hierbas
Aquello que para un jardinero es una mala hierba, para otro puede resultar un tesoro. Muchas especies se conocen como «malas hierbas» en su lugar de origen, pero una vez que tenga claro lo que se considera mala hierba, podrá optar por varios métodos ecológicos para eliminarla, aparte del clásico sistema de cavar. Una capa de cortezas o estiércol a modo de acolchado, o una capa de grava de 5 cm sobre un suelo sin malas hierbas, previene el desarrollo inicial de éstas y no resulta antiestética en un jardín pequeño.

Entre los insecticidas disponibles se encuentran los del tipo de contacto directo, que actúan inmediatamente matando las hojas verdes y los tallos por encima del nivel del suelo, o herbicidas de traslocación como el glifosato, que penetra en el sistema de la planta destruyéndola más lentamente ya que, en efecto, la planta desplaza las sustancias químicas de alrededor. Evite este tipo de insecticidas diseñado para el uso en senderos, ya que permanecen activos en el suelo durante varios meses. Es bastante difícil rociar con herbicidas en un espacio pequeño, pues es posible que no pueda ser lo suficientemente selectivo. Una solución más óptima consiste en utilizar herbicidas sistémicos en forma de gel, que provocan la desaparición de la planta en un período de semanas. Este «deshierbado de toque» se basa en aplicar el gel directamente sobre una hoja, de manera que no afecta al suelo. El mejor momento para aplicar este herbicida es cuando la planta está en un período de nuevo desarrollo, así como cuando el clima sea seco y no se esperen inminentes lluvias que puedan llegar a diluir el efecto del herbicida.

No importa lo que se haga, las malas hierbas anuales siempre estarán presentes en un suelo fértil. Entre ellas se puede incluir el hirsuto mastuerzo borde, el senecio y la hierba roquera, que deberán extraerse regularmente con una azada o manualmente antes de que se establezca la semilla, al igual que las ortigas, que deberán cavarse o tratarse con productos sistémicos con una base de glifosato.

Las malas hierbas vivaces son más difíciles de erradicar. En un pequeño espacio compiten con las plantas buenas por los nutrientes y, si se las deja, ganarán. Entre éstas se encuentra la cola de caballo, que puede presentar una raíz de 3 m de profundidad, así como la correhuela menor o dondiego de día y la grama del norte, que se regeneran incluso a partir de secciones diminutas de tallos subterráneos rastreros. Una cava doble o una aplicación con glifosato funcionará de forma eventual. La romaza común se multiplica por semillas, de modo que deberá extraerla cuando advierta su presencia o bien utilizar un herbicida sistémico o de contacto. Si usa una regadera, llénela únicamente con el herbicida para evitar que queden restos en el agua con los que riegue sus plantas favoritas.

izquierda *Un patio muy pequeño lleno de florecientes plantas como Alstroemeria, rosales, valeriana, Sisyrinchium y Lychnis resulta, sin embargo, ordenado gracias a los setos de boj inmaculadamente recortados y al control de estos recortes así como al manejo del espacio de forma tan efectiva.*

cuidado de las plantas

El éxito en su pequeño terreno dependerá del manejo de éste. En concreto, deberá entender las necesidades de las plantas que ha elegido, estar seguro de lo que hace y de cuándo lo hace, y cuidar de ellas como ejemplares individuales. Tenga siempre en cuenta su crecimiento y averigüe si cada planta en particular va a necesitar un simple recorte o si deberá limitar su número. Considere también los requisitos en cuanto al riego y al drenaje y, conociendo el clima de su localidad, decida si va a ser preciso algún cuidado especial en invierno. En un terreno pequeño, ninguna de estas necesidades resultará onerosa.

poda y guía

Si en la naturaleza las plantas funcionan perfectamente sin podarlas, ¿por qué los jardineros lo hacen? De hecho, en la naturaleza, los árboles y los arbustos pierden ramas de forma natural a causa de la edad, los daños que sufren o su hábito normal. Pero en los jardines, la poda también significa eliminar las ramas no deseadas que pueden estar enfermas o que crecen en una dirección equivocada. Existe, pues, más de una razón para la poda. En primer lugar, la poda mejora y prolonga la vitalidad de una planta, al tiempo que incrementa su floración y el potencial de producción de frutos. En segundo lugar, la poda mantiene de forma natural las plantas bajo control, lo que resulta importante para el propietario de un espacio muy pequeño. Una tercera razón se debe a su efecto decorativo (véase inferior); muchas plantas también se mantienen en una mejor forma si se recortan de vez en cuando. Finalmente, algunas plantas grandes pueden mantenerse en un tamaño más reducido que el de su hábito normal con el objetivo de ser adecuados para jardines diminutos. Realice la poda principal durante la estación de letargo, antes de que se inicie el desarrollo primaveral, y luego pode ligeramente de nuevo en verano. Utilice podadoras afiladas y engrasadas para hacer un corte limpio, sin márgenes rasgados, en un punto un poco por encima de una yema, lo cual favorecerá la producción de un nuevo desarrollo.

La poda estimula el crecimiento, y por este motivo numerosos arbustos y árboles frutales producen una cosecha de mayor tamaño cuando se tratan de manera rigurosa. Los arbustos en flor maduros como la pequeña lila (*Syringa pubescens* subesp. *microphylla* «Superba») presentan mayor número de flores si se eliminan en un tercio las ramas en flor maduras. El pequeño *Convolvulus cneorum*, con hojas de color gris satinadas y que resulta ideal para terrenos pequeños soleados, producirá un follaje mejor y unas flores más bonitas si se recorta ligeramente a principios de primavera. Y con frecuencia es posible animar a las arbustivas cincoenrama a florecer de nuevo si se podan rigurosamente. Eliminar las ramas muertas o enfermas debería convertirse en una tarea rutinaria, puesto que ello también favorece el desarrollo. Las heridas curan con más rapidez y los nuevos vástagos sanos pronto sustituyen a las viejas ramas.

Para maximizar el potencial de floración de los arbustos ornamentales deberá saber si sus plantas florecen sobre los troncos «nuevos», que se desarrollan en la misma estación, o en la madera «vieja», sobre las ramas formadas durante el año anterior.

inferior *Una perenne hiedra, cuidadosamente recortada para formar un enrejado diagonal con decorativos modelos durante todo el año.*

La mayoría de los arbustos de floración primaveral florecen sobre la madera vieja, de forma que variedades como las retamas (*Cytisus scoparius* y cultivares) deben podarse inmediatamente después de la floración para dar tiempo a que se desarrollen las ramas que van a soportar las flores al año siguiente. Las especies de *Buddleja*, que se sitúan en una segunda categoría, florecen en verano sobre las ramas del año en curso, de forma que pueden podarse rigurosamente, si es necesario, a principios de primavera, lo que les da tiempo a que desarrollen ramas nuevas para la floración estival.

El caso de las *Clematis* es más complicado, ya que algunas florecen sobre ramas viejas y otras sobre las ramas del año en curso. Pode las clemátides recién plantadas hasta el par de yemas más inferior a finales de invierno. Es realmente importante asegurarse de que conoce el nombre de las clemátides que posee su jardín, de forma que pueda hacer un registro para saber cuándo necesita podar cada una de ellas. Esto resulta especialmente importante en los jardines pequeños, dado que algunas clemátides, como *C. orientalis* y sus cultivares, al igual que los híbridos relacionados con *C.* «Jackmanii», tienen tendencia a florecer incluso a una altura superior a la planta cada año. Así podrá podar los nuevos vástagos en primavera para rebajar la altura de floración hasta el nivel de la vista. Las clemátides de desarrollo más bajo y flores pequeñas, como *C. alpina* y *C. macropetala*, resultan particularmente relevantes para espacios reducidos: si por razones de espacio es necesario podar, recorte las ramas laterales hasta una o dos yemas desde los brotes principales después de la floración. Las clemátides del vigoroso grupo de *C. montana* deben podarse firmemente a principios de verano, una vez se han desarrollado bien; si son viejas y están enredadas, la poda no las dañará. En el caso de muchos de los híbridos de flores grandes como «The President», puede realizar una poda ligera si están entrelazados con otros arbustos. Reducir su desarrollo a principios de verano, después de que salga el primer grupo de flores, los mantendrá bajo control si se encuentran contra una pared y permitirá seguir el crecimiento, además de favorecer una posterior aparición de más flores. Siga siempre los consejos sobre el tiempo de poda que encontrará en los libros sobre jardinería o en catálogos de cultivadores.

Mantener un jardín en orden implica podar plantas vigorosas, como la *Clematis montana* y la madreselva, que de lo contrario se convertirán en una madeja de tallos de apariencia muerta. Algunas plantas crecen rápidamente, pero de forma desequilibrada, lo que lleva a desperdiciar espacio en zonas reducidas. El atractivo y pequeño arbusto *Ceratostigma willmottianum* es de un delicado color azul en otoño, pero más tarde degenera a una masa dispersa de color marrón; pode firmemente hasta el nivel del suelo a mediados de primavera si quiere tener un arbusto compacto y tupido en verano. Algunas plantas tienden a perecer tras un invierno duro; en este caso es preferible eliminar las ramas dispersas que queden. *Lotus hirsutus* es una pequeña planta leguminosa de hojas grises procedente del Mediterráneo que se adapta bien a los terrenos soleados, aunque puede morir durante un templado invierno y presentar una apariencia bastante descuidada, de modo que deberá podar los brotes viejos en primavera. Algunas plantas tienden a ladearse en busca de la luz si se encuentran en un lugar sombrío y otras presentan espuelas al azar que deben recortarse para restaurar la forma.

izquierda **Clematis macropetala «Markham's Pink»**, de floración temprana, con sus hermosas flores colgantes parecidas a la polilla; se trata de una planta pequeña, ideal para cultivar en jardines reducidos.

extremo izquierda *Las plateadas cabezuelas florales de* **Clematis «Ernest Markham»** *continúan el estético valor de esta trepadora mucho después de que haya finalizado la floración.*

En algunas ocasiones, los cultivares normalmente ordenados de *Euonymus fortunei* adoptan este comportamiento, pero no se ven afectados de forma adversa por la poda. La lavanda, santolinas, *Helichrysum* y retamas también deben recortarse anualmente; sin embargo, no soportan una reducción hasta el nivel del suelo porque crecen a partir de un tallo leñoso y con la poda morirían. Mantenga la forma recortando ligeramente toda la planta con unas podaderas; hágalo una vez pasada la última nevada y de nuevo tras la floración.

Un detallado y decorativo control puede convertirse en un modo efectivo de realzar un espacio pequeño. Las especies de *Pyracantha* se ven favorecidas con una poda ligera y pueden recortarse planas contra el muro o guiarse como líneas horizontales paralelas. Es preferible realizar esta poda a finales de invierno para prevenir enfermedades fúngicas que puedan afectar a la planta. Es posible controlar ascalonias para que se comporten como aplanados arbustos de pared, si bien esta variedad no soporta un trabajo de poda tan radical como la *Pyracantha*. Las hiedras de hojas pequeñas, por otro lado, pueden guiarse para que sigan los esquemas lineales más delgados e incluso pueden crecer en paredes sin sol (véase «Aspectos prácticos», pág. 166).

guiar árboles frutales

Es posible transformar un árbol frutal en un elemento decorativo de su pequeño jardín si lo cultiva contra la pared como una espaldera, en forma de abanico o cordón (para ésta y otras formas guiadas, véase «Aspectos prácticos», pág. 166). La espaldera y el cordón resultan sobre todo convenientes para sitios pequeños siempre que elija un manzano o un peral cultivados sobre un rizoma adecuado; los perales cultivados sobre rizomas de membrillo tolerarán condiciones más húmedas que los manzanos y responderán mejor a la manipulación propia de la poda. El peral «Conference» se autopoliniza, y uno de los manzanos más cómodos es «Discovery», que presenta polinización cruzada con otros manzanos cercanos. Tanto uno como otro frutal puede adquirirse ya listo para ser guiado, y a partir de ellos se podan los vástagos laterales para favorecer la frutificación. Una guía de este tipo requiere paciencia, pues la aparición de frutos tarda de tres a cuatro años.

Si desea guiar frutales, fije alambres en sentido horizontal contra la pared espaciados unos 38-45 cm (véase «Aspectos

La simetría de un cerezo guiado en forma de abanico ornamenta la pared durante todo el año; en este caso, con sus márgenes de helechos y setos recortados de boj enano.

prácticos», pág. 166). La idea de cultivar en forma de espaldera se basa en la creación de un tallo central a partir del cual se guían las ramas horizontalmente a ambos lados, que crecen a lo largo de los alambres y planas contra la pared. Los cordones, normalmente de un solo tallo, con frecuencia se guían en diagonal y las ramas crecen en paralelo, aunque también pueden guiarse en vertical (véase «Aspectos prácticos», pág. 166). La forma en abanico requiere más espacio que las dos anteriores: las ramas se guían para que crezcan en sentido radial desde la base, en forma de abanico. Este tipo de guía no es del todo ornamental: los árboles frutales que crecen contra una pared cálida se benefician de su protección y además reflejan el calor.

Si se siente inspirado por una poda ornamental como ésta, considere algunos árboles o arbustos que son demasiado grandes para su reducido espacio, pero que se pueden adaptar para sufrir una poda cada año, y manejarlos de este modo. Es posible podar los eucaliptos en «coppice» –es decir, podarlos cada año o cada dos años hasta el nivel del suelo– para obtener un arbusto de múltiples tallos, más ancho que alto, y cuyas hojas sean más grandes de lo normal. En el caso del resistente *E. gunnii*, una poda de este tipo favorece la producción de hojas juveniles y redondeadas de un color azul metálico que resultan más hermosas que el maduro follaje lanceolado adulto. Otros árboles apropiados para la poda son los ornamentales saúcos como *Sambucus nigra* «Guincho Purple»; el hecho de reducir esta planta anualmente a nivel de suelo antes de que empiece el desarrollo intensifica su color, y además la hace más manejable. La catalpa dorada (*Catalpa bignonioides* «Aurea»), de hojas grandes, sobrevivirá también a una reducción de tamaño y sus hojas se volverán incluso más anchas durante el proceso. Se pueden guiar las catalpas como árboles frutales en forma de abanico sobre una pared cálida, que las protegerá del viento y de la escarcha. Los ejemplares de *Cytisus battandieri* crecen bien contra una pared cálida si se hace una poda temprana, después de la floración, cortando sólo los tallos jóvenes para mejorar la producción del plateado follaje perenne, así como la de las flores de color amarillo brillante y aroma de piña.

Los arbustos erguidos grandes como las variedades del ornamental *Cornus alba* también resisten una poda rigurosa a nivel del suelo cada año, que favorece la producción de coloreados tallos –desde amarillos hasta rojos–, tan característicos en los sanguiñuelos. *Salix alba* «Chermesina» es un sauce que responde también a una dura poda anual para producir tallos de color rojo anaranjado en invierno. Algunas plantas naturalmente elegantes, como *Chaenomeles*, necesitan una poda contenida; es importante que ésta se haga con esmero, de acuerdo con su forma y hábito de crecimiento natural. Otros arbustos pequeños, como *Daphne,* requieren una poda escasa: elimine sólo los tallos muertos o, si empiezan a enredarse, únicamente unos cuantos.

izquierda *Los estantes convierten la necesidad en una virtud en un jardín de dimensiones reducidas. Se trata de una forma ordenada de almacenar regaderas de un modo decorativo, junto a macetas pequeñas de blancas* Impatiens, *verdes ejemplares de* Helxine, *rastreras pajaritas y pequeñas saxífragas.*

riego e irrigación

El suelo que se encuentra al pie de las paredes de una casa o de los linderos del jardín siempre tiende a secarse y pudrirse. Cuando el espacio es limitado, estas zonas de plantación tienen más valor, por lo que resulta crucial regarlas regularmente para que las plantas no sufran. Una solución consiste en instalar un sistema de irrigación que funcione con un temporizador. Pero estos sistemas automáticos, tanto el de goteo constante como el de chorro por pulsación, necesitan tanques, y éstos ocupan un espacio precioso (un mínimo de 75 × 60 cm), lo cual supone bastante sacrificio en un espacio reducido. Una alternativa puede ser la de recurrir a una forma de goteo lento de irrigación mediante una manguera perforada, o rezumador, colocada en el jardín y que también puede estar conectada a un temporizador. El filtrado lento es efectivo, pues así, el agua penetra en el suelo y las raíces, pero una serpenteante manguera puede resultar difícil de ver y es posible que los agujeros queden bloqueados de vez en cuando, lo cual puede dejar secas algunas zonas.

Un sistema de irrigación caro puede no ser necesario, a menos que se ausente con frecuencia. En zonas reducidas, el riego manual es fácil y le permite controlar de cerca el jardín, con lo que se acordará de solucionar los pequeños problemas antes de que adquieran mayores proporciones. Una manguera de jardín unida a un grifo exterior resulta menos pesada que una regadera, y la fina lluvia que sale de una boquilla instalada en el extremo de la manguera es mejor que el chorro directo, que puede dañar los pétalos y el follaje, además de eliminar la capa de acolchado. La mayoría de las mangueras pueden enrollarse sobre un carrete; los que van montados sobre la pared ahorran espacio. No se olvide de proteger en invierno el grifo exterior de las heladas.

Existen otros métodos efectivos para conservar la humedad en los macizos plantados. Aplicar un acolchado, que implica cubrir la superficie del suelo con una capa gruesa de material para evitar la evaporación, impedirá el desarrollo de las malas hierbas anuales. Una capa oscura de restos de corteza que cubra el suelo a una profundidad de 8 cm proporciona un buen acolchado, y en las zonas soleadas la grava funciona bien: puede extenderse desde una zona plantada hasta un sendero, en el que una capa subterránea de geotextil evite el desarrollo de las malas hierbas o el establecimiento de semillas.

Para artesas y otros contenedores elevados es posible adquirir diversos polímeros que retienen agua absorbiéndola, por lo que pueden añadirse a la mezcla del suelo para facilitar la retención de agua. Sustituyen a la turba, que en el pasado desempeñaba un papel similar. Para los contenedores puede utilizar un sistema de irrigación por goteo; si añade fertilizante líquido, favorecerá además el desarrollo de la planta. Las cestas colgantes, notorias por necesitar un riego dos veces al día durante períodos calurosos y secos, se benefician en gran medida del uso de polímeros. Puede abonarlas y regarlas con un sistema de irrigación por goteo de tuberías muy finas que mantiene el compost húmedo. Los sistemas de polea son fáciles de manejar: bajan la cesta a un nivel accesible para el riego manual. Dado que las cestas húmedas son muy pesadas, deberá asegurarse de que los soportes sean fuertes y resistentes.

cuidados en invierno

Las plantas exóticas y delicadas pueden taparse con un vellón para que no sean dañadas por las heladas; éstos son ligeros y permiten que la luz, la humedad y el aire lleguen a la planta. Sin embargo, el frío no es el único problema del invierno: los vientos secan el suelo, además de las hojas. Ello resulta particularmente peligroso en jardines de azotea, pero se puede colocar una fina red de plástico, asegurada sobre estacas, enfrente de las plantas más vulnerables y en el lado que golpea el viento para que actúe a modo de cortavientos.

almacenamiento

Los jardines precisan un determinado equipo, y si su vivienda también es pequeña no podrá mantenerlo en el interior de la casa. Incluso el terreno más pequeño requiere algunas herramientas, y éstas deben guardarse en algún lugar.

Un estrecho cobertizo, alegremente pintado y con una ventana con vidriera, constituye un elemento destacado de este pequeño jardín. Una hilera de esferas de boj podadas colocadas en macetas blancas aísla un poco el cobertizo, pero sin ocultarlo.

Intente reducir la lista de lo que le gustaría tener a lo que realmente necesita: una horquilla de mano y una paleta; una pequeña horquilla para ribetes y una pala; un buen par de podaderas, una sierra de podar y una regadera con un caño largo. Adquiera el mejor equipo que pueda comprar: las herramientas de acero inoxidable no se oxidan por lo que, si las guarda en el exterior, resulta una cualidad importante. Además acumulará latas, cuerdas y otros utensilios, pero es preferible deshacerse de los recipientes vacíos de plástico antes que guardarlos. También necesitará una escoba de jardín y una pala para limpiar el pavimento, además de una bolsa de plástico plegable, de boca ancha, que resista los restos vegetales con espinas. Resulta útil disponer de una lámina grande de plástico para que cuando plante en macetas o divida especies vivaces, por ejemplo, los restos vegetales no queden desperdigados y su eliminación se vea facilitada.

Unas podaderas de buena calidad probablemente constituirán la mejor compra. Son versátiles y cortarán tallos de hasta 12 mm de espesor. Las de tipo yunque poseen una cuchilla afilada que corta sobre un margen recto a modo de yunque. Son más fáciles de usar, pero pueden producir cortes desiguales. Las podaderas de hoja curva tienen dos cuchillas curvadas, de modo que la más afilada corta contra la cuchilla exterior,

con lo que se obtiene un corte limpio y seco. Las personas con artritis o debilidad muscular en las manos pueden optar por las podaderas de trinquete, más ligeras, que resultan eficaces y más fáciles de utilizar. Mantenga siempre limpias las podaderas, afiladas y bien engrasadas.

mobiliario de jardín

Si quiere dejar el mobiliario fuera durante todo el año, éste deberá ser resistente a la lluvia. Las mesas y sillas han de ser de madera tratada, plástico o metal; si están hechos de madera renovable, no necesitarán mantenimiento. El plástico resulta ligero para los jardines en un ático, por lo que las sillas pueden irse volando a menos que se fijen; además, este material resulta vulnerable a la luz ultravioleta y se deteriora con el tiempo. Los muebles de metal varían en calidad, y el aluminio no se oxida si se deja en el exterior durante el invierno. No existe ninguna ventaja adicional por tener un mobiliario plegable, a menos que disponga de sitio suficiente para guardarlo. Si realmente está limitado por el espacio, una balda plegable le permitirá comer fuera. ¿Ha pensado en asientos hinchables? El mobiliario hecho a medida le puede ahorrar mucho espacio, como por ejemplo, los muros de contención de macizos elevados que sirven como asientos, siempre que estén a la altura adecuada. El «banco Shaker» se puede mover y resulta adecuado para su uso en el interior; el asiento está sujeto con un gozne sobre una caja, lo que permite que sirva de espacio para el almacenamiento.

invernaderos y cobertizos

Para los entusiastas de las plantas, un pequeño invernadero o una estructura fría puede dar un gran placer. Un invernadero adosado a la casa puede constituir una buena opción, siempre que se beneficie de una luz adecuada. En el mercado existen diversos invernaderos pequeños cuyo espacio es suficiente para cultivar esquejes o proteger las plantas favoritas que sean menos resistentes. Incluso es posible construir una pequeña estructura fría a partir de cristal reciclado de ventanas, que se puede montar en el exterior cuando se desee.

superior *La madera es uno de los materiales más prácticos para el mobiliario de jardín. El muro de contención de ladrillos de un macizo elevado situado detrás de una mesa teñida de azul se aprovecha también como asiento adicional.*

extremo izquierda *Aquí se aprovecha un sombrío rincón para guardar objetos funcionales junto a plantas en macetas que toleran la sombra como Hosta y hiedras.*

derecha *El lindero de un jardín de azotea construido de metal proporciona un soporte ideal para una pesada trepadora como el grosellero chino (Actinidia chinensis).*

superior **Wisteria,** *con sus racimos de color lavanda y su atractivo follaje, trepa de forma natural retorciéndose alrededor de los soportes de esta pérgola de madera.*

La misma extensión de espacio se podría utilizar de un modo más conveniente, quizás, para un pequeño cobertizo de jardín. Si piensa ocupar mucho espacio para ello, asegúrese de que podrá guardar muebles de jardín y un cortacésped, si es necesario, además de las herramientas básicas. Si no dispone de espacio suficiente para un cobertizo separado, puede construir un estrecho «vestidor» y colocarlo contra la casa o el muro lindero, con algunas rejillas para colgar herramientas y unos pocos estantes. Haga que sea lo más impermeable posible utilizando madera tratada a presión y cubriendo la parte superior con una lámina de cobre u otro metal que aisle la lluvia; las bisagras de la puerta deben ser metálicas.

soportes y fijaciones para las plantas

Muchas especies trepadoras necesitan algún soporte, lo que en un espacio reducido no debería ser un obstáculo (véase «Aspectos prácticos», pág. 170). Elija uno que sea limpio al mismo tiempo que efectivo; una red de acero recubierta de plástico sirve, pero no es elegante y las mallas viejas tendrán un aspecto desagradable. Considere el acero galvanizado resistente para fijarlo a la pared en líneas paralelas; átelo bien fuerte, pues el alambre flojo resulta poco atractivo. Utilice ganchos para mantener el alambre separado de la pared o valla y permitir que se desarrollen las trepadoras. Las espalderas de madera fuerte soportan las trepadoras y son una buena forma de ocultar una pared poco atractiva. Compre espalderas en paneles ya preparados o constrúyalas utilizando madera blanda tratada a presión o madera fuerte no perecedera. Átelas a bastones fijos de madera, engarzados en la base, de forma que tanto la espaldera como las plantas puedan separarse cuando necesite pintar.

Deberá sujetar plantas nuevas como las clemátides y los rosales cuando crezcan. Utilice cuerdas adecuadas que no corten el tejido de la planta y que dejen espacio para aumentar el contorno a medida que ésta se desarrolla. Los cordeles naturales, de vegetales, no son molestos, pero tienen que reemplazarse regularmente. Fíjese en el cuidado que tradicionalmente los jardineros japoneses han prestado a los cordeles para darse cuenta de la atención que ponen en cualquier detalle; el resultado tiene estilo por sí mismo. No olvide nunca que en los jardines pequeños absolutamente todo está a la vista.

ilusión

Dentro de la intimidad de un espacio cerrado, la superficie de un pequeño jardín puede decorarse como un escenario teatral, creando un decorado de otra época y de otro lugar. El uso de una serie de materiales permite aprovechar trucos ilusorios que aumentan la sensación de espacio, por lo que al mismo tiempo éste aparentará mayor luminosidad. Con la incorporación de acabados espectaculares colocados en sitios estratégicos y con alguna pintura artística se puede transmitir la sensación de encontrarse lejos de la realidad urbana.

El espejo que hay en una de las ventanas aporta un aire ingenioso al jardín; su colocación refleja una cabeza de piedra.

El agua que sale por la boca de este pez de bronce de grandes dimensiones vuelve a caer al estanque.

Un sendero largo e interminable pintado en un muro de separación invita a la exploración y también a tomar una bicicleta para recorrerlo.

El pórtico se extiende hasta el jardín, que de este modo llega a formar parte del interior. Plantas trepadoras cuelgan de las vigas superiores.

Una distancia interminable desafía los confines de un patio cerrado –sensación que se ha logrado mediante la instalación de espejos.

La urna colocada
encima de un zócalo
y delante de un espejo
ofrece una bella silueta
delante de la ventana
luminosa, flanqueadas
por otras dos urnas a
juego y árboles estándar.

izquierda *Estos dos patios minúsculos comparten un mismo «canal» de agua gracias a las buenas relaciones existentes entre los vecinos, con lo que cada uno de los dos jardines se beneficia de un mayor espacio y está unido al otro por un destacado elemento unificador.*

ocultar y aprovechar

En los jardines pequeños, todo, absolutamente todo, está a la vista, tanto los detalles más bellos como los menos decorativos. Para aprovechar el espacio al máximo es necesario estudiar y ajustarse a las características existentes y no alterables del terreno y aprovecharlas al máximo o integrarlas de la forma más discreta posible. Con una planificación minuciosa, una pequeña operación estética puede hacer milagros. Mientras que el elemento de menor atractivo del espacio puede ocultarse físicamente detrás de algún otro detalle, el aspecto global de su pequeño jardín mejorará notablemente si hace que destaquen sus características inherentes de manera que se cree la sensación de espacio.

ocultar

En todos los jardines hay objetos que nos gustaría ocultar, como por ejemplo los cubos de basura, las herramientas para la jardinería o los contadores de agua y de luz. Si tiene la oportunidad de diseñar su jardín desde el primer momento, lo más conveniente es guardarlos en uno de los rincones, generalmente ya determinado por la ubicación de los servicios más importantes, para después colocarlos en un armario de madera hecho a medida, cuya estructura a su vez se pueda ocultar bajo una trepadora o enredadera. Para ello mejor evite el crecimiento rápido de *Fallopia baldschuanica* o de *Lonicera japonica*: aunque ambas lo cubrirán en poco tiempo, no pararán de crecer y resultarán demasiado voluminosas para su terreno; en su lugar, puede plantar la enredadera *Vitis vinifera* «Purpurea», pero deberá podarla anualmente como mínimo a una distancia de 1 m debajo de los aleros de la casa. También puede ocultar la estructura bajo una protección de boj decorativamente recortado o de *Lonicera nitida*, y así la convertirá en una característica de su área funcional. No caiga en la tentación de plantar la especie enana del *Buxus sempervirens* «Suffruticosa», ya que tardará demasiado tiempo en formar una pantalla efectiva.

En los muros siempre suele haber algunos accesorios relacionados con el funcionamiento de la casa, como tuberías de gas, aparatos de calefacción, etc. No permita nunca que queden escondidos bajo las ramas de las trepadoras, ya que las consecuencias pueden ser graves. En su lugar, si están cerca del extremo derecha *Estos jardines de la azotea de una casa, que aprovechan cada metro cuadrado de espacio, están soberbiamente diseñados como espacios verdes individuales. El diseño del jardín superior es formal, y el principio del reticulado resulta evidente tanto en el estilo de plantación como en la pérgola blanca superior.*

inferior *En este pequeño espacio cerrado se ha instalado un robusto enrejado para crear una división entre el espacio del jardín familiar y el del área de reposo. Aunque se haya intentado ocultar el uno del otro parcialmente, existe una abertura en la reja por la que se puede distinguir una máscara de barro colgada en una pared que se refleja en un espejo.*

suelo, es aconsejable plantar pequeños arbustos, como las especies de hoja perenne de *Pittosporum tenuifolium*, por ejemplo «Irene Paterson», de hoja moteada de un fresco color verde, o *P.* «Garnettii», de hoja variegada de color grisáceo, ambas algo delicadas. La tubería de desagüe de las paredes se puede ocultar, en poco tiempo, bajo las ramas de plantas trepadoras guiadas con ayuda de alambres o redes especialmente instaladas. La hermosa trepadora perenne *Eccremocarpus scaber*, que florece a lo largo de todo el verano, es de crecimiento tan rápido como una planta anual en regiones de clima más fresco; resulta más delicada, pero en el interior de un pequeño patio estará bien protegida. También las hiedras de hoja pequeña como *Hedera helix* «Glacier» son una especie ideal para estos lugares, ya que son resistentes, perennes y se adhieren solas, aunque con el paso de los años sus ramas adquieren un peso considerable y pueden acabar perjudicando los muros, por lo que es aconsejable podarlas con regularidad. *Aristolochia macrophylla,* de hoja grande, cuyas poco atractivas flores tubulares atrapan a las moscas, se puede guiar con alambres; es necesario controlar su crecimiento constantemente para evitar que se extienda demasiado. Cerciórese de que no haya ramas ocultas detrás de los tubos del desagüe, ya que con el paso de tiempo éstas aumentarán de grosor y separarán los tubos del muro. Las hojas y las flores de las plantas trepadoras de hoja caduca pueden obstruir los canales de desagüe, por lo que es aconsejable podarlas antes de que alcancen una cierta altura.

Los desagües y las tapaderas de inspección siempre parecen estar en el lugar equivocado, pues rompen el esquema del pavimento que, de otro modo, luciría perfecto, o bien imposibilitan el cultivo de una planta determinada en un lugar particularmente apropiado. Como es poco probable que el desagüe mismo se pueda trasladar, lo mejor es ignorarlo u ocultarlo. Puede que prefiera pavimentar el espacio alrededor de un desagüe, pero muchas veces las cubiertas de los registros (del alcantarillado) se instalan en lugares poco adecuados, que no encajan en la geometría del pavimento previsto. Si no es posible realizar un realineamiento, existe la solución de adquirir cubiertas de metal cuadradas y ahuecadas, fabricadas especialmente para que encajen encima de las reglamentarias, y que presentan una pequeña depresión a fin de que las tablillas del pavimento puedan cortarse y adaptarse a la cubierta o bien

para aplicar el material de relleno, como grava, por ejemplo, para cubrir el espacio. De este modo, la superficie del patio queda perfectamente nivelada y lo único que se distingue es la fina circunferencia de la cubierta metálica, que se puede levantar en caso de que sea necesario.

Otras alternativas comprenden la colocación de una maceta voluminosa y decorativa encima de la tapadera, aunque puede

resultar problemático moverla debido a su peso; una solución consiste en colocarla sobre ruedas inoxidables. Sin embargo, este tipo de diseño muchas veces produce el efecto opuesto al deseado. Dado que, generalmente por razones de espacio, los macetones y contenedores de plantas se instalan en rincones o en fila, flanquean senderos o decoran el contorno de una terraza, se consideran poco decorativos cuando están aislados o su ubicación no está justificada; convertir la tapadera en un foco de atención sería una forma de llamar la atención hacia ese punto. Si pudiera modificar su plano para disponer de un macizo próximo, la tapadera se podría camuflar bajo una planta perenne como *Juniperus sabina* «Tamariscifolia», por ejemplo. De esta manera quedaría oculta a lo largo de todo el año, y si fuera necesario, las ramas de la planta se podrían levantar para tener acceso al drenaje. Del mismo modo también se pueden usar piedras y guijarros, y como es obvio, una gran plataforma que cubra toda la superficie para ocultar cualquier desperfecto en la parte inferior; para tener acceso a la tapadera se puede introducir una trampilla.

separaciones o lindes

Los lindes son un elemento compartido, aunque no necesariamente tengan que limitar ni nuestro espacio ni nuestra imaginación. Los pequeños patios pueden considerarse como una celebración de la agradable convivencia vecinal.

Las separaciones poco decorativas pueden reducir parte de la belleza al jardín, sobre todo cuando se trata de jardines

pequeños, donde siempre están a la vista. Las cercas en mal estado pueden reemplazarse o repararse, pero un muro de ladrillos defectuoso ya es un problema más grave. No intente pintarlo, pues los ladrillos son porosos y nunca se pueden restaurar para lucir una superficie original. Con independencia de la calidad de la pintura aplicada, ésta, después de un período de tiempo más o menos prolongado, empezará a descoharse en las juntas de mortero. Para arreglar el muro en mal estado es aconsejable rejuntar los ladrillos, pero si éstos no son de su agrado, lo mejor es ocultar todo el muro bajo unos paneles de enrejado ornamental o cubrirlo con plantas en lugar de aplicar una nueva capa de pintura. Los paneles pueden ser en forma de entramados reticulares de madera, los conocidos como espalderas, y se instalan en la pared con tacos y tornillos galvanizados. Si los quiere cubrir con plantas trepadoras deberá poner unos espaciadores entre el panel y la pared para que puedan entretejerse naturalmente en los postes y listones. Las devanaderas de algodón hechas de madera son excelentes espaciadores.

Si los muros de su jardín ya son viejos y están pintados, o si decide pintar un viejo muro de hormigón, piénselo dos veces antes de decantarse por el color blanco, aunque su idea sea darle una mayor luminosidad a un área oscura. La pintura de color blanco se tiene que renovar con frecuencia, ya que además del polvo y de la suciedad se suele cubrir con musgo y algas. Tampoco es aconsejable usar pintura de color negro, ya que exige cierta perfección, y a menos que se trate de un jardín modernista especialmente diseñado, el color negro suele ser depresivo; también el polvo y la suciedad de color más claro resultan muy visibles en las superficies oscuras. Es preferible cubrir los muros con una pintura de tono neutro, como de color tierra o arena, que siempre retrocede discretamente detrás de las plantas o de los enrejados. El camuflaje más efectivo es el color del entorno inmediato –por este motivo, los soldados en el desierto llevan el uniforme de color arena, y el de los destinados a la jungla es de varios tonos de verde– lo que hay que tener en cuenta cuando desee que algo se confunda con el fondo. Cobertizos y tanques de petróleo deben ocultarse, y una solución como la

*inferior **Las casas y los patios adyacentes presentan dos esquemas que se combinan perfectamente, uno pintado de color terracota pálido y el otro de un suave tono rosa, ambos ideales para regiones muy soleadas.***

*extremo izquierda **El muro que hay detrás del enrejado se ha pintado de un pálido color de piedra arenisca. Este tono resulta muy favorecedor para la hortensia de color lila azulado** H. macrophylla **«Mariesii Perfecta» plantada en una maceta, colocada sobre un zócalo delante del muro.***

mencionada sirve para este propósito, en especial si después añade unas cuantas plantas trepadoras como *Parthenocissus tricuspidata* o varias enredaderas. O tal vez se incline por una solución más vistosa y pinte el muro o algún detalle con un color muy llamativo para hacerlo resaltar deliberadamente. Agregue unas plantas espectaculares, de grandes hojas y colores brillantes, como *Rheum palmatum* «Atrosanguineum», u otras más pequeñas como *Acanthus spinosus* y *Crocosmia* «Lucifer». En un espacio muy limitado, una solución extremadamente intrépida puede ser tan acogedora como simpática.

mejorar la vista

Algunos detalles no tienen remedio, tanto si nos gustan como si no. Si vive en un entorno urbano resulta poco probable que disfrute de una vista agradable desde su jardín. Dado que la contaminación visual no es algo que normalmente se pueda solucionar, ahorre sus energías y dedíquelas a mejorar todo lo que esté a su alcance. Si lamentablemente tiene que soportar una vista tan desagradable como un tejado destartalado de plástico ondulado instalado en el lado de su vecino, la única solución es la construcción de una pantalla. Pero como también resulta conveniente mantener una buena relación con el vecino, es aconsejable utilizar un entramado resistente que no le quite luminosidad. El efecto del recubrimiento del entramado de plantas siempre se da de forma más gradual que la plantación de un seto maduro o que la instalación de una verja sólida. Durante mis años de estudiante, tuve que compartir una separación con un vecino muy peculiar que había rodeado su minúsculo patio con un cercado acabado con un alambre de púas en la parte superior. Cualquier planta que se adhería era decapitada, de modo que todo lo que pude hacer fue instalar una valla independiente de cañas paralelas y plantar un denso bosque de malva real que solía florecer en verano; y ambos quedamos satisfechos con el resultado.

A mayor escala, por ejemplo en caso de un auténtico paisaje industrial o de un bloque de viviendas de gran altura, ambos muy dominantes, la mejor solución estriba en distraer la atención del entorno, tanto física como psicológicamente, instalando una pantalla, de modo que la vista sólo se centre en el jardín. Distraiga la mirada haciendo sobresalir un determinado elemento de su propio espacio, o planifique

extremo derecha *¿Quién tiene en cuenta la fábrica contigua cuando se pueden observar tantos detalles interesantes en el pequeño jardín de la azotea? Los enrejados de la parte superior proyectan una intrincada sombra sobre este pequeño jardín inundado de luminosidad.*

el paisaje de su pequeño jardín para que éste se convierta en la «razón de ser» del mismo. Se puede tratar de una escultura, tanto contemporánea como clásica, una pequeña glorieta cubierta de plantas o una fuente de agua. De este modo, todo lo demás quedará subordinado a este detalle decorativo y las plantas únicamente servirán de marco para el mismo, mientras que todas las líneas trazadas, como los pequeños senderos o los ribetes de los arriates, atraerán la atención hacia este punto focal interno.

Por otra parte, aunque su propiedad sea muy reducida, la de su vecino podría ser mayor, e incluso podría haber un árbol en el terreno adyacente que dominase el espacio de su propiedad, lo que haría que pareciese un préstamo permanente. Evidentemente, esto podría afectar a toda su decoración y también a su elección de las plantas y flores. Si le quitase demasiada luz, podría pedirle al vecino que lo podara o que entresacara algunas ramas, y en señal de su buena voluntad le podría ofrecer cubrir los gastos de la poda; es aconsejable contratar los servicios de un especialista en poda de árboles, ya que es una labor que requiere delicadeza y habilidad.

sacar partido de los detalles

Es imposible definir lo que es realmente bello desde el punto de vista de la estética: tanto la fealdad como la belleza dependen del criterio del observador. Hace cien años, la actual tendencia de «envejecer» los muebles intencionadamente, maltratando las superficies inmaculadas de madera hasta el extremo de golpearlas con cadenas hubiera parecido una locura. Durante mucho tiempo se ha considerado la impecable perfección como algo de extrema belleza, y aún así encantan las carretillas y los bidones de riego antiguos, con sus esquinas redondeadas y rasguñadas a lo largo de los siglos. He recordado estos detalles al ver en una revista la fotografía de una cabaña envejecida por el tiempo en medio de la selva australiana. La pintura se había desconchado, la puerta sólo se sujetaba de un gozne y el tejado era de hierro oxidado ondulado –pero la imagen, que destacaba contra el fondo de color rojo del desierto, era realmente impresionante. Ello no significa que tenga que destruir su entorno o adoptar una imagen de abandono, sino sólo que los objetos de su propiedad se han de examinar sin pasión para determinar hasta qué punto realmente necesitan un repaso general a fondo.

Hasta los patios más reducidos reúnen algunas cualidades positivas, por ejemplo, un muro de ladrillos de color suave, una barandilla de hierro forjado, un balcón o una escalera de incendios. Cuide estos detalles únicos como si fueran tesoros y conviértalos en elementos importantes de su pequeño espacio. Para aprovechar los detalles arquitectónicos al máximo, evite objetos bonitos, que únicamente les restarían méritos. En cuanto a otros aspectos ya viejos, la clave reside en que si es la funcionalidad del objeto la que le ha hecho envejecer. Las rejillas de hierro fundido de una carbonera, enrejados o viejos cubos galvanizados y fregaderos pueden considerarse detalles potenciales de decoración, que se pueden incorporar incluso en el patio más pequeño. Las antigüedades del jardín vuelven a incrementar su valor, así como toda clase de objetos domésticos usados como improvisados contenedores. En mi jardín encontré un viejo aparato de cocer de aluminio, que después de limpiarlo bien resultó parecer vagamente un casquillo de bomba, pero que ahora alberga a una magnífica planta *Miscanthus*. Esta discordante y casual asociación aporta un gran atractivo.

el jardín exterior como elemento decorativo para el interior

Cuando el entorno carece de interés o de encanto, el pequeño jardín debe contener suficientes elementos fascinantes y atractivos para que la vista pase por alto todo lo que pueda haber más allá de sus límites y se sienta atraída exclusivamente por las plantas decorativas. Las esculturas y algunos objetos encontrados pueden ser excelentes centros de atención para la vista a lo largo de las cuatro estaciones. En la tradición jardinera del mundo occidental, las esculturas han formado parte integral de los jardines desde los tiempos del clasicismo, y ahora el potencial del arte tridimensional está tan extendido que comprende tanto piezas figurativas como abstractas. Entre los «objetos encontrados» pueden figurar tanto retorcidos troncos de madera, piedras especialmente interesantes y conchas de mar, e incluso también alguna parte de una vieja máquina u objetos funcionales hechos por el hombre que presenten algún interés en sí. Cualquiera que sean los detalles escogidos, la ubicación de cada una de las piezas es verdaderamente crucial, ya que de forma automática suelen atraer la vista. Cada persona debe juzgar por sí misma si el objeto es lo bastante impresionante

extremo izquierda **Para aprovechar al máximo un espacio vertical, el propietario de este patio ha decorado la pared de color oscuro de un cobertizo con una colección de sus recuerdos y pertenencias personales más apreciadas.**

derecha *Una pequeña fuente para un espacio muy limitado se puede construir fácilmente usando tejas de cumbrera por las que discurra el agua, que cae sobre un contenedor de pizarra instalado encima de una base también de pizarra negra circundada por piedras de remate igualmente inmaculadas.*

extremo derecha *Este pequeño patio interior reúne todas las características de un entorno tranquilo y pacífico, ya que el punto focal reside en un estanque clásico situado en el centro y que está rodeado por un suelo recubierto de guijarros y hierba. El mismo jardín se ha decorado con plantas originarias de zonas de clima cálido, como palmeras de hoja de abanico y helechos.*

palustris var. *alba* y *Myosotis scorpioides* «Mermaid»; es muy importante que el chorro de agua no sea muy fuerte, ya que se asemejaría demasiado a la cisterna de un cuarto de baño. El sonido, como en el caso del parque de Paley, debe ser suave y agradable.

Aunque sólo disponga de un espacio poco mayor que un simple pasaje, se puede introducir un punto de atracción con agua simplemente usando una pequeña tina con un lirio acuático, por ejemplo *Nymphaea* «Pygmaea Helvola», y unas plantas que aporten oxígeno como *Lagarosiphon major* para conservar la frescura del agua. O siga la sugerencia de instalar una espita

como para colocarlo encima de un plinto o si se puede dejar al alcance de todos para poderlo tocar; también es posible ocultarlo parcialmente entre el follaje oscuro de alguna planta. Sin que importe la ubicación exacta del observador, esta pieza siempre confirmará su presencia y distraerá la atención de todo lo que se pueda encontrar más allá de los límites de su propiedad.

Uno de los elementos más atractivos que pueden instalarse en un pequeño jardín es el agua, ya que siempre involucra al oído y al tacto, y naturalmente a la vista. Dado que se trata de un elemento muy versátil, el agua puede estar en movimiento, fluir, emerger por algún orificio, burbujear o simplemente deslizarse por una suave superficie brillante. El famoso «muro de agua» del parque de Paley, en Manhattan, Nueva York, constituye una imagen clásica y ejemplar de los poderes tranquilizantes del agua, pues convierte este pequeño parque en un refugio de tranquilidad que está cercado por enormes rascacielos en tres lados, mientras que en el cuarto, abierto, transcurre una avenida con todo su consabido tráfico y ruido. Dentro de cualquier propiedad, se pueden instalar luces titilantes sobre el agua y también algún sonido para distraer la atención de las vistas exteriores y del ruido. Se podría elegir entre la quietud de un estanque de agua tranquila reflectante, cuya superficie sólo quedaría interrumpida por pequeñas flores acuáticas como el fragante lirio *Nymphaea* «Caroliniana Nivea», o por una pequeña cascada de agua resplandeciente, tal vez asociada con alguna *Iris laevigata*. O puede que prefiera construir una pequeña fuente de la que salga el agua desde un pequeño estanque decorado con *Caltha*

en la pared con un pequeño depósito de agua en la parte inferior para recoger el agua y hacerla circular de nuevo. No hace falta instalar la convencional boca de león: también se fabrican y venden imitaciones de gárgolas, por ejemplo cabezas de payasos que salen de un aro; o tal vez pueda encargar un modelo original a un artista. En cualquier caso, siempre es posible adquirir un dispositivo sencillo para este fin hecho de terracota o de resina combinada con plomo y fibra de vidrio, o un simple tubo fino que gotee sobre una artesa de piedra o sobre un montón de guijarros que oculten un pequeño «estanque». También se precisa una pequeña bomba de agua, instalada bajo la superficie del suelo, para alimentar el tubo que hay en la pared; con una fuente de energía conectada a la tubería se puede conectar el flujo de agua siempre que se desee. Si tiene niños pequeños, es más seguro disponer de un depósito de agua en forma de alguna figura decorativa como aljibe, ya que de este modo no podrá caer en ningún recipiente lleno de agua. En el mercado se ofrece una serie de pequeños modelos burbujeantes en los que el agua parece surgir de una piedra de molino, de algún canto rodado o de entre un conjunto de varias piedras, para después continuar su curso salpicando cantos rodados y tal vez pasando por una pequeña plantación circundante de helechos, que podrían ser la minúscula *Astilbe simplicifolia* «Sprite» y la compacta *Hosta lancifolia*, para, por último desembocar de nuevo en el depósito subterráneo antes de volver a ascender y circular de nuevo para repetir el ciclo.

Si desea estudiar la posibilidad de construir un pequeño estanque o cualquier otro artefacto decorativo de agua, es recomendable consultar a un especialista del ramo, que le podrá sugerir un esquema de plantación equilibrado con la vegetación precisa para la oxigenación y otras plantas y flores, así como la dimensión y el modelo de la bomba de agua adecuada para sus necesidades. Es indispensable contratar los servicios de un electricista competente para que realice las instalaciones y conexiones eléctricas necesarias. Una iluminación sutil del estanque incrementará notablemente el efecto decorativo del agua durante las noches (véase pág. 78).

cambios de nivel

No todos los jardines presentan una superficie completamente plana. Si el terreno cuenta con algunas pendientes o colinas es indispensable nivelar el área inmediatamente contigua a la casa, sin importar la planificación del terreno restante. Si su vivienda se encuentra en la planta baja, posiblemente las ventanas queden justo frente a un muro con sus correspondientes balaustres de hierro. Si la mampostería del muro es más o menos atractiva, aprovéchela lo mejor posible, o en caso de estar enlucida y de tener poco sol, decórela de un color pálido para iluminar el área y reflejar toda la luz natural que pueda haber. Éste es uno de esos casos en que las espalderas pintadas de color blanco lucirían con gran efecto al contrastar con un muro de un pálido color terracota. Infórmese sobre el cultivo a la sombra de las distintas variedades de plantas trepadoras arbustivas, como por ejemplo x *Fatshedera lizei*, una planta de hoja perenne de 1-1,5 m de altura, de bellas hojas brillantes lobuladas, que se plantaría en la base, y un rosal fragante como «Mme. Alfred Carrière» para florecer en la parte superior. También las largas ramas de clemátides son muy apropiadas para las espalderas ornamentales. Todas las plantas florecerán mucho mejor cuando se cultiven en grandes contenedores de buen drenaje. Otra alternativa consiste en la plantación de hiedras de hoja pequeña para recubrir cañas,

extremo izquierda **Hasta en los jardines más pequeños, la superficie del agua refleja la luz del cielo. En este pequeño baño para aves, flanqueado por Eucomis bicolor, ya se han instalado algunas lentejas de agua, pero éstas son muy fáciles de arrancar con la mano.**

inferior **Con la elevación del nivel de este patio se ha creado un pequeño arriate y con él se ha dado la oportunidad de instalar dos fuentes de pared, que alimentan un pequeño arroyo de agua. El arco con los escalones parece un contrafuerte volante que soporta el muro.**

derecha *Los contenedores llenos de margaritas* Brachyscome iberidifolia *decoran la parte lateral de la escalera hasta el pasillo inferior de la vivienda situada en la planta baja, y aportan colores alegres a este entorno poco luminoso. Pyracanthas y hiedras de hoja perenne decoran los muros exteriores, mientras que las trepadoras animan la parte superior del lugar.*

alambres y listones adheridos en la pared, para formar un bello diseño de rombos (véase «Aspectos prácticos», pág. 166), un efecto muy decorativo durante todo el año. En cada uno de los escalones se pueden colocar varias macetas de *Impatiens* de color blanco, muy apropiadas para lugares sombreados, y de *Hedera helix* «Adam», de hoja pequeña y variegada. Encima del muro o en la base de cualquiera de los balaustres de hierro se podría poner una larga artesa de madera, de dimensiones lo suficientemente amplias para enredaderas, y de este modo se le podría dar otra dimensión distinta a una superficie vertical. Dado que en este nivel hay una mayor luminosidad, también se podrían cultivar algunas plantas perennes como pervencas (*Vinca minor*) junto con algunas fucsias trepadoras, verbenas y lobelias para el verano.

En caso de que la vivienda estuviera situada en un declive natural muy pronunciado, el único nivel sería el sendero a lo largo de ésta. La creación de terrazas ofrecería una serie de posibilidades poco comunes de las que carecen todos aquellos que sólo disponen de una superficie plana: una buena ocasión para crear unos jardines colgantes. Es aconsejable contratar a un especialista en paisajismo para que realice los trabajos del terraplenado del lugar, ya que la construcción de muros de concentración con troncos gruesos de madera o de un muro de mampostería, así como un buen drenaje para la canalización

del agua, son aspectos realmente esenciales. Después de terminar los trabajos de la azotea y de plantar abundantes variedades de enredaderas y rastreras, nunca más verá los muros si no lo desea.

Si el terreno se ha adecuado correctamente cualquier tipo de terraceado será superfluo, siempre y cuando no exista una parte del suelo que se pueda deslizar hacia la casa. Hay muchos tipos de plantas muy apropiadas para terrenos inclinados o verticales: en los contornos del suelo se podrían plantar coníferas como *Juniperus communis* «Green Carpet» o *Cotoneaster dammeri*, o *C. astrophoros*, este último de dimensiones algo menores y que produce bayas rojas en otoño. También se podrían introducir algunas rocas y piedras voluminosas y unos cuantos pinos enanos, así como varias plantas alpinas como saxífragas, campánulas y *Dryas octopetala*. En las áreas más sombreadas, la búgula o consuelda media (*Ajuga reptans*), *Lamium* y hiedras se pueden extender a sus anchas. Las plantas más elegantes, de crecimiento arqueado como el arce japonés de hoja roja o verde y las fucsias pendulosas, lucirán más bellas contempladas desde un punto de vista más bajo.

arriates elevados
En algunas ocasiones existe la alternativa de crear varios niveles para la plantación, tanto para darle un mayor interés a una

Dierama pulcherrimum, lucen más hermosas cuando se cultivan en un lugar más elevado que el entorno restante.

El medio de cultivo en un arriate elevado puede ser muy distinto del de la tierra autóctona, por lo que en una zona de tierra alcalina debe preparar el arriate con un compost ericáceo, un fertilizante orgánico refinado, para cultivar rododendros. Para los amantes de las plantas alpinas, un arriate menos elevado de tierra arenosa y cubierto de gravilla ofrece la base ideal para el cultivo de estos pequeños tesoros. Introduzca también unas piedras rocosas y culmine el paisaje con algunas coníferas muy pequeñas, por ejemplo unos abetos *Abies balsamea* f. *hudsonia* o *Picea abies* «Nidiformis» de punta plana, además de varios geranios alpinos, campánulas y flox y unos cuantos bulbos de *Iris reticulata* y *Narcissus cyclamineus* para

que salgan de entre un mar de *Raoulia australis* o *Thymus minima*.

el jardín de noche

El jardín también debe estar presente después del anochecer, incluso en invierno, para disfrutar del ambiente que se crea bajo los últimos rayos de sol y al caer la noche. Las luces desempeñan un papel protector, para iluminar los escalones y la entrada como para transmitir seguridad. Los escalones de piedra pueden alumbrarse por ambos lados con luces instaladas en la parte saliente inferior de cada uno, tanto para transformarlos en unos elementos atractivos como por razones de seguridad. Y la luz emitida por las lámparas de pared con un haz de luz hacia abajo o por pequeños faros encapuchados instalados a lo largo de la entrada, siempre serán suficiente para ofrecer un acceso fácil sin deslumbrar.

Una buena iluminación exterior debe ser muy sutil y enfocar a algunas de las plantas, mientras que de otras sólo se tiene que ver la silueta. El jardín jamás se debe iluminar como si fuera un campo de fútbol; el exceso de iluminación reduce la profundidad y

determinada área plana como para introducir más plantas. Los arriates elevados independientes se pueden construir utilizando madera tratada, ladrillos o piedras, y siempre tienen que estar provistos de perforaciones de desagüe para el drenaje, que idealmente deberían tener forma de pequeños canales o sumideros instalados en la base de las paredes de retención que desembocarían en un arriate o un drenaje. Los arriates elevados de unos 45 a 80 cm de altura se pueden construir en los límites de cualquier terreno reducido, con asientos incorporados, una pequeña área para las barbacoas de verano e incluso con un pequeño armario en la parte inferior.

Los arriates situados en un nivel más elevado ofrecen muchas ventajas. Facilitan el trabajo de jardinería ya que no necesita arrodillarse, y para el jardinero es más sencilla la labor de cultivar plantas enredaderas como verbenas y lobelias o arbustos de flor como *Ceanothus thyrsiflorus* var. *repens* o las especies más delicadas de *Rosmarinus prostratus*. Todas aquellas plantas que se arqueen antes de «llorar», como *Fuchsia* «Mrs. Popple», *Acer palmatum* var. *dissectum* o

superior **Durante la noche, el jardín cuyos detalles se ilustran en la página 116 tiene un énfasis muy distinto. La escultura se ilumina desde atrás, por lo que todas las piezas restantes quedan relegadas a un segundo término.**

superior izquierda **Las plantas de este jardín creado en una azotea se cultivan en grandes artesas. *Osteospermum caulescens* produce margaritas todo el verano, ya que recibe los rayos del sol del mediodía.**

inferior izquierda **Este conjunto de plantas alpinas que integra un jardín en miniatura está instalado en un antiguo lavadero exterior, donde se aprovecha el sol y el buen drenaje de la tierra arenosa.**

destruye todo misterio. Para los patios muy pequeños, lo mejor es una iluminación limitada, como enfocar un elemento en particular como una escultura. La iluminación lateral enfatiza las formas de un modo más efectista, mientras que la frontal tiende a aplanar y alisar las superficies. La fuente de luz misma puede quedar oculta a la vista y el haz de luz puede ser tanto amplio como extremadamente fino, con toda una gama de intensidades de acuerdo con el objeto iluminado y el efecto deseado.

Si se oculta la fuente de luz, la iluminación realiza una especie de «lavado» del muro de arriba a abajo, con lo que crea un efecto teatral contra el cual las formas de las plantas proyectan sus siluetas formando motivos decorativos. Si esto tiene lugar en un espacio muy reducido, casi no precisará más iluminación. De este modo, el jardín se puede contemplar como un decorado teatral en el que las estrellas de la obra aparecen en forma de siluetas, mientras que los actores únicamente se insinúan. Pero con sólo accionar un interruptor todo puede cambiar por completo si los focos de iluminación de bajo nivel se sustituyen por la iluminación superior, por ejemplo, para enfocar a la *prima donna*, mientras que las plantas sombreadas del fondo del coro adquieren una profundidad ilimitada.

*inferior **Este pequeño espacio exterior que está a la altura del sótano se enfatiza con una iluminación sutil que revela una escalera elegante y moderna, que adquiere la categoría de una escultura.***

Otra técnica de iluminación se beneficia de la proyección del haz de luz desde abajo hacia arriba, en que la fuente de luz se encuentra debajo de unos ladrillos de vidrio o consiste en unas luces cubiertas de vidrio fabricados para este fin que se instalan en el suelo. La iluminación con haz de luz hacia arriba puede ser una revelación en invierno, cuando las siluetas de los árboles contrastan contra el cielo de un color negro como el terciopelo: el tronco y las ramas evidencian su solidez y su áspera textura, mientras que las ramitas más finas aparecen tan delicadas como una telaraña. En verano, las canopias frondosas lucirán muy distintas. También los emparrados pueden iluminarse en esta época, con las luces que parpadean entre las ramas de la wisteria o de las parras. Si tiene agua en el jardín, se puede enfatizar cada una de sus vibraciones y gotas. Debe ser una iluminación muy sutil, por lo que la que procede de la parte más baja, del agua o de alguna piedra de la orilla, es la mejor solución, ya que crea una superficie reflectora en ambos sentidos.

La iluminación de bajo voltaje resulta muy segura para el exterior, pues no quema las plantas y ahorra energía, y suele contar con distintas opciones. Preferirá que no queden expuestos a la vista, pero aunque pueda ver la fuente de luz durante el día, hay muchos accesorios compactos y sencillos que son bastante atractivos. Resulta paradójico que la oscuridad sea tan importante cuando se iluminan los pequeños espacios. Las profundidades de las sombras que ocultan, a diferencia de las luces que revelan, forman parte de la sutileza de la iluminación. Éste es el motivo por el cual la iluminación de color suele ser tan poco efectiva: se reduce la pureza entre luz y sombra, lo que constituye la clave de la noche. Si no está seguro de los efectos que podría crear en su jardín, pídale a un amigo que le ayude haciendo pruebas con linternas y luces de flash, que se pueden instalar en distintos puntos mientras los diversos efectos se estudian desde dentro de su casa.

La aplicación correcta y decorativa de la iluminación exterior puede crear una sensación de intimidad, y sugerir que el jardín forma parte integral de algo mucho mayor. La iluminación es tan sólo uno de los aspectos del diseño de un espacio reducido, por lo que resulta aconsejable estudiar todas sus ventajas y posibilidades. Pocos jardines reúnen unas condiciones ideales, y a veces, después de resolver un determinado problema que además le confiere al jardín un encanto inesperado y lo convierte en una obra única.

trucos

«Pequeño» no debería equivaler a «precioso» ya que esto significaría exactamente todo lo contrario para disfrutar de su jardín y sentirse a gusto en él. Por la misma razón, una meticulosidad excesiva también tiene el efecto de enfatizar las reducidas dimensiones del espacio. No obstante, resulta interesante y divertido jugar con los reflejos y aplicar trucos de ilusionistas, con los cuales se pueden borrar límites y ampliar horizontes. El uso de técnicas ópticas aplicadas a líneas, escalas y colores puede resultar sorprendentemente efectivo como auténticas estratagemas.

el uso de perspectivas

Las ilusiones de la perspectiva han fascinado a los artistas desde la época de los romanos. En las pinturas murales de Pompeya se pueden ver complicadas escenas arquitectónicas de fondo que retroceden en el espacio. En Italia, durante la época del Renacimiento ya se habían concebido las «normas» para pintar sólidos y espacios y las perspectivas lineales se convirtieron en el último grito de moda en la pintura europea. ¿Pero qué tiene que ver esto con su pequeña parcela? Si se aplican las mismas reglas, se puede engañar la vista y hacer creer que el jardín es considerablemente mayor de lo que es en realidad; pero, como en el caso de la pintura, esto sólo funciona desde un único punto de observación. Las ilusiones de la perspectiva se basan en la premisa de que los objetos aparentan ser más pequeños

cuanto más nos apartamos de ellos. Ponga su mano enfrente de su cara y mire a las personas que están en la habitación a través de los dedos: se dará cuenta de que parecen ser casi tan pequeñas como su mano. Evidentemente, esto no se corresponde con la realidad, sino que es sólo su percepción de la misma.

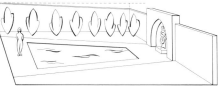

De manera semejante, si está de pie sobre un piso de madera colocado en ángulo recto en relación con la pared de la casa, con las líneas que extienden desde su punto de observación, las tablas parecen hacerse más estrechas cuanto más se separan de usted, y si la vista pudiera seguirlas hasta el horizonte al final parecerían unirse en una sola. Del mismo modo, también las verjas que hay a ambos lados de su jardín parecen acercarse cuanto más se alejan. Desde su punto de vista, las líneas del techo y del suelo de la pared aparecen como diagonales, aproximándose cada vez más la una a la otra. El sentido de la vista acepta este hecho, o sea que se lee e interpreta correctamente, y se es consciente de que la pared tiene una altura sola y única. ¿Pero qué pasa si introduce este truco físicamente en su esquema? ¿Cómo quedaría? ¿Qué ocurriría si mantuviera la perspectiva ilusoria en la planificación de un muro y éste realmente quedara más bajo en el extremo más alejado de su jardín, o si gradualmente redujera la altura de un seto podándolo de modo que estuviera mucho más bajo en el límite más lejano? Visto desde la casa, el jardín parece poseer una profundidad mayor de la que en realidad tiene. Y si introdujera una pérgola se reduciría el espacio existente entre los postes verticales y se aproximarían las partes laterales: con la reducción gradual del ancho del área en la parte inferior de la pérgola se fomenta la ilusión de un espacio más profundo. Perspectivas centrales del punto de fuga como éstas enfatizan la sensación de profundidad con mayor efectividad cuando no resultan evidentes: es la reducción sutil la que completa la ilusión.

Si el terreno disponible realmente es demasiado pequeño para aplicar los ejemplos arriba mencionados, se puede crear una perspectiva lineal para trabajar con mayor simplicidad. Intente conseguir un efecto similar a nivel del suelo con una disminución deliberada de la anchura del sendero, aproximadamente, de 1 m

izquierda *Este fresco pintado en uno de los muros del jardín de Loreius Tiburtinus, en Pompeya, muestra la perspectiva de un jardín con una pequeña fuente y una representación perfecta de aves.*

superior izquierda *Este terreno triangular se ha aprovechado al máximo con la instalación de un sendero cubierto de tablas de madera en forma de zig-zag que conduce al grupo de asientos instalado en el extremo más alejado. Con ello se pretendía conseguir un efecto de distancia aparente.*

superior derecha *En una de las paredes interiores de un «cenador» situado en el punto más alejado del jardín se ha pintado la ilusión de un portal y la distancia detrás del mismo. A pesar de la poca profundidad, parece sugerir un jardín de fantasía que se puede vislumbrar por la puerta entreabierta.*

extremo derecha *En este mismo jardín verde, la introducción de columnas independientes y de una amplia canopia madura cubierta de hojas verdes incrementa aún más la profundidad de los espacios oscuros y éstos retroceden más de lo que lo hacen en realidad.*

a 75 cm. Si planea pavimentar su jardín con adoquines rectangulares, instálelos en sentido longitudinal desde la casa y forme un diseño de ensambladura para reforzar las líneas; asiente los lados más largos con mortero y las juntas cortas en falsa escuadra «unidos a tope», o sea, colocándolos uno inmediatamente al lado del otro prescindiendo del mortero. Este efecto enfatiza las líneas largas a costa de las uniones realizadas en el sentido de la anchura, y de nuevo se incrementa la extensión aparente del jardín. La instalación del pavimento en línea paralela y en ángulo recto con la casa ofrece una alternativa sencilla para conseguir un efecto de alargamiento similar.

el sentido de la proporción

Las falsas perspectivas crean ilusiones efectivas cuando mantienen una relación con la escala humana. Decore el muro más alejado con algunos diseños de dimensiones algo más reducidas de las que tendrían en realidad, por ejemplo, una *loggia* únicamente para mirar pero no para usar, con tres arcos de una altura de 1,5-1,6 m y una profundidad de sólo 1 m, parecería contar con las dimensiones suficientes para unas cuantas personas, aunque en realidad sería demasiado pequeña. La introducción de una estatua, cuya altura sea un 75 % de la de una persona normal es otra alternativa para modificar la proporción y crear distancia, dado que la vista la asimilaría como una figura de tamaño natural. Esta ilusión se puede enfatizar aún más si se coloca la estatua en el extremo más alejado de una piscina, ya que así atrae la vista hacia esa distancia.

Las falsas perspectivas se pueden enfatizar agrandando los elementos de su jardín situados en el primer plano y reduciendo los más alejados. Una verja de tablillas regulares puede imitarse en la parte posterior del jardín usando tablillas más finas. Del mismo modo, plantas de hojas grandes como *Fatsia japonica*, colocadas al lado de su casa, se pueden combinar con x *Fatshedera lizei,* de hojas muy similares y que florezcan en la parte más alejada del jardín.

perspectiva de color

Todas las sugerencias antes mencionadas presuponen que el jardín se observa de frente, lo que suele ser el caso en aquellos de pequeño tamaño que se encuentran detrás de la casa y que sólo tienen un punto de acceso. Pero también se pueden usar otras leyes de la perspectiva cuando éste no sea el caso. El color es un elemento sorprendentemente eficaz para agrandar o disminuir un determinado volumen; las plantas o los objetos de un llamativo color rojo parecen ocupar un área mayor y avanzar hacia el observador, mientras que los fríos tonos azules retroceden. Imagínese el «horizonte azul» de una isla en medio del océano que en realidad es de color verde, aunque la distancia le confiera una calidad azulada. Si desea acrecentar la profundidad aparente de un pequeño jardín, plante flores de un intenso color rojo, por ejemplo *Crocosmia* «Fireglow», o del color naranja y amarillo de los cultivares de *Erysimum*, en la entrada del jardín, y otras, de color azul, púrpura y lila, como, por ejemplo, las campánulas y las salvias, en la parte posterior. Cualquier flor de color rojo con tonalidades azuladas, como las monardas púrpuras, parecen estar más alejadas del observador que su contrapartida, los helenios de color escarlata.

Los colores también aportan valores de luz y de oscuridad (véase pág. 43) que se pueden aprovechar para incrementar determinadas profundidades. Los colores oscuros parecen encontrarse más alejados, mientras que los claros aparentan estar más próximos. Por ello, flores de color pastel como *Eranthis hyemalis* «Ivorine» de color crema siempre son muy llamativas y atraen a la vista, mientras que *Aconitum* «Spark´s variety» parece alejarse, lo que fomenta la ilusión de una distancia mayor. En un pequeño patio interior de muros revocados de bloques de hormigón, el muro más alejado

se podría pavimentar la terraza con grandes losas en el área más próxima a la casa y con otras más pequeñas, por ejemplo adoquines de granito, en los espacios más alejados.

Utilice sus plantas para crear una mayor ilusión de profundidad plantando en la parte más alejada del jardín aquellas que posean hojas de detalles finos, como *Lonicera nitida* o *Berberis thunbergii* «Dart´s Red Lady» de color oscuro, que siempre confieren una textura uniforme a la superficie, mientras que es mejor situar las variedades de hoja ancha y brillante, como *Aucuba japonica* o *Hydrangea quercifolia,* de hoja similar a la del roble, más próximas a la casa. Todas las plantas de carácter poseen una superficie de textura lisa; también hay algunas cuyo follaje es particularmente fino, como un gran número de las artemisias; con la siembra de dicentras, *Thalictrums* o *Gypsophila* se pueden crear efectos armónicos idénticos en áreas sombreadas. Dé un paso adelante y siembre plantas de hojas llamativas y de perfil claramente delineado en la parte frontal de su casa, como las bergenias o las hostas para áreas de sombra, combinándolas con vivaces altas de flor como las gaillardias con sus alegres colores para áreas soleadas, o las dedaleras blancas para las zonas de sombra.

reflejos

De todas las técnicas posibles, la instalación de espejos es la más efectiva para aumentar el espacio. Para poder comprender el poder de los reflejos en un jardín muy pequeño es necesario imaginarse el espejo como algo más que un simple objeto decorativo; considérelo como un medio capaz de perforar un sólido muro de separación con una abertura luminosa que se extiende a los demás jardines. Incremente esta ilusión con la instalación de un gran espejo en el interior de un arco tridimensional, con lo que el arco parecerá duplicar su profundidad y crear un patio fantasma en el otro lado. Una extensión de gran sutileza consiste en la instalación de dinteles falsos y en enmarcar las

se podría pintar de color oscuro para darle mayor profundidad, mientras que la pintura de un tono claro lo haría avanzar.

plantas y perspectivas

También la textura desempeña un papel importante como medio para sugerir profundidad, por este motivo los pintores de paisajes reducen los detalles en las partes más distantes de sus escenas panorámicas. En el jardín se puede conseguir un efecto idéntico si se aplica una grava más gruesa para el pavimento más próximo y otra más fina para el más alejado; o como alternativa, también

Estas dos fotografías (izquierda) ilustran un contraste interesante.

extremo izquierda *En este clásico patio romántico se encuentran enrejados, topiaria de arbustos recortados en forma ornamental y un muro decorado con una pintura de una escena de otro patio ubicado en un lugar idílico situado entre colinas azules y esbeltos cipreses, en la Toscana.*

izquierda *La ilusión de este jardín intenta confundir al observador, pues revela de forma convincente unos patios iluminados por los rayos del sol que atraviesan los arcos. En realidad, estos arcos están provistos de espejos y los otros jardines sólo son espectros.*

derecha *Más arcos, pero aquí no se
trata de una ilusión, pues el agua
realmente atraviesa este pequeño
espacio para perderse después en
un espacio «fantasma» ilimitado.*

superior *También en este jardín se
han instalado espejos para
proporcionar una iluminación
brillante detrás de lo que parece una
auténtica escena teatral, una imagen
bidimensional pintada sobre
madera.*

«ventanas» de espejo con piedra, ladrillos o madera; para completar el efecto y ocultar posibles cantos poco vistosos, escóndalos bajo alguna enredadera de hoja perenne, como la hiedra, o a nivel del suelo, con *Cotoneaster dammeri*. El follaje de la planta también puede cubrir gran parte del mismo espejo, por ejemplo cuando se instale entre varios árboles de bambú o entre otras plantas de follaje abundante como las astilbes, hasta que empiece a soplar el viento y se lleve el reflejo de lugares que no existen. También se pueden adquirir espejos provistos de

enrejados para crear la sensación de la existencia de un jardín secreto en el otro lado.

La amplitud del espacio aparente creada por un espejo parece ser bastante creíble, aunque el observador conozca los detalles, siempre y cuando ubique los espejos en lugares donde no se encuentre frente a ellos en el momento de entrar en el jardín. Si se viera a sí mismo al entrar, el efecto se destruiría instantáneamente. Nunca coloque una maceta o una estatua frente a un espejo, ya que esto también arruinaría la ilusión. Cerciórese de que el espejo esté instalado directamente en la pared y que se mantenga en línea recta con el pavimento o el sendero que conduce hacia él. Entonces, si se pone ligeramente de lado, verá lo que podría parecer una entrada a otro patio «fantasma».

Para crear un jardín de mayor profundidad, hay que diseñarlo de modo que una larga vía de agua, como un pequeño canal, se extienda hacia un espejo instalado en el extremo alejado sin que se vea ningún canto ni albardilla: éste se convertirá en una extensión de agua convincentemente larga que se prolongará hasta el mundo de fantasía que aparece en el espejo. De manera semejante, una extensión de agua rectangular aparecerá como una amplia piscina cuadrada. Por otra parte, si el agua se prolonga por toda la anchura del patio, confinada por espejos instalados en cada uno de los lados, la ilusión se alargará interminablemente como si fuera un auténtico canal.

Los espejos aportan luminosidad hasta al rincón más oscuro, al mismo tiempo que duplican el efecto de verdor de las plantas heliófobas cultivadas en su base. Todo lo que realmente necesita son algunos destellos de color para atraer la vista y obligar a contemplarlos de nuevo. E incluso entonces la ilusión le parecerá convincente. De noche, añada otro efecto utilizando una iluminación sutil para crear una visión ilusiva, siempre y cuando la fuente de iluminación esté perfectamente oculta. También se puede usar vidrio para crear otros efectos distintos de iluminación. Los escalones y muros hechos de ladrillos de vidrio y las superficies de las mesas para el exterior parecen más ligeros que los de madera y permiten observar las plantas a través de ellos, por lo que incrementan la sensación de verdor en el jardín.

Además existe otra solución atractiva y económica con la combinación de la perspectiva lineal con vidrio de espejo para crear un efecto de trompa de elefante. Normalmente el enrejado se instala de forma plana, pero también hay la posibilidad de sugerir un efecto tridimensional si se construye a lo largo de líneas en perspectiva. El recubrimiento de un muro con un enrejado en forma de rombos o cuadrados provisto de arcos redondeados o de otro tipo de «ventanas» es una alternativa muy ingeniosa. Construya el enrejado imitando las

extremo izquierda La perspectiva del enrejado y la puerta pintada son intencionadas e ingeniosamente obvias. Pero si mira a través de la rendija de la puerta abierta percibirá un reflejo auténtico en una rendija de espejo. La implicación de un espacio abierto iluminado por el sol más allá de la puerta es totalmente convincente.

inferior *El nivel del suelo se prolonga desde la casa hacia el jardín en forma de una amplia plataforma que comunica el espacio exterior con el interior. La escalera que conduce al jardín se extiende desde la terraza, y no desde la casa.*

superior *Los porches son un
excelente medio para unir el interior
con el exterior. En este caso, las
vigas superiores sobresalen de los
muros de la casa e invaden el
espacio del jardín. Se hallan
recubiertas de plantas trepadoras
que decoran el espacio exterior con
sus ramas repletas de hojas verdes.*

perspectivas lineales para crear la ilusión de profundidad e
instale el espejo dentro de la «ventana» del centro para
completar el efecto. Aunque se puedan usar hiedras, siempre y
cuando se mantengan bajo control, las plantas no tienen que
formar parte del esquema. Si el muro es muy oscuro, instale
sólo el enrejado y decórelo de un color más claro.

unir casa y jardín

Los porches o galerías acristaladas son un elemento
característico de las casas de zonas de clima cálido, donde la
vivienda se prolonga hasta el jardín y donde el exterior penetra
en parte del interior. En áreas de temperaturas más frías se
intenta conseguir un efecto idéntico, pero las paredes vidriadas
constituyen una auténtica barrera. En los patios muy pequeños

se puede construir un porche que forme parte del camino al
jardín con sólo unos cuantos soportes de madera de base:
éstos pueden desaparecer para transformarse en columnas
recubiertas de enredaderas verdes. El hecho de «enmarcar»
un reducido jardín de esta forma puede hacer que parezca una
extensión del espacio exterior, ya que así el interior se convierte
en parte integral del jardín. Si se usa el mismo pavimento
de suelo, por ejemplo, baldosas de terracota, para la sala de
estar y el porche hasta la entrada al jardín, el recubrimiento
ininterrumpido complementará esta sensación de unidad.
Si el terreno es poco mayor que un pasillo, el porche
podría prolongarse por todo el espacio, y un tejado inclinado
de vidrio transparente o de plástico policarbonato dejaría
pasar luminosidad suficiente para las plantas que en él
pudiera haber.

trampantojos

Los trampantojos son una antigua técnica francesa surgida de las pinturas ilusionistas de la época barroca, que consistía en encargar a un artista que decorase una determinada parte de la superficie de una pared para crear una perspectiva de fantasía de algún jardín, fuente, cielos azules sin nubes o cualquier otra imagen atractiva. En su propio jardín, los enrejados pintados pueden alternarse con otros auténticos, y las plantas y flores con otras naturales, mientras que fuentes, arcos y puentes pueden dirigir la vista hacia paisajes alejados de la realidad del entorno urbano. Tal vez le gustaría vivir en medio de un enorme invernadero de plantas tropicales, o preferiría contemplar unas vacas detrás de una verja; o quizá le encantaría disfrutar de la vista del edificio Chrysler o de la silueta de Nueva York. Todo lo que necesita es imaginación para disfrutar de estas ilusiones. Recuerde que el ingenio es un ingrediente importante para el éxito. Una versión más pequeña, evidentemente, resulta más económica.También cabe la posibilidad de representar una ventana «trucada» o una reja metálica encima de un pequeño

mural, o su insignificante *loggia* (véase pág. 81) podría ofrecer una bella vista de fondo.

Si desea crear su propio trampantojo, cerciórese de que la superficie de la pared esté perfectamente preparada antes de empezar a pintar. La pintura vieja podría desconcharse, así que es indispensable eliminarla. La superficie que se va a decorar debe prepararse con una base para impregnar la superficie, que es elemental a fin de poder decorar el muro. Siempre y cuando se utilice una pintura apropiada para exteriores, su obra de arte durará años.

El artista vienés Friedensreich Hundertwasser diseñó un edificio de apartamentos comunitarios en los que los interiores se fusionaban con los exteriores, para lo que aplicó atrevidos colores para cerámicas, suelos irregulares y una gran cantidad de plantas. Los jardines de la azotea estaban repletos de toda clase de plantas, muchas de ellas colgaban desde arriba de modo que decoraban varios pisos inferiores y formaban muros ondulados de color verde. ¿Podrían ser esto una fuente de

superior *Mientras hojea tranquilamente una revista, la figura pintada recuerda la finalidad con la que se diseña un emparrado.*

izquierda *Esta imagen encantadoramente ingenua evoca una escena rural. La pequeña niña con su gato se gira hacia la cámara con una mirada incierta, mientras que la bicicleta y la gallina resultan notablemente contundentes.*

inspiración? Después de consultar a un arquitecto (no hay nada que destruya una casa con mayor rapidez que el agua y las raíces de las plantas), no hay razón por la que al verdor y la brillantez de las plantas que alegran los suburbios de Viena no se les pueda dar una interpretación autoctonal en cualquier otra parte.

Desde el pequeño espacio exterior definido por ladrillos y mortero, se puede crear un amplio jardín inspirado en otros mundos con un ambiente propio. Si realiza sus ideas con confianza, experimentará tal placer que se sentirá feliz de haber olvidado su escepticismo.

*superior y derecha **El artista vienés Friedensreich Hundertwasser diseñó un bloque multicolor de viviendas. Un estilo arquitectónico de gran fantasía complementado con plantas y árboles forma parte de la linea del tejado, mientras que las trepadoras que hay sembradas en cavidades especialmente intercaladas en la ornamentación de la fachada se extienden desde arriba hacia abajo. Cada uno de los inquilinos es propietario de un pequeño espacio abierto, un jardín minúsculo, cada uno muy distinto de los otros y completamente personal.***

ambiente

¿Qué es lo que espera encontrar en el jardín? ¿Simplemente se plantan flores o también son un medio de expresión? Para algunos, la forma de decorar el entorno exterior refleja la capacidad creativa, tanto si un paraíso personal es un lugar de extravagantes fantasías o de sosegadas reflexiones. Los mejores jardines ofrecen un escenario con estilo propio. Es preciso decidir el ambiente o la atmósfera que desea crear; para ello inspírese en los jardines que se ilustran a continuación.

Aquí se dispone del espacio justo para sentarse uno al lado del otro entre los aromáticos lirios de este oasis íntimo cubierto de plantas.

Como un desafío a la lógica, las gruesas planchas de granito parecen «flotar» sobre el agua en este espacio tan contemporáneo.

Este pequeño jardín contemplativo se centra alrededor de una esfera que aguanta una varilla encima de una laguna lunar de poca profundidad.

En este rincón sombreado, con un pequeño querubín semioculto en el follaje, se hace alusión a toda clase de fantasías.

En este pequeño jardín muy original, los helechos de intenso color verde contrastan con los conos en forma de cabezal portabroca, color anaranjado.

Bajo la canopia de grandes
palmeras de abanico y las
frondas pinadas de
zumaques de tenerías,
el pequeño estanque con
su fuente, así como los
muebles de estilo colonial
crean un ambiente
refrescante y acogedor al
final de un día caluroso.

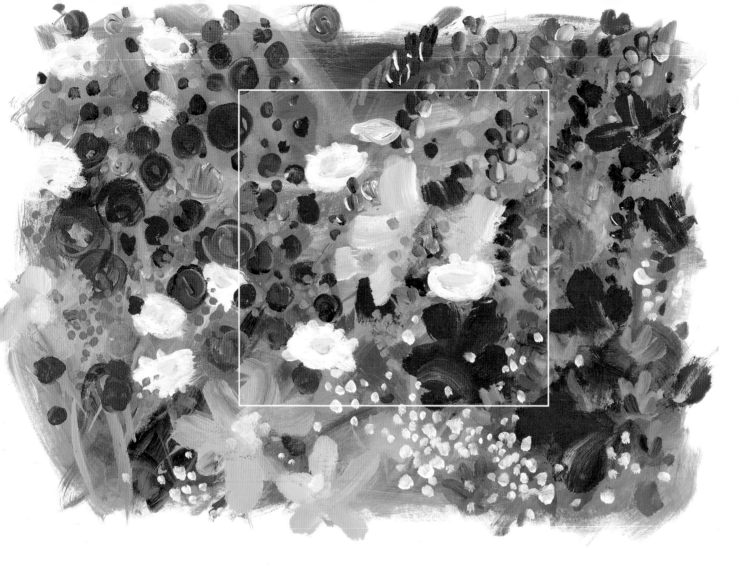

jardines abundantes

¿El jardín constituye un espacio para entretenerse al aire libre, tal como lo describe el famoso diseñador de jardines Thomas Church? No siempre tiene que ser así. Para algunos, la razón de tener un jardín estriba en el cultivo de una gran variedad de plantas. La forma más fácil consiste en cubrir los límites con trepadoras; en colocar todos los contenedores posibles en las superficies duras y en aprovechar todos los rincones, así como en complementar plantas anuales y perennes. Aunque dispondrá de poco espacio para sentarse, ésta puede ser su elección.

1 *Las hojas de color de bronce de* Hebe ochracea *siempre atraen la atención entre plantas erguidas como* Verbascum chaixii, Verbena bonariensis, Acanthus *y la masa de salvias, un poco más alejadas.*

2 *Entre las flores de las margaritas de Gales, de* Alchemilla mollis, Phlomis fruticosa *y el follaje de las gramíneas* Carex, *de la mejorana y del lúpulo dorado predomina el color amarillo.*

3 *Casi no queda espacio para sentarse en este pequeño jardín aromático repleto de clemátides, hostas, phlox, lavanda, astilbes, lirios y geranios.*

4 *Entre un mar confuso de nomeolvides de color azul pálido, se vislumbran lirios de color de rosa, amarillo y azul, aguileñas y heucheras.*

Los muros y las verjas son las primeras zonas que se deben aprovechar, ya que el ratio del espacio del suelo para el crecimiento vertical está a su favor. Las verjas pueden quedar perfectamente cubiertas de plantas unas encima de otras, mientras que los arbustos resistentes plantados delante de los muros, como *Ceanothus* y *Pyracantha*, ofrecen un excelente marco para otras plantas trepadoras como *Rhodochiton atrosanguineus,* de color magenta, o *Eccremocarpus scaber*, de color naranja (ambos se cultivan como anuales en zonas de clima templado), o la flor de la pasión, cuya resistencia es mucho mayor. También los rosales trepadores firmemente guiados pueden soportar otras especies más pequeñas de clemátides, así como algunos de los híbridos, siempre y cuando no se cultiven las variedades más robustas de *C. montana*. También las enredaderas, wisterias y actinidias crean hermosos diseños de follajes solapados, y además se pueden incorporar algunas anuales, como *Thunbergia alata* y *Tropaeolum peregrinum.*

En los espacios realmente muy limitados, la mejor solución son los contenedores. Las diversas series se pueden agrupar en macetas de toda clase de dimensiones y alturas, incluso algunas colocadas encima de otras o sobre macetas puestas al revés; otra opción es agruparlas en mesas o en otras superficies elevadas improvisadas. También se pueden adquirir estantes octogonales, que guardan cierta semejanza con las antiguas mesas de hierro forjado que se usaban para las macetas durante la época de la regencia. Como alternativa, se puede improvisar una mesa rectangular usando tablillas de madera para hacer juego con el enrejado, o una serie de cajas dispuestas encima de un zócalo de ladrillos, que siempre son rápidas de montar o desmontar de acuerdo con las

necesidades. Mientras el compost sea el adecuado y la capa superior se reacondicione una vez al año, cualquier tipo de planta se puede cultivar en un contenedor; esto también es válido para los árboles, tanto si se cultivan al estilo restringido japonés o como ejemplares comunes, hasta que sus raíces necesiten más espacio y se tengan que trasplantar.

derecha *Entre las numerosas hojas de hosta, los alcatraces (Zantedeschia aethiopica) emergen erectos detrás de las espigas de Sisyrinchium striatum. Las macetas plantadas con heliotropo de color púrpura contrastan con el pequeño espacio cubierto de milenramas plumosas.*

Si quiere reunir una colección de plantas en contenedores de distintas dimensiones, dicha colección podría consistir en una exposición de especímenes de hojas muy variadas –ensiformes, palmeadas, flauteadas, plumosas, inclinadas o situadas a gran altura. En lugares soleados, tanto las heucheras de hojas rojas y las artemisias afiligranadas, como *Eryngium bourgatii* con sus hojas puntiagudas, aportan textura y forma, mientras que para las zonas sombreadas, las hojas variegadas y redondeadas de la brunnera se prestan perfectamente para combinarse con bergenias brillantes y astilbes espumosas. Algunas plantas pueden crecer a los pies del iris erecto, del *verbascum* o *phormium*, mientras que otras se desarrollan entretejiéndose entre sí como si

lucharan por la luz del sol creando un glorioso desorden que debe controlarse con mucha sutileza. Las flores aportan una amplia gama de colores y también de formas y texturas complementarias. Las bulbosas de primavera se sustituyen por lobelias, petunias, nicotianas y malvas que florecen en verano y siempre crean un efecto alegre, que al final de la estación se complementa con alstroemerias, lirios, crisantemos y penstemons.

En verano, aquellas plantas delicadas de interior que durante los meses restantes del año se cultivan en un lugar cálido del alféizar de su casa se pueden colocar en el exterior para decorar su soleado patio, pero siempre dentro de su contenedor original para enfatizar la imagen exótica; el cuidado es el mismo que en el interior. Muchas veces plantas como las monsteras, las clivias, los ficus, las cannas, las dracaena y las cordylines desarrollan un magnífico follaje. En verano, las hermosas daturas, muy buscadas por todas las personas que las han visto florecer en zonas de clima caluroso, se pueden cultivar en amplios contenedores en el exterior, donde producirán grandes flores tubulares de fuerte fragancia. La aralia falsa de hoja oscura (*Schefflera elegantissima*) se desarrolla mejor en una amplia maceta colocada a la sombra del lugar, donde llega a alcanzar una altura de hasta 1,5 m, mientras que la *Dracaena marginata* «Colorama», más pequeña y de hoja veteada, florece a pleno sol.

Para acompañarlas, se pueden sembrar muchas plantas más resistentes. Delante del muro, por ejemplo, x *Fatshedera lizei* en combinación con unas ramas de bambú o *Miscanthus*

Estas azoteas están llenas de plantas, hasta el punto de que casi resulta imposible distinguir los pequeños patios de abajo. Los bambúes se entremezclan con hiedras, helechos y enredaderas, y en las macetas se cultivan begonias de floración veraniega y geranios.

sacchariflorus podría ofrecer un bello fondo para las hojas ornamentales de *Rheum palmatum* cuando el suelo es suficientemente húmedo, o en suelos de buen drenaje, *Acanthus mollis*. Todas estas plantas le ayudarán a crear una pequeña jungla, en medio de la cual se pueden incluir macetas con *Hedychium gardnerianum* de color púrpura oscuro del género Canna, una planta de *Ricinus communis* de hoja palmeada y también daturas aromáticas.

La gente aficionada y muy apasionada por la jardinería no puede resistir la tentación de comprar plantas poco comunes, de cultivar lo «incultivable», como plantas alpinas casi desconocidas o variedades procedentes de lugares exóticos, y ello con gran emoción y placer. Otros aficionados se concentran en un determinado grupo de plantas, tales como helechos o plantas alpinas, o sólo coleccionan el género que más les interesa, como la fucsia, por ejemplo. Una serie de

En esta gran maceta bellamente decorada y esmaltada se cultiva una wisteria estándar, complementada con un grupo de tulipanes que se marchitan graciosamente. Este pequeño jardín es como un gran cúmulo de plantas: con nomeolvides, campanillas y geranios a nivel del suelo, y dedaleras, dicentras y rudbeckias a una altura superior, y aún queda espacio para una escultura.

fucsias puede comprender plantas de color cereza, de color vino clarete, de color violeta o rosa de china, blanco o de color naranja, como la delicada «Thalia». Las variedades más resistentes como la «Tom Thumb», de color púrpura o carmesí, resultan más sutiles que la «Dollar Princess», una bella fucsia de doble pétalo. La diversión consiste en crear las condiciones necesarias que cada una de ellas espera de la naturaleza.

Las plantas se desarrollan, florecen y se entremezclan formando imágenes en la naturaleza, pero en los espacios pequeños, este estado natural luce mucho mejor cuando algunos de los cultivos son reemplazados por determinadas especies. Hay muchas plantas silvestres con una bella floración que se reproducen y se marchitan enseguida. Así que es aconsejable entremezclar plantas hibridizadas para ofrecer las mejores características de su clase que se parezcan a las especies naturales: por ejemplo, la *Hemerocallis* «de doble campanilla». La creación de una combinación de plantas silvestres también comporta la eliminación de variedades rígidas y poco flexibles al viento, así como de otras más exóticas como la fatsia.

En un jardín decorado con plantas, el pavimento es una cuestión de elección. Si piensa invertir todo el dinero en plantas, bastará con colocar unas sencillas losas recicladas. Los lugares de acceso también se pueden cubrir de grava, que se podría prolongar hasta donde se cultivan las plantas de sol, y así darles la oportunidad de autosembrarse sin dificultad en cualquier superficie aprovechable. Se podría sembrar una bella mezcla de adormideras, erigerons, alchemillas, alquilegias colgantes, ramilletes de nomeolvides y pequeñas violetas, ya que todas ellas se autosembrarán en el futuro, pero las plantas escogidas se deben poder arrancar en caso necesario o incrementar cada año.

*derecha **Este pequeño jardín californiano está repleto de verde con contenedores plantados con brugmansias, clemátides, palmeras de abanico, heucheras y tiernos abutilones.***

*inferior **Dos figuras verticales, un obelisco construido con alambre fino y un hermoso ciprés de color verde brillante de crecimiento estándar, atraen la vista entre tantas hojas verdes de alstroemerias, lirios y rosas «Parkdirektor Riggers».***

un patio de abundancia

El esquema de este pequeño jardín urbano evidencia la indiscutible prioridad de las plantas. Se ha reservado el sitio necesario para introducir dos asientos en medio de las plantas y flores, y también hay una refrescante fuente instalada en la pared que ocupa otra pequeña parte del espacio. Unos senderos axiales atraviesan el terreno para llegar a la fuente y a la zona de asientos. El elevado muro del fondo está cubierto de enrejados, con lo que este pequeño jardín transmite una sosegada sensación de aislamiento y de retiro que se concentra básicamente en este pequeño oasis interior verde.

Las trepadoras y los arbustos cubren la pared de separación y abundan alrededor de todo el perímetro, mientras que los cuatro arriates están repletos de plantas herbáceas acompañadas y rodeadas por otras variedades cultivadas en contenedores. Las plantas básicas son arbustos de pared como *Ceanothus* de flores azules y madreselvas (*Lonicera japonica* «Halliana»), así como una serie de diversas hiedras, entre las que destacan la vigorosa *Hedera helix* «Oro di Bogliasco».

*inferior **El agua refrescante surge de una cabeza de león para verterse en un pequeño estanque, desde donde volverá a ser reciclada continuamente.***

*izquierda **Este jardín aislado presenta una forma cuadrada, pues sólo cuenta con un estrecho pasaje lateral. Los senderos marcan una línea divisoria en el «espacio» para crear «pequeños arriates» y plantar una serie de flores y arbustos distintos. El muro de separación, alto y recubierto por un enrejado, enfatiza una pequeña fuente de agua; también hay espacio suficiente para dos asientos de madera. El jardín se extiende desde la casa, de la parte inferior de los cabrios construidos encima de una viga cruzada de soporte instalada en la pared lateral. Desde la casa, la vista de la fuente de agua se prolonga entre estos cabrios, enmarcados a nivel del suelo por dos cuadrantes de enrejado a juego.***

Entre las otras trepadoras figura *Vitis coignetiae*, clemátides y rosales. También se incluyen muchas plantas de hoja perenne en forma de *Fatsia japonica*, con su brillante follaje palmeado, montículos redondeados de boj, laureles de hoja moteada (*Aucuba japonica* «Crotonifolia») y, para crear contrastes, *Pittosporum* «Garnettii» de color verde grisáceo ribeteado de color blanco.

El propietario y diseñador Patrick Rampton ha ampliado las posibilidades de introducir más plantas en el patio que hay al lado de la casa con la construcción de unos cabrios de madera que se extienden desde el porche. Pero, sin duda, el centro focal del jardín lo constituye la multitud de alegres colores veraniegos que ofrecen plantas perennes como el phlox de color rosáceo, los lirios de color blanco y naranja, las astilbes de color crema, *Osteospermum* con sus flores parecidas a las margaritas y *Verbena bonariensis* de color azul púrpura. Durante la época estival, plantas arbustivas pequeñas como *Hypericum* «Hidcote» y pequeños arbustos plateados de lavanda y *Convolvulus cneorum* de hoja satinada se enfatizan con margaritas blancas y geranios jaspeados de color rojo y blanco, lobelias de color azul intenso y masas de plantas de tabaco (*Nicotiana alata*) de color blanco. No es de extrañar que las sillas tengan un espacio reservado; éste es un mundo de plantas con un lugar para las personas, y no al revés.

*superior **En pleno verano, las fragantes nicotianas de flor blanca sirven de relleno para el espacio que queda debajo de la wisteria y del resistente rosal trepador, que se han plantado y guiado para recubrir las vigas de madera en la parte superior.***

*página siguiente **Con Ceanothus y hiedras perennes que cubren todo el fondo y rodeado de enredaderas y arbustos perennes, en este patio sólo queda un pequeño espacio para un par de sillas reclinables en medio de una espectacular profusión de lirios, flox, lavandas, lavateras y euforbias.***

jardines contemporáneos

Los cambios en el estilo de los jardines suelen producirse a lo largo del tiempo. Las actitudes hacia el diseño tienden a modificarse gradualmente, a medida que cada generación asimila las transformaciones y las va adaptando de distintas maneras hasta que dan lugar a una nueva identidad. El relámpago cegador del «eureka» se produce en muy pocas personas, y casi todos los creadores que han promovido cambios radicales, como el pintor inglés William Blake o el arquitecto español Antoni Gaudí, han tenido una visión única y personal que en su tiempo fue casi irrelevante.

1 *La desnuda simplicidad caracteriza a este refrescante jardín. Los cantos rodados, meticulosamente dispuestos, crean un entramado, y un pequeño hilo de agua fluye entre medio. Aéreos helechos y sombras ofrecen decoración.*

2 *Tres pesadas formas de calabaza, de madera ennegrecida y montadas sobre un monolito de cobre, sostienen plantas y una cascada de agua.*

3 *Ángulos y estructuras verticales forman este pequeño jardín urbano en el que se han usado materiales modernos. La «cascada» plateada está hecha con tiras ondulantes de acero.*

4 *La plataforma dibuja patrones geométricos en el suelo, con espalderas detrás y centinelas a juego de laurel y helecho a ambos lados de este entorno contemporáneo estrictamente verde.*

En la Inglaterra del siglo XVIII, «Capability» Brown con la ortiga arrasó el soberbio estilo de los jardines del pasado, que ya no estaban de moda, tras declarar que el camino hacia el futuro consistía en crear nuevos paisajes «naturales» con grupos de plantas aparentemente introducidos al azar y sin líneas rectas. El estilo de jardín paisajístico prevaleció hasta principios del siglo XX. Entonces surgieron los modernos jardines domésticos, de escala más bien «artesanal», que son los sucesores de los grandes jardines del siglo XIX, hoy cuidados por legiones de jardineros. Cuando la mano de obra empezó a escasear después de la primera guerra mundial, la escala de los diseños se redujo, aunque se continuó usando nuevas plantas introducidas en Occidente por intrépidos exploradores que las habían traído del Lejano Oriente, de África y de Australasia. Con los cambios sociales que tuvieron lugar en el siglo XX, los pequeños jardines que los propios dueños se encargaban de mantener necesitaron un nuevo planteamiento. La frase «de bajo mantenimiento» se introdujo en el vocabulario de los jardineros, y con ella la noción de que se había acabado el tiempo de replantar completamente el jardín dos veces al año con bulbos de primavera seguidos por cultivos veraniegos.

Otra de las influencias que propició el cambio fue el desarrollo de los nuevos estilos arquitectónicos de los edificios, que se alejaron de las convenciones del orden clásico, los ritmos de la simetría y el gusto por la ornamentación. Estos principios de construcción fueron reemplazados por un nuevo conjunto de ideales: el deseo de simplificar las formas, el fuerte vínculo entre diseño y función, y una tendencia a reducir la decoración al mínimo. Esta manera de pensar tuvo una creciente influencia en los diseñadores de jardines a medida que avanzaba el siglo XX.

Los materiales de construcción también han cambiado. El hormigón es un medio fluido que puede ofrecer varios aspectos distintos: liso, texturado, con la aspereza de la piedra o coloreado; también se puede combinar con otros recursos escasos, como pavimentos de arenisca y todo tipo de losas. El uso de entarimados y plataformas de madera se ha hecho cada vez más popular, y el potencial de materiales de fabricación humana, como el cristal reforzado, los plásticos sintéticos, las mezclas de goma, los pegamentos resinosos y las aleaciones de acero y aluminio han sido bien estudiados para su uso en el jardín. Las vallas pueden hacerse con bloques de hormigón perforado, cristal laminado endurecido, policarbonatos transparentes, simulacros de madera hechas de poliestireno reciclado o de materiales de corta vida, como los juncos entretejidos. Las pérgolas ya no tienen por qué ser de madera: el cable de acero tensado, finas varas de aluminio e incluso andamiajes constituyen modernas alternativas.

Muchos pequeños jardines contemporáneos siguen la dirección de los pequeños y cuidadosamente acabados patios budistas de la era clásica japonesa. Estos jardines están concebidos para ser un lugar de reflexión, pues los absorben la mente sin distracción. En el jardín japonés todo tiene un sentido, y controladas y simbólicas plantas crecen junto a selectos y sagrados materiales naturales como la piedra, la madera y el agua. El aprecio japonés por la esencia de los diferentes elementos ha sido reinterpretado sutilmente en los jardines

occidentales contemporáneos como una reducida elegancia y un tanto subestimada, donde cada piedra, losa o planta atrae la atención, casi como un soliloquio teatral. En los pequeños jardines contemporáneos, todos los materiales, vivos o inorgánicos, tienen que ganarse su lugar en un espacio desnudo de ornamentos.

Los estilos de jardinería minimalistas, inspirados en lo oriental, funcionan particularmente bien con la arquitectura moderna. Por encima de todo, la disposición de las plantas debe ser simple y equilibrada, con un ejemplar que domine y los demás, por más exquisitos que sean, relegados a un papel menor. Unas pocas rocas y un arce inmaculado o el *Pinus mugo* que se extiende a baja altura pueden hacer que su relación se convierta en el punto focal de un patio. Lo más probable es que el suelo esté recubierto con grava o con losas de piedra, más que con césped, y que los límites cuenten en todo su perímetro con trepadoras o hiedras, o incluso que aparezcan desnudos si los materiales usados están perfectamente construidos y se ha prestado una atención meticulosa al detalle en los soportes de una valla o en las juntas de una pared de ladrillo.

Una creciente consciencia ecológica del valor de la naturaleza, que es tan fácil de violar irreversiblemente, también ha influido en el diseño de jardines. Ha conllevado que se aprecie la estabilidad de las comunidades de plantas y que se intente emularla en los jardines, para lo que se seleccionan únicamente plantas que prosperen en las condiciones reinantes. Variedades como las hierbas ornamentales y las que se cultivan por la azarosa distribución de sus semillas influyen en el aspecto de una plantación mixta, y con ellos se persigue deliberadamente una sensación de encantador desaliño; este estilo concuerda a la perfección con el planteamiento que valora los materiales reciclados.

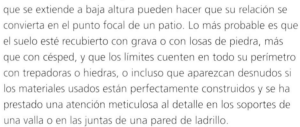

extremo izquierda *Un pequeño patio cerrado chino de estilo Suzhou creado con la contención propia de este periodo clásico en el sur de China. Entre los escasos elementos del paisaje se incluyen rocas, gravilla y penjing, que es similar a los bonsáis japoneses.*

página anterior, extremo derecha
Creado con escrupulosa simplicidad, el detalle de este pequeño jardín muestra la influencia japonesa. Los brotes de bambú verde están mezclados con azaleas enanas y helechos, debajo de los cuales se extiende Soleriola soleroii, musgo y Thymus coccineus en forma de islas verdes en un mar de gravilla.

página anterior, derecha *Dos jardines verdes situados en la azotea de un edificio moderno; uno está alfombrado con lavanda y el otro con hiedra. Los arbustos de los bordes son yuca y bambú.*

derecha *Aquí se consigue una prolongación del espacio vital mediante un contenido diseño geométrico y pintura de color crema. Por la noche, la discreta luz de fuera da continuidad al tema interior/exterior al iluminar desde arriba un detalle de la pared y otro grupo de plantas desde abajo.*

Si son muy pequeños, los jardines contemporáneos pueden planificarse cuidadosamente como una celebración del follaje. Las hojas caducas se verán en el jardín durante las tres cuartas partes del año, en comparación con las flores, que sólo se contemplan durante pocas semanas. Muchas plantas de hoja adoptan una clara forma arquitectónica, y esto es algo que está a la orden del día en el diseño del jardín contemporáneo. El pequeño jardín adquiere mucha distinción con la inclusión de una planta arquitectónica de mayor escala que el propio jardín, como una *Meliantus* o una exótica palmera abanico, *Trachycarpus fortunei*. Para atraer la atención también se pueden introducir esculturas en lugar de plantas, y preferiblemente de formas abstractas o que parezcan casuales en lugar de ser la clásica estatua. La imaginación se combina con la funcionalidad de tal modo que las macetas y los puntos de agua se diseñan con un toque moderno, a menudo único del pequeño jardín que dominan.

El agua tiene un gran valor en los pequeños espacios actuales. Puede adoptar la forma de «agujero tragadero» en el suelo y burbujean entre un conjunto de cantos rodados; puede estar contenida en pequeños cuencos desde los que diminutas fuentes se abren en abanico hacia el exterior, o puede brotar de pequeñas esculturas instaladas en la pared para ser recogida en una palangana y reciclada. El sonido de las fuentes o el delicado salpicar de una pequeña cascada es especialmente placentero en los patios urbanos cerrados. A algunas personas les gusta contemplar el movimiento del agua, sus ondas y remolinos, controlados por bombas eléctricas que no se ven, mientras que otras prefieren el agua completamente quieta que refleja los cambios de luz del cielo, del azul cerúleo a las nubes espigadas, e incluso los tonos ennegrecidos de una amenazante tormenta. Estas experiencias sensoriales son tan importantes en los jardines contemporáneos como lo fueron en los jardines del pasado.

Para algunas personas, lo absolutamente nuevo puede resultar alarmante, por lo que prefieren que su jardín haga alusión a una cultura diferente; esto se ha convertido en otro de los aspectos dominantes de los jardines contemporáneos. Así, los diseños modernos se inspiran tanto en el estilo japonés como

página anterior, superior *Las entradas deben estar en consonancia con el estilo de la casa; así, las líneas geométricas de este edificio determinan el diseño de su patio, de estilo japonés. Losas de granito rodean un estanque rectangular y se mantiene la elevación del escalón en todo el espacio para crear una presa de agua. Palmeras de hojas pinadas, filodendros y jacintos de agua suavizan el efecto angular y medran en este clima cálido.*

página anterior, inferior *Cuando la casa está diseñada siguiendo atrevidos principios contemporáneos, el jardín debe ser parte del concepto. Aquí, una mínima cantidad de plantas forma una envoltura eficaz para la llamativa escultura, mientras que el pavimento de piedras en «mosaico» se hace eco de los detalles del edificio.*

derecha *El diseño de una terraza con una vista de París como ésta debe ser simple. Un bloque central de madera con lechos empotrados, orientado para contemplar el panorama, combina los asientos con un paisaje en miniatura de rocas con abetos, pinos y boj recortados, junto con brotes de festuca verde.*

en los temas moriscos –que hacen uso de arroyos y pequeños cursos de agua– y en los jardines «nudo» monásticos, con sus lechos herbales geométricos. A menudo, el pasado se interpreta con gran imprecisión, con lo que se produce un pastiche de un tiempo que nunca fue. Pero puede ser interesante usar motivos del pasado de una manera nueva –evitando la seducción de la nostalgia– para crear jardines contemporáneos que den sensación de integridad.

paz verde

Muchos jardines pequeños son estrechos y rectangulares, y la solución más habitual consiste en rodear un área central abierta con elementos que la bordeen. Sin embargo, en este caso, una planificación simple y atrevida ha dado lugar a un jardín innegablemente moderno y acogedor. El diseñador Cleve West ha dividido el espacio tanto horizontal como verticalmente en dos áreas. La «división» viene determinada por un cobertizo que prolonga sus vigas de madera por el patio, de modo que lo parte en dos y le proporciona un pasadizo central, que constituye su elemento dominante. El tejado del cobertizo está cubierto con césped de la pradera, una mezcla de hierbas que contiene margaritas, trébol, zuzón, diente de léon, botones de oro y geranios. Bajo el césped hay una capa protectora cubierta por plástico no-degradable.

Los dos patios se encuentran bien diferenciados: en uno, un tramo de agua rectangular fluye a lo ancho del jardín, con lo que amplía visualmente su área. El otro, ligeramente hundido, ofrece un espacio donde sentarse: una hamaca que se mece suavemente.

El terreno que los une está pavimentado con pequeñas losetas rectangulares de granito

y losas de piedra recicladas; estos dos materiales se aprovechan en el segundo jardín para construir pequeñas paredes de contención. En lugar de estar fijados con cemento, los pequeños bloques de granito se extienden sobre el suelo; el agua fluye entre ellos, con lo que crea un laberinto acuoso para los renacuajos. En los lugares donde los bloques de granito se aplican para crear la pequeña pared de contención, la ausencia de cemento permite que las plantas echen raíces en las paredes, con lo que los materiales de construcción y las plantas se hacen interdependientes. Las rígidas fronteras del jardín quedan disueltas en las verdes paredes aterciopeladas de matorrales y hiedras.

La sensibilidad ecológica integra una parte importante del pensamiento contemporáneo, en general, y de este diseño, en particular. En lugar de combatir la naturaleza, Cleve West permite que muchos de sus habitantes compartan este jardín. La esencia de este espacio se basa en la armonía entre los elementos naturales y los fabricados: los bloques de granito parecen flotar en el agua, y las flores silvestres crecen en el tejado.

Las plantas combinan formas atrevidas, como el níspero (*Eriobotrya japonica*), la *Yucca recurvifolia* y el *Acanthus hungaricus*, mezcladas con cabezuelas de semillas de *Allium cristophii*. Éstas contrastan con hierbas como la *Eragrostis chloromelas* y la *E. curvula*, y los ondulantes juncos altos (*Calamagrostis* x *acutiflora* «Overdam»). Juncos enanos (*Typha minima*) bordean el agua, y la *Nymphaea* enana «Marliacea Chromatella» descansa sus hojas sobre la superficie.

*izquierda **Una eficaz división anima este estrecho espacio. El jardín está dividido por un cobertizo con tejado de césped que se extiende para formar un arco, con lo que crea dos espacios separados. Uno está dominado por un surco de agua, y el otro, casi cuadrado, se usa para sentarse.***

*página siguiente **Visto desde la casa, el jardin invita a ser explorado. El acceso a través de una gran piedra permite salvar el estanque de agua y conduce por debajo del tejado de hierba al espacio abierto del otro lado. Dos «vainas» abiertas de madera tallada configuran sólidos asientos con apoyo para la espalda. El pavimento y los bloques de granito unen las dos zonas.***

*inferior **Al situar una yuca junto a la fuente de las calabazas se crean formas atrevidas. El agua fluye desde una especie de «hocico» de cocodrilo hasta el estanque geométrico que hay debajo.***

jardines formales

Los diseños basados en la simetría resultan relajantes porque, más que provocar la curiosidad, presentan un mundo equilibradamente ordenado, pacífico y seguro. A la gente que vive intensos días le agrada volver a un sencillo espacio al aire libre diseñado en torno a líneas paralelas y ángulos rectos. Puede reforzar el efecto tranquilizador usando una paleta de plantas restringida y distintos tonos de verde para crear claroscuros, o dejar que los lechos de plantas reflejen la formalidad creando patrones repetitivos de fucsias erguidas o santolinas redondeadas.

1 *Jardín de una azotea de París. Está bordeado por jardineras con plantas repetidas. Las líneas paralelas de hierba rompen la prolongación de las plataformas de madera y dirigen la mirada hacia fuera, hacia el «escenario prestado».*

2 *La simetría absoluta dirige la mirada hacia el punto más lejano de este jardín cerrado, una pared de espejos enmarcada por pilares y bojes esculpidos.*

3 *Este pequeño jardín frontal está dominado por un «doble» seto bajo de boj con espirales en cada esquina. Una poda estricta es muy importante.*

4 *Fragantes lirios blancos en altos contenedores galvanizados flanquean un asiento con precisión militar. La pantalla de enrejados sirve de elemento divisor formal de este pequeño espacio.*

A lo largo de la historia, y en todas las culturas, los jardines han retornado una y otra vez a los modelos formales. Las viviendas de la antigua Grecia estaban construidas en torno a un patio interior y esta tradición fue seguida posteriormente por los romanos, que usaban diseños angulares con senderos rectilíneos en torno a lechos rectangulares de plantas formales y recortadas. El jardín más pequeño que se ha encontrado en Pompeya tiene las reducidas dimensiones de 2,25 m × 45 cm, prácticamente la superficie de una ventana alargada. Los magníficos setos de los jardines Villa Lante, en Italia, podados con precisión matemática, conducen al visitante a lo largo de sus contornos, que ascienden en ligeras pendientes.

Desde los jardines aztecas de Moctezuma hasta los mogoles de la India, en todas partes prevalecía la formalidad. En tiempos de Moctezuma, los aztecas crearon pequeños patios privados basados en la forma. En la India, los mogoles construyeron senderos rectos o cursos de agua para dividir sus jardines mediante formas rectangulares. En la Alhambra de Granada también gobierna la simetría, con pequeños canales de agua que dirigen la mirada en línea recta. Y en la Europa medieval, los jardines encerrados en monasterios se construyeron con los mismos principios lógicos, con senderos axiales y lechos regidos con boj y santolina. A lo largo de la historia de los jardines, a veces ha cobrado fuerza el resurgimiento de lo clásico y, ahora, acompañando las tendencias de la arquitectura contemporánea, algunos diseñadores han vuelto a las formas puramente geométricas. Se puede aprender de los mejores jardines formales en los pequeños y modestos espacios personales: su presencia espiritual es de gran valor en las compactas, aunque preciosas, habitaciones al aire libre de nuestros días.

Las líneas rectas pueden ser tan eficaces en los jardines muy pequeños como lo son en los grandes, pues conducen por un camino que nos involucran con las plantas, o actúan como divisoras del espacio. Las formas repetitivas, como columnas de coníferas o pequeñas cúpulas de boj esculpido, situadas a intervalos regulares, pueden resaltar la dirección y crear patrones simétricos que enmarquen o delineen las áreas plantadas y pavimentadas. El efecto del orden equilibrado es agradablemente simple y, en caso de que se instalen plantas de hoja perenne, mantiene el interés del jardín a lo largo de todo el año.

Los diseños formales se planifican sobre papel usando líneas rectas paralelas o diagonales, y todas las curvas siguen la forma de radios, es decir, forman parte de un círculo. Estas líneas encierran formas planas, como cuadrados, rectángulos, triángulos, rombos y círculos. Al asociar unas formas con otras mediante el uso de rejillas o patrones repetitivos, se crea la plantilla bidimensional de un jardín. Pero como los jardines son espacios tridimensionales, aquí entran en juego el cubo, la pirámide y la esfera.

A algunas personas les produce aversión la idea de un jardín formal, pues piensan que implica un estilo rígido y poco simpático. De hecho, son más los jardines que se planifican sobre principios formales que los que no, pero la suavidad de las plantas empleadas complementa unos espacios tan definidos, y el ambiente del jardín puede ser absolutamente romántico. Los jardines de rosas tradicionales, como los de Bagatelle, en París, y el jardín de rosas Queen Mary, en Regent's Park, Londres, son muy sensuales, llenos de color y perfume en temporada alta. Sin embargo, sus diseños son simétricos y geométricos. Y lo mismo puede decirse de los jardines tradicionales de hierbas y de los *potagers*. Históricamente, éstos se planearon con precisión matemática, en general

izquierda *Esta simetria absoluta enfocada sobre una «pared» de coníferas geométricas queda resaltada por un par de* Cupressus arizonica var. arizonica, *que enmarcan la vista. Ambas crecen en contenedores a juego cuidadosamente ubicados, con alfombrado de enebros a sus pies.*

Aparte de los antecedentes históricos, resulta notable que todos los diseños basados en patrones rítmicos repetitivos, ya sean tridimensionales o planos, tiendan a encajar bien con los edificios. Como todos los jardines son en mayor o menor medida versiones controladas y estilizadas de la naturaleza, los que están planeados siguiendo un patrón de rejilla –que crea compartimentos y proporciona áreas estáticas– y los que dependen de un foco axial son un reconocimiento de que organizar formalmente la naturaleza puede producir lugares que restauren el espíritu.

bordeando los lechos con setos podados de boj, santolina o lavanda. En cualquier caso, el ambiente de estos jardines sin duda refleja «el material del que están hechos los sueños».

El formalismo todavía es apreciado en los diseños contemporáneos, si bien el desnudo minimalismo a menudo da paso a una elegancia simple y refinada, a veces con un toque de expresión floral. Aun cuando se emplean materiales que no son de uso tradicional en los jardines –como cristal, policarbonatos, plásticos y metales–, muchos diseñadores siguen eligiendo la formalidad frente a un estilo más informal o debido al azar. Esto se debe a que la arquitectura contemporánea tiende hacia la simplicidad geométrica –llegando incluso a la severidad con el uso del hormigón– que puede contener decoraciones superficiales. Las líneas del jardín siempre deben acompañar a las del edificio, de tal modo que su diseño siempre tenderá a la formalidad. El jardín diseñado en una azotea por el arquitecto Rick Mather que se muestra en la página 122 está compuesto por líneas estrictamente geométricas, y sin embargo la elección de plantas frondosas y rebosantes lo convierte en un jardín contemporáneo, verde y romántico.

Muchos de los jardines formales que se muestran en estas páginas podrían haberse planeado con regla para trazar sus líneas rectas, distancias medidas y patrones simétricos. Cada uno de ellos combina estilo y encanto, y es el resultado de una valiente decisión de sacar el máximo provecho a un espacio limitado con medios formales muy simples. Pacíficos y sofisticados, más que dramáticos y recargados, todos hacen uso de la contención y usan a menudo formas repetitivas de perennes recortadas, a las que tal vez se les añade un único color, generalmente el blanco. Algunos han recibido un tratamiento decorativo usando plantas para enmarcar o bordear. Aunque sus caracteres son muy diferentes, cada jardín crea una satisfactoria sensación de orden y establece un escenario basado en pequeños espacios distribuidos de manera relajante.

el jardín del sol y de la luna

Cuidadosamente diseñado para un espacio muy pequeño, este jardín es una interpretación contemporánea de la grandeza formal del siglo XVII. El diseñador George Carter lo ha traducido al siglo XX como una visión alegórica y taciturna de Versalles, con grutas, pasillos, pilares de piedra acabados en punta y enrejados, concebido para que su espacio íntimo parezca mucho mayor de lo que es. El patio está concebido para que se mire hacia su centro, y la escala se ha falsificado deliberadamente para incrementar su aparente profundidad. La escala del fondo es mayor que la del primer plano, lo que se ha conseguido reduciendo la anchura entre los pilares de enrejado, haciendo ligeramente oblicuas (en lugar de paralelas) las líneas del estanque central y cambiando la textura de la grava, con cantos de mayor tamaño en la parte anterior, y grava más fina en el fondo.

No obstante, todo este montaje es algo más que un truco. La aplicación general de color, basada en tonos apagados de

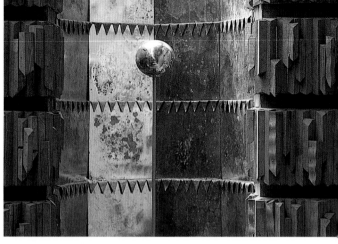

Los conos de boj recortados son un elemento característico de los jardines formales, y resultan tan estáticos como los contenedores en los que crecen.

gris, prepara el escenario para que los contrastes de luz y los chispeantes reflejos produzcan el máximo impacto. Dentro de las oscuras columnas de enrejado, los tejos de color verde oscuro crean una densa textura viviente; vistas a su lado, las pirámides de boj podado adquieren un color esmeralda más intenso. Sobre el «estanque lunar» central se extiende una capa de agua que refleja la luz del cielo y de las esferas de cristal plateado o «soles», suspendidos como orbes sobre finas varas de metal que centellean en las misteriosas profundidades del jardín.

Los «pasillos» laterales cruzan el cuadrado central del jardín, y por un lado llevan a un panel de cristal opaco con un fondo metálico en el que la luz se difumina de forma teatral. La «gruta» se ilumina desde la parte superior, mientras que el centro del estanque recibe los reflejos del cielo. El fuerte concepto de diseño aporta al jardín tranquilidad y calma.

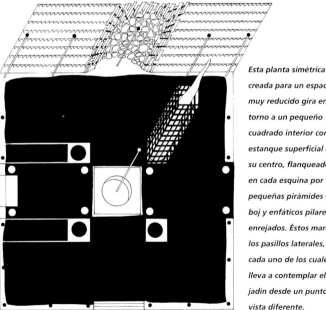

Esta planta simétrica creada para un espacio muy reducido gira en torno a un pequeño cuadrado interior con un estanque superficial en su centro, flanqueado en cada esquina por pequeñas pirámides de boj y enfáticos pilares enrejados. Éstos marcan los pasillos laterales, cada uno de los cuales lleva a contemplar el jadín desde un punto de vista diferente.

superior Justo frente a la pared de cristal hay otro pequeño «ábside» ornamentado, recubierto en su extremo con resplandecientes hojas de metal bordeadas por cenefas dentadas. Las hojas de metal se curvan envolviendo un orbe metálico situado en el centro e iluminado desde arriba por la luz natural.

izquierda Restringido formalmente en la columna angular de un enrejado oscuro, este tejo aún más oscuro y terminado en punta aspira a mayores alturas.

derecha *Una mirada a lo largo del eje central del jardín muestra la pared de cristal opaco con santolina plateada a sus pies. La formalidad queda intensificada por los pilares acabados en punta que la flanquean. El uso de esta perspectiva lineal incrementa la sensación de profundidad.*

inferior *La gruta, que se ve siguiendo un eje lateral, forma parte de un pequeño espacio semicircular creado a partir de una pared curva decreciente cubierta de áspero pedernal. Está enmarcada a ambos lados por tiras de madera tallada que imitan piedras angulares de mampostería rústica iluminadas por la luz natural. La brillante esfera «solar» que se ve enfrente parece estar suspendida en el aire, si bien se encuentra sostenida por una fina barra de metal.*

jardines sombreados

¿Son más hermosos los jardines que están a pleno sol? Ésta es una idea que debería revisarse. Los mejores jardines son los que tienen ambiente, los que impactan en el estado de ánimo y llaman la atención; que estén al sol o no carece de importancia. Resulta más fácil crear jardines con carácter cuando se trabaja en la sombra que en espacios expuestos al sol.

1 *Casi completamente oculto bajo los lujosos limites de las enredaderas, este sombreado jardin resulta intimo e introspectivo. El área pavimentada central, reservada para sentarse, está decorada con macetas y estatuas.*

2 *Un florero en la sombra hace revivir los estilos tradicionales de los jardines europeos. Aquí, la fucsia que crece en la parte inferior, y la hosta que está debajo, reciben suficiente luz para desarrollarse bien.*

3 *Las livianas y pinadas hojas de la Rhus typhina «Laciniata» crean una sombra moteada en este pequeño patio; los miraguanos que hay detrás de los asientos aportan más intimidad.*

4 *Muchas de las plantas de hoja que se ven aquí, incluidos los culantrillos y los helechos polipodiáceos, crecen en la sombra. Hiedras veteadas de hoja pequeña sobresalen de los tiestos y, con algo más de luz, el Acer palmatum var. dissectum completa la gama de verdes.*

La sombra sugiere una frondosidad de las grandes hojas verdes que quienes cultivan jardines a pleno sol envidiarían. La riqueza de texturas, con su estructura de hojas superpuestas, suele asociarse con la humedad, la niebla y la escasa luz de los climas templados de Europa occidental. De modo que si cuenta con un rincón sombreado, procure trabajar con las condiciones que prevalecen en el lugar y, haciendo uso de las plantas y los materiales apropiados, cree una dominante atmósfera verde.

Los suelos de las zonas sombreadas pueden dar problemas si se eligen las superficies duras equivocadas, porque tardan más tiempo en secarse cuando llueve. La pizarra lisa o las baldosas de cerámica brillante son muy resbaladizas cuando están cubiertas de agua, y los viejos ladrillos y pavimentos de arcilla atraen el musgo en los lugares húmedos y oscuros; aunque la superficie musgosa es preciosa de contemplar, resulta muy peligroso caminar sobre ella. Así, para instalar el pavimento en climas húmedos y con poco sol, elija losas de piedra o imitación de piedra, de textura áspera, o losas de hormigón con pequeñas rugosidades para poder apoyar bien los pies. Recuerde también que los charcos con agua de zonas sombreadas y oscuras se recubren de verde y adquieren el aspecto de grutas casi de la noche a la mañana, con lo que producen un efecto muy diferente de la animada frescura con que se tiene intención de recrear originalmente.

Si el jardín se encuentra rodeado de altos muros para ocultar vistas poco agradables, la luz se reducirá todavía más. En tal caso, considere las paredes mismas como un lugar que puede cubrir con flores o enredaderas verdes. Las plantas que se adhieren a las superficies, como la hiedra, constituyen la

solución más fácil en la sombra, aunque también se pueden poner finos alambres metálicos que sirvan de guía a plantas trepadoras como la madreselva, que crecerán bien en cuanto alcancen la luz del sol. Y las clemátides, que requieren poco espacio y prefieren hundir sus raíces en la sombra, resultan ideales para pequeños espacios, siempre que estén bien alimentadas y sean regados de forma regular.

En cuanto a las plantas amigas de la sombra que prosperan a ras de suelo, existen abundantes especies del bosque entre las

En un caluroso verano, la sombra que da una pérgola se convierte en la mayor atracción del jardín. Aquí, la estructura del enrejado crea una luz moteada para comer cómodamente al aire libre.

que se puede elegir, aunque los niveles de luz del jardín sean siempre escasos. Las plantas de hoja perenne desempeñan un importante papel estructural en los espacios pequeños, y muchas de ellas toleran la sombra: un marco verde que nunca se altere a lo largo de las estaciones será particularmente bien recibido en parcelas urbanas, donde los entornos inmediatos pueden ser algo lóbregos. Ciertas plantas de hoja perenne, como las mahonias, ofrecen flores invernales de intensa fragancia, mientras que otras, como las aucubas, presentan

hojas veteadas y pulidas; los bambúes son excelentes en los parajes sombreados por su efecto exótico, que recuerdan al del agua que fluye. Si cuenta con un suelo ácido, hay una amplia variedad de rododendros pequeños, como los híbridos yakushimanum, que ofrecen grandes haces de flores en cuanto se aproxima el verano, además de las camelias, que florecen en primavera, y las skimmias, que producen sus fragantes flores de primavera, seguidas por brillantes frutos rojos en otoño.

Debajo de estos arbustos florecerán muchas otras plantas que aportarán distintas texturas, así como el color de sus flores, a los lugares sombreados. Escoja los helechos por las variadas formas de sus hojas verdes y frescas que se despliegan en primavera, como los eléboros, de hermoso follaje, que pueden ser altos y con flores verdes, o más cortos y con flores púrpura, rosa suave o blanco cremoso. Pequeños bulbos de primavera, como los narcisos enanos, añadirán un vivo color y, junto a ellos, los luminosos tonos de azul, rosa o blanco de la *Anemone blanda* podrían cubrir los niveles inferiores y oscuros; pruebe, también, el pequeño ciclamen que florece en primavera y otoño, o el *Lilium martagon*, algo más alto. La inclusión temporal de «lizzies» siempre es de incalculable valor para iluminar las áreas sombreadas en verano.

El terreno que se halla a la sombra puede encontrarse completamente cubierto por tapices vegetales que crezcan tan a ras de suelo como el musgo si incluye plantas como la asperilla *Galium odoratum* o la *Soleirolia soleirolii*, de hojas mínimas. Las «bugles» (planta rastrera de la familia de la mena, una forma de la *Ajuga reptans*) o la *Pachysandra terminalis* se hacen más grandes al nivel del suelo. Para la sombra más profunda están las hiedras de suelo, como la *Hedera hibernica* de grandes hojas y la *Lonicera pileata*, a la que le gusta extenderse y cuyas pequeñas hojas cubrirán la superficie del terreno. Ilumine la oscuridad en primavera con un macizo de *Euphorbia amygdaloides* var. *robbiae*, de altura media y cuyas atractivas flores de color verde lima duran meses, o de *Brunnera macrophylla*, de flor azul; en su forma simple o variegada, y tanto para las sombras secas como para las húmedas, elija la hierba con rayas blancas *Luzula sylvatica* «Marginata». Cuanto más húmedas sean las condiciones naturales, más posibilidades habrá de tener un follaje frondoso. Una gran ventaja de

mantener un microclima sombreado y húmedo es que las plantas que disfrutan en estas condiciones, como las magníficas rodgersias, sacan unas hojas grandes que resultan muy atractivas en los pequeños patios urbanos. Compruebe previamente que la escala de estas plantas encaje con sus intenciones: una sola de ellas podría configurar un soberbio punto focal en un pequeño espacio. También existe una amplia variedad de hostas que crecen en lugares húmedos y sombríos; su follaje proporciona verdor durante la mitad del año. Algunas de sus hojas son simétricas y con forma de corazón, como las de la compacta *H.* «Halcyon» (grupo Tardiana), de hojas azules y tan sólo unos 30 cm de alto y de ancho; otras presentan formas ondulantes, como la variegada *H. undulata* var. *undulata*, mientras que la *H.* «Ginko Craig» es pequeña y tiene unas hojas estrechas con el margen blanco. La *H.* «Pastures New» es muy pequeña y de hojas verdes y lisas, y crece hasta unos 23 cm de altura. Otras hostas pueden ser enormes.

El follaje de la hosta suele asociarse con las hojas de textura como la del helecho de la astilbes, que cuenta con algunas

Si desea crear un efecto escultórico, incluya rodgersias o ligularias altas que dominen el jardín, o la cimicifuga de flores blancas, cuyas espigas se elevarán como torres hacia el final del verano. En ambientes húmedos, las hortensias añadirán color al final del año. Algunas de las variedades con cabezuelas planas, como la *H. macrophylla* «Mariesii Perfecta» y la *H.* «Preziosa», de ramilletes redondeados, son pequeñas y especialmente encantadoras. También puede incluir prímulas en la luz moteada si está seguro de que el suelo mantendrá un nivel de humedad constante.

Paradójicamente, uno de los aspectos más valorados de la sombra pueden ser las áreas de luz, sobre todo si las plantas con hábitos decorativos, como bambúes, dedaleras y el elevado helecho avestruz (*Matteuccia struthiopteris*), se plantan de manera que su silueta se recorte contra el fondo del cielo. A veces la zona umbría se halla al lado de la casa, y se puede dirigir la mirada externamente hacia un espacio más luminoso desde la bóveda oscura. Si la zona tiene mucha sombra, use colores brillantes o pasteles para los muebles y otros elementos

variedades pequeñas que son excelentes, como la *A.* x *arendsii* «Fanal», de intenso color rojo y hojas oscuras, la delicada *A. simplicifolia* «Sprite» y la pequeña *A.* x *crispa* «Gnom», de sólo 15 cm de altura. Es conveniente dejar los vilanos de las flores muertas en la astilbes, pues sus erectas plumas marrones adquirirán un aspecto precioso cuando hiele; una ventaja más del pequeño jardín sombreado en invierno.

decorativos, o incluso para las paredes que rodean el jardín. Los rojos y los naranjas resultan muy cálidos, especialmente en los meses de invierno. Una gran ventaja de un segundo plano oscuro es que resalta maravillosamente los colores, pues intensifica los tonos fuertes y da luminosidad a los colores pálidos. Y, de noche, una iluminación bien dirigida puede hacer que sea muy agradable dejar las cortinas abiertas para admirar la vista exterior.

un retiro sombreado

El diseño de este pequeño espacio cuadrado de sólo 4,9 × 6,7 m, es bastante simple, con un reducido estrado elevado en el extremo donde se exponen esculturas y plantas dentro de macetas. Fue concebido por su dueño, John Sarbutt, que planeó el jardín como extensión de su espacio vital. Se accede a él desde un invernadero que está densamente cubierto por las mismas enredaderas que envuelven todo el patio, de manera que se funden las dos zonas en un espacio vital privado que queda algo hundido. Pavimentado con viejos ladrillos y losas de Yorkstone, el jardín mantiene un estilo unitario con la casa, de cien años de antigüedad.

El esquema de plantación se ha concebido de acuerdo con las condiciones propias de la sombra completa. Como puede verse, el patio está acolchado en casi todo su perímetro por una gruesa capa de *Vitis coignetiae,* que recubre tres de las cuatro paredes que lo delimitan con sus enormes hojas superpuestas, además de tapar parcialmente el invernadero. Esta enredadera crece al menos 3 m cada año en todas direcciones. Debajo de ella hay otras hojas más grandes, las de la perennifolia *Hedera hibernica*, la hiedra irlandesa de hojas verdes.

A este jardín situado en la sombra se accede desde un invernadero (en la parte inferior de la planta, aunque no se muestre). Para ampliar el jardín se han creado diversos niveles, principalmente con lechos elevados. El estanque rectangular del extremo más alejado se alimenta con el chorro de agua vertido desde una cabeza de Neptuno inscrita dentro de un arco. Su sonido proporciona a este retiro un fondo tranquilizante.

El diseño deja un espacio abierto en el centro que capta toda la luz. Las áreas elevadas añaden una dimensión adicional, con lechos de plantación y otras plataformas para exhibir esculturas que forman una larga peana con escalones a un lado. Esta zona elevada también incluye un estrecho estanque rectangular cuya única fuente aporta sonido y movimiento. A la izquierda, en un arco, se puede ver una escultura que representa la cabeza de Neptuno, de la que brota el agua hacia el estanque haciendo ondular su superficie.

El pequeño arbusto, parecido a un árbol, es una maravillosa *Eucryphia glutinosa* de flores blancas y hoja perenne, una calcífuga que crece en suelos ácidos. Este arbusto debe tener las raíces en la sombra, en un suelo frío y húmedo, y su fragante cabeza floreciente a pleno sol, de modo que éste es un buen lugar para él. El resto de las plantas son herbáceas perennes amantes de la sombra, con las bergenias, eléboros y algunas hostas inmaculadas que crecen en lechos diseñados a propósito. Cada verano, grupos de «lizzies» cultivadas en tiestos, que tanto aprecian la sombra, hacen que el patio vibre de color. Las petunias y los geranios, que se han cultivado en macetas para poder ponerlos al sol, añaden aún más color.

El jardín también exhibe una colección personal de esculturas figurativas sobre pedestales, incluida la de una garza de largo cuello. Es de esperar que esta obra sirva para ahuyentar a las garzas reales, pues el estanque rectangular contiene nueve carpas Koi.

Con los años, las estatuas se cubren de hiedra, con lo que reflejan la sensación del paso del tiempo.

página siguiente *Una densa bóveda de Vitis coignetiae rodea este pequeño patio cuadrado. Aquí crecen las hostas amantes de la sombra, y las valiosas Impatiens añaden color en verano.*

inferior *La iluminada cabeza de Neptuno y un cupido contra el fondo de hiedras, daphne y camelias; los finos chorros de la fuente captan la luz.*

jardines cálidos

Los patios abiertos pueden resultar tentadores, pero si no reciben sombra de un edificio o de algún árbol cercano deberán tener un planteamiento muy práctico a favor de la comodidad. Suponiendo que destine una parte del jardín a crear una zona sombreada, el resto del jardín puede incluir plantas que disfruten de los suelos secos y el intenso sol.

1 *El refrescante follaje, incluida la planta de espárrago que cuelga de la maceta de la ventana, convierte en un atractivo patio soleado lo que es poco más que un pasillo. Los hibiscos y los begonias resultan muy apropiados para este clima.*

2 *La grosella china (Actinidia chinensis) crece en una tinaja de arcilla, protegida por una pantalla traslúcida que recorta elegantemente su perfil.*

3 *Una capa refrescante de gravilla protege las raíces de los lirios enanos, santolinas y hostas verdes nervadas para que no se quemen al sol.*

4 *Un sombreado cenador cubierto de enredaderas proporciona alivio en un jardín cálido lleno de palmeras amantes del sol, una higuera y un Centranthus ruber.*

Para las plantas puede ser tan difícil vivir bajo la intensa luz solar como en la completa sombra. Y si el jardín está rodeado de edificios, el calor de sus paredes puede reverberar hacia ese lugar sin aire intensificando el calor y produciendo un microclima aún más caliente que su entorno. No obstante, la naturaleza ha resuelto el problema de los climas cálidos y secos reduciendo el tamaño de las hojas de algunas plantas para limitar la pérdida de humedad, lo que constituye un rasgo característico de muchas artemisas, cardos corredores, lavandas y romeros. Algunas variedades están cubiertas por prolongaciones de pelo fino que desvían el calor de la superficie de la hoja, y así impiden una rápida evaporación; entre éstas se incluyen la *Stachys byzantina*, el arbusto bajo *Lotus hirsutus* (sin. *Dorycnium hirsutum*) y otras especies descritas de manera general como mediterráneas, que en muchos casos también son aromáticas. Algunas plantas, como la siempreviva menor de hojas carnosas, las echeverias y las crásulas, cuentan con sus propios depósitos de agua. En un pequeño patio donde el calor reverbere del pavimento y las paredes, este tipo de protección puede salvar vidas.

Conservar el agua es crucial en condiciones calurosas o de intensa exposición solar y, como el viento seca el suelo tan rápidamente como el sol de mediodía, resulta esencial colocar algún tipo de pantalla protectora. Enrejados o separadores de bambú entretejido, ligeros pero firmemente fijados, filtrarán el viento y reducirán su poder, y un pequeño sistema de irrigación y una capa de gravilla hará el resto. La sequía es el gran enemigo de los jardines de las azoteas, aunque estén abiertos al cielo y por tanto reciban agua de la lluvia. Esto se debe a que lo más probable es que todo se cultive en macetas y jardineras

o en el suelo superficial de lechos elevados, y también porque, cuando sopla el viento, la velocidad de evaporación es muy rápida, haga sol o no. Por lo tanto, elija plantas que soporten las condiciones secas, recúbralas con una capa protectora e incluya en el compost gránulos que retengan el agua.

Como muchas de las plantas que crecen en condiciones de extremo calor y sequía son de color gris plateado o de formas sorprendentes, los materiales duros que se asocien con ellas pueden ser atrevidos. Rocas, cantos rodados y grava conforman una apariencia natural que resalta el aspecto de algunas plantas exóticas como las pitas, las *Cordyline* y los cactus, siempre que se viva en un clima adecuado para ellos. Las plantas perennes como la salvia rusa, la artimisa y las nepentes producen un efecto más suave, por lo que los suelos entarimados pueden ser una superficie más apropiada.

En los climas cálidos, el agua siempre constituye un elemento bien recibido. Refresca y enfría tanto en forma de un silencioso hilo plateado, como en los jardines de estilo morisco, o de una fabulosa fuente juguetona. A veces, el simple sonido del agua en movimiento es suficiente para sentirse reconfortado: puede tratarse del relajado tamborileo de una pequeña fuente o de un diminuto estanque que burbujea sobre cantos rodados. El agua en movimiento agita y refresca el aire, además de animar el jardín con sus reflejos cambiantes. Es conveniente asociar el agua con el mármol liso, que también es un pavimento frío para los pies. Asimismo, una capa de grava refresca las raíces

de las plantas. Las baldosas de terracota o cerámica son alternativas agradables en los climas que no tienen heladas.

Aunque uno pueda disfrutar de la luz del sol, habrá momentos del día en que valore mucho la sombra. Si no cuenta con una bóveda arbórea que cubra la cabeza, se puede crear sombra construyendo una pérgola o emparrado. Otra opción es la de extender un toldo sobre la zona en la que va a sentarse, fijando por encima de la cabeza un enrejado de madera que pueda sostener una enredadera lúpulo dorado o wisteria, que en verano sólo permitirá pasar una luz moteada. También cabe la posibilidad de fabricar un cenador con marcos de madera que rodeen un espacio sombreado en un romántico estilo rústico, o diseñarlo de madera alisada y pintada para conferirle un aspecto más sofisticado. Elija lo que elija, asegúrese de que la estructura sea lo suficientemente robusta como para sostener

extremo izquierda *El entarimado de madera y el enrejado cubierto de glicinina desvían el calor. En ambos lados, los geranios amantes del sol disfrutan de él.*

izquierda *Rodeando este balcón,* la alta Cordyline, *un helecho palmera japonés* (Cycas revoluta) *y el papiro* (Cyperus papyrus), *que crece en el estanque, prosperan en el calor del entorno mediterráneo.*

extremo derecha *Un gato disfruta de la luz moteada debajo del enramado de alambre cubierto por un rosal trepador.*

las trepadoras que crecen en climas cálidos. Con un poco de cuidado, el *Solanum jasminoides* (jazmín) y una enredadera funcionarán bien en climas templados. El *Trachelospermum jasminoides*, aunque algo más delicado, es una trepadora de fragancia soberbia, y en climas en los que no haya heladas es posible que pueda cultivar buganvillas de colores llameantes o hermosas *Plumbago capensis*, y quizá incluso una exótica pasionaria.

En un nivel inferior, el follaje natural propio del calor seco es gris, y se asocia clásicamente con colores blancos o pasteles. Si esto le parece un tanto deslucido para un clima soleado, introduzca un poco de calidez con colores más cálidos como el *Helianthemum* «Ben Afflick» y *H.* «Ben Nevis», con sus flores naranja tostado y de tonos herrumbrosos. Añada algunas de las *Kniphofias* de menor tamaño, como la *K. galpinii*, de flores naranjas-amarillas, o la *K.* «Little Maid», de color amarillo limón. Asócielas con azucenas amarillas como la pequeña *Hemerocallis* «Stella de Oro» y pruebe también con algunas hierbas ornamentales marrones como la variante bronce de *Carex comans*. Para crear un efecto más espectacular, incluya macizos de la hierba negra (*Ophiopogon planiscapus* «Nigrescens») y asóciela con la *Heuchera hispida*, con sus originales flores naranja y bronce sobre rosetas de hojas perennes. Voluptuosas dalias, alstroemerias, fogosas crocosmias y otras plantas con flores de colores vivos como éstas adquieren su mejor aspecto bajo un sol brillante.

Si prefiere tener un oasis más allá de su ventana, las plantas verdes harán que un jardín cálido produzca una sensación de frescor. Como prueba, plante una base de *Euphorbia mellifera* con lirios, azucenas amarillas, hinojo y santolina. El mirto fragante y el ceanoto de flores azules pueden proporcionar el telón de fondo, mientras que el valiosísimo boj se adaptará a cualquier forma para crear las divisiones necesarias en el espacio del jardín. Y aunque los colores pálidos, cremas, malvas y rosas parecen difuminarse bajo una luz intensa, toda la serie de azules, desde el agapanto profundo hasta el azulete puro de la escabiosa, son bien visibles, aunque el cielo sea azul cobalto.

superior *Los florecientes aloes, crásulas, candilera, datura, Erigeron y un tamarisco supervisor se adaptan a las condiciones secas propias de un clima caluroso y soleado.*

expuesto al calor

El creador de esta obra contemporánea, el arquitecto Rick Mather, ha diseñado el jardín en la azotea de su casa desde abajo hacia arriba. Cada elemento ha evolucionado a partir de los espacios vitales de la casa que hay en la parte inferior. Cuando se entra en la vivienda al nivel del suelo, se percibe una circulación que dibuja una espiral ascendente hasta llegar a la gran habitación que hay en la parte alta de la casa y que da entrada a este jardín extendido sobre dos niveles. El flujo espiral se completa cuando se accede al jardín inferior desde un lado del tragaluz, que hay que rodear para subir los escalones que conducen al jardín superior. Esta claraboya inclinada también constituye la fuente de luz central dentro de la casa, con lo que el cielo es visible desde abajo.

Cuando el tejado original de un agua, más pendiente en la parte frontal y con un gradiente menor en la posterior, tuvo que ser reemplazado, se construyó un sólido tejado nuevo con vigas capaces de soportar el peso de un jardín. Al mismo tiempo, también se cambió el sistema de desagües, de modo que ahora toda el agua se recoge en un punto. La azotea tiene una superficie de 6 m por más de 9,5 m, pero al haber dos niveles parece mucho mayor.

En los límites del jardín se han colocado andamiajes para soportar unos paneles de

policarbonato traslúcido, ensamblados entre sí con un firme sistema de sujeción. Este sistema es ajustable, lo que permite modificar su forma para redefinir el espacio. En cuanto quedó claro que los vientos del norte y del este dañarían las plantas, se elevó la pared de la chimenea y se añadió un segundo nivel de paneles con protección contra el viento. Ahora los paneles alcanzan una altura de 1,5 m.

A ambos extremos, el andamiaje cobija un enramado poco profundo que recorre toda la pared. Esto introduce las trepadoras en el jardín, pero deja el espacio central abierto al sol. La mayoría de las plantas son de origen mediterráneo o neozelandés, por lo que se adaptan a condiciones calurosas. La *Actinidia chinensis*, que crece en una maceta, recorre los límites externos del jardín en ambas direcciones. Aunque el viento y la sequía son los principales enemigos de la vida vegetal en las azoteas, la protección que rodea a este espacio permite el cultivo de muchas plantas delicadas, como la *Trochodendron aralioides*, de hojas oscuras, y la *Brachyglottis repanda*.

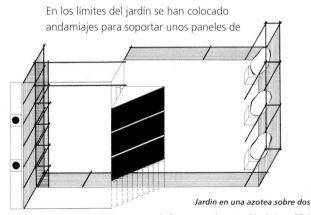

Jardín en una azotea sobre dos niveles que queda protegido de los edificios que lo rodean, si bien la luz penetra a través de los paneles traslúcidos. La entrada y los escalones están separados por una claraboya inclinada. Los andamios de metal crean un protector marco alrededor de sus límites.

La sensación del jardín es que el follaje es abundante; sin embargo, hay que tener en cuenta que todo crece en macetas. El dueño es un jardinero que comprende las necesidades de las plantas y les ofrece sus condiciones favoritas.

superior Si se mira el jardín inferior por encima de la claraboya, se ve que la mayor planta de la azotea es el madroño (Arbutus unedo), de hoja perenne, situado en la esquina. A su izquierda está el fragante Trachelospermum jasminoides.

página siguiente Las Osteospermum (margaritas) enmarcan este grupo, si bien una de las principales plantas del jardín está en la maceta central: el Trochodendron aralioides es un árbol perenne, primitivo y poco común, con vívidas flores verdes.

creación de escenarios

Los espacios pequeños se prestan a un planteamiento teatral ya que quizá se contemplen desde un único punto frontal. Se puede enmarcar el escenario del jardín con arbustos perennes para sostener una franja de verdor que se extienda por encima, con un telón de fondo de plantas de pared. El espacio se convertirá en un escenario en el que «actúen» plantas o esculturas.

1 *El pequeño edificio exterior adosado a la casa dispone de un tejado a un agua cubierto de hierba con listones de madera tallada que recuerdan los afilados dientes de un tiburón. La puerta está enmarcada por listones retorcidos de color negro que hacen juego con el conjunto.*

2 *Escultura primitiva adornada por un collar de cuentas que hace pensar en los Mares del Sur. Su presencia queda resaltada por su ubicación debajo de la bóveda creada por un extenso arce japonés.*

3 *Aquí es Halloween: calabazas de un brillante naranja ornamentan el patio y le aportan magia y misterio.*

4 *Un elegante y fino pilar corintio alude al clasicismo de la antigüedad; aquí también sirve con el propósito práctico de sostener la rama del árbol.*

El arte del teatro ha prevalecido durante mucho tiempo en los jardines. En el siglo XVIII, las estatuas y los templos clásicos se contemplaban a lo largo de los paseos o se exhibían bajo el esplendor arbóreo. Pintores como Claude Lorraine, y más adelante Fragonard, retrataron los paisajes y jardines como una romántica irrealidad, lo que a su vez influyó en la actitud hacia el diseño de éstos. Muchas de estas alusiones siguen vigentes en la actualidad: en algunos jardines pequeños, figuras clásicas medio escondidas entre la hiedra miran a lo lejos, mientras que, en otros lugares, Cupidos se convierten en fuentes de agua en el centro de estanques circulares. Los pilares griegos y las urnas cumplen una función más decorativa que práctica, pues su uso histórico y simbólico quedó olvidado hace mucho tiempo.

No todos los jardines-teatro se inspiran en motivos clásicos. Si tuviera las cortinas permanentemente separadas, podría recrear una fantasía histórica, viajar a otra cultura o crear su propio Shangri-La. Muchos de los jardines más famosos del mundo introducen elementos de otras culturas, como el estilo indio en Sezincote, Oxfordshire, los jardines moriscos del Generalife español y el palacio de Queluz, en Portugal. Un espacio pequeño también puede ceder a las mismas fantasías. Tal vez decida dar a su pequeño retiro un exótico toque oriental, árabe o de algún otro lugar, para lo que elegirá cierto tipo de enrejados, así como las plantas y los pavimentos apropiados, y lo unificará todo según este estilo. El boj puede podarse y esculpirse para que adopte prácticamente cualquier forma, como arcos moriscos o Tudor, o incluso como almenas que sugieran fantasías góticas. Es posible plasmar íntimas ilusiones de grandeza reproduciendo

la grandeza de los jardines formales franceses en miniaturas geométricas donde el boj podado defina los pequeños espacios de plantación y los elaborados enrejados camuflen los límites del jardín. Los jardineras de madera de estilo Versalles podrían contener exóticas plantas veraniegas de cítricos enanos o higueras, pues todos ellos pueden protegerse bajo techo en invierno.

Cabe transformar un reducido espacio en un claustro mediante la creación de un monástico y ordenado jardín herbal que contenga lechos geométricos bordeados por santolinas y lavandas recortadas, con pequeños arcos tridimensionales sobre las paredes y una urna de piedra en el centro. Llene los lechos con hierbas resistentes, como tomillo, salvia, orégano y romero, y añada en verano albahaca, perejil, coriandro y perifollo. Incluya árboles frutales

sobre espalderas y laureles podados en tiestos de terracota (véase «Aspectos prácticos», págs. 166 y 168). Se podría sugerir un ambiente árabe con un pequeño arroyo de agua que condujese a un estanque circular con una fuente fina y chispeante. Todo el jardín podría estar pavimentado con baldosas cerámicas llenas de vivos colores y resistentes a las heladas, mientras que los arcos moriscos de enrejado proporcionarían sombra, además de esconder los lindes. De este modo, el patio se convertiría en un lugar diferente, propio de otro tiempo.

Con la mirada puesta en Oriente, tal vez podría sentirse atraído por el estilo de los jardines chinos. En una pared del margen del jardín podría construir una «puerta lunar» circular con cristal de espejo y rodearla de diseños chinos; use pavimento blanco y salpíquelo con bloques de caliza natural que se yergan erectos entre los bambúes o peonías. Añada un conjunto de paisajes bonsái montados sobre peanas y algún mueble chino para completar el cuadro. Los patios tradicionales chinos también se prestan a la imitación, y a menudo representan paisajes en miniatura. Una zona de grava, losas de piedra y rocas situadas de forma asimétrica, con algunas vallas de bambú cuidadosamente atados, son ingredientes apropiados; limite la variedad de las plantas usando sólo arces, pinos de montaña, lirios y azaleas.

El escenario teatral definitivo es el que se basa en crear un jardín en el cielo, retirado del ruido y del ajetreo de la ciudad y bendecido con abundante luz y un aire más fresco, pero en un lugar donde no hay tierra natural ni árboles que lo rodeen. El jardín de azotea cuenta con un entorno especial e inesperado totalmente artificial que lo libera de las convenciones que rigen en la tierra, y sin embargo puede convertirse en un espacio idílico rural o en un elegante ambiente modernista, del mismo modo que una obra de teatro puede transportarnos a lugares lejanos.

El teatro cuenta con un trasfondo de elementos menores que se difuminan sin competir por los papeles estelares. En el contexto del jardín, las plantas pueden actuar como telón de fondo y comportarse como un coro griego unitario en que ninguna reclama la atención para sí misma. Las estrellas más atractivas,

extremo izquierda Este pequeño jardín de azotea, con su elegante suelo de tablero y las macetas de dedaleras blancas y rosas colocadas con el mismo cuidado que si fueran piezas de ajedrez, tiene un aspecto fantasioso. La teatralidad queda potenciada por las frutas hechas con mosaico sobre una mesa creada con la misma técnica y los pequeños árboles ornamentales que abrazan la pared.

como el escultórico *Acanthus spinosus*, el ardiente rojo de la hierba carmín, los lirios reales de un blanco puro o los formios como espadas se benefician de un fondo más apagado. Proporcióneles un entorno de verde, el trasfondo no iluminado de su escenario, con plantas perennifolias como sauquillos, ciruelos y mahonias. *Viburnum tinus* «Eve Price» es una planta oscura y densa que puede crecer hasta alcanzar los 3 m de altura, y que una vez podada se regenera rápidamente. El *Prunus laurocerasus* es alto, de color verde brillante y crece en de forma expansiva, pero, una vez más, es posible controlar su tamaño podándolo; seleccione alguna variante menor de hojas estrechas, como el «Otto Luyken», por su forma de jarrón que se abre hasta una anchura de 1,5 m y da flores de color blanco a mediados de primavera. La garantía de verdor que ofrece un fondo así permite exhibir confiadamente otras plantas más espectaculares.

Las plantas también pueden ser tratadas de forma teatral. La introducción de variedades exóticas en áreas templadas crea inmediatamente una escena subtropical. El aspecto del jardín puede recordarnos los de climas mediterráneos, con las formas afiladas de *Cordylines*, el miraguano más robusto (*Chamaerops humilis*) y quizá incluso agaves, como la *A. filifera*, y algunas de las opuncias más duras. Suavícelas con la bella *Euphorbia mellifera* y la *Pittosporum tobira*. En un microclima protegido, aloes, crásulas y hedichiums añaden intensidad, mientras que la santolina de hoja gris y las lavandas suavizan el efecto general.

El boj recortado, usado desde los tiempos de los romanos, puede enmarcar espacios y dirigir la mirada hacia el foco central; también se le pueden dar maravillosas formas esculturales, como espirales retorcidas, esferas, cubos o formas de «piruleta» que poblarán el escenario a lo largo de todo año. Vistos desde una ventana, los jardines de este tipo se convierten en parte integrante de los interiores. Como la clave está en la imaginación, la inspiración puede provenir de una fuente familiar o de un mundo desconocido, aunque también puede ser el resultado de una idea totalmente personal.

el jardín de un escultor

Esta idea no es para los tímidos. El jardín del escultor Johnny Woodford ocupa el extraordinario y mínimo espacio que queda detrás de su casa. Rodeado de altas paredes por todas partes, este espacio cerrado normalmente sería oscuro, pero está pintado de un fogoso color naranja que lo hace resplandecer a lo largo del año, llueva o haga sol.

La pared más alta tiene casi 6 m de altura. En ella se ha construido un ancho lecho elevado que desempeña el papel de contrafuerte, además de ser el único lugar donde se pueden cultivar plantas. Su parte anterior está recubierta por hojas de acero galvanizado, y una pesada viga de madera crea un sólido remate en la parte alta. La ornamentación de esta pared de contención, con cadenas y bolas suspendidas, hace una divertida alusión a la fantasía medieval.

Las plantas elegidas para esta zona elevada son, principalmente el helecho frondoso *Polystichum setiferum*, del grupo Acutilobum, yucas puntiagudas y *Phormium tenax*. Todos ellos están rodeados de cadenas para frustración de los gatos. En contenedores metálicos también rodeados de cadenas crece la hierba negra *Ophiopogon planiscapus*

A este pequeño patio en forma de «L» se accede desde las puertas francesas de la izquierda; el pequeño cobertizo con tejado de césped se aprovecha como almacén. Se ha construido un elevado lecho de plantación contra la pared alta situada frente a las puertas francesas, y a sus pies hay un banco para sentarse.

«Nigrescens». Una *Muehlenbeckia complexa* de hojas pequeñas festonea la superficie metálica galvanizada, aferrándose a la cadena y a la bola colgantes o trepando por la pared de la casa. Debajo del lecho elevado se ha instalado un banco con forma de tabla de *surf* y aletas de tiburón; está pintado de un modo que recuerda unos rechinantes dientes negros.

El tejado del pequeño cobertizo anexo está cubierto de césped que crece sobre un medio ligero especialmente diseñado para este tipo de jardines sobre tejados. El césped está cortado a mano, excepto en el borde, donde se permite que forme una franja más frondosa para ocultar la canaleta galvanizada. La otra planta es un macizo de *Soleirolia soleirolii* que crece entre las losetas del pavimento, y hay algunas hiedras que trepan o se arrastran, según de su situación.

Johnny Woodford pasó algunos años trabajando de guardabosque, donde adquirió experiencia con la madera y también cariño por el equipo usado por los forestales: de ahí la incorporación de pesadas cadenas. Otras herramientas de sus años en el bosque son las grandes brocas, aún cubiertas por la pintura protectora original de color naranja y que «crecen» junto a las plantas y dan una sensación tan penetrante como los formios. Detalles como éste hacen que el jardín sea teatralmente original, así como interesante y divertido.

superior Si se mira hacia la «pequeña casa», con su marco de madera combada, se puede ver el lecho de plantación elevado contra la pared más alta, forrado con hojas de acero galvanizado y decorado con bolas y cadenas.

izquierda Pequeñas hierbas negras crecen en contenedores de cobre y se hallan rodeadas por cadenas. Junto a ellas, saliendo del suelo, hay una broca espiral.

derecha **Este detalle muestra el marco y el dintel de madera oscurecida, que rodea una puerta con un exagerado agujero para la llave; está hecha de olmo verde inglés, y se le ha permitido combarse. El tejado de este cobertizo se halla cubierto de césped. La línea de dientes de madera tallada (a la derecha del césped) puede interpretarse como una alusión a las almenas medievales.**

inferior **Sobre la pared se han montado estrechas pirámides invertidas de acero lacado y en ellas se han plantado pequeñas yucas que su dueño llama «zanahorias».**

directorio

Las plantas de este directorio son especímenes probados y en los que he aprendido a confiar para decorar los espacios reducidos. He incluido algunas variedades que dan un toque picante: la descripción deja claro cuáles son. La altura y anchura que se facilitan están basadas en mis propias investigaciones, pues he aprovechado muchas de esta plantas para crearlos. El premio de la Royal Horticultural Society al mérito jardinero se otorga a ejemplares de destacada calidad, fáciles de cultivar y de adquirir.

El macizo de hierba *Stipa tenuissima* tiene un follaje fino y altas y aéreas plumas. Aporta movimiento a los jardines pequeños incluso en invierno, si se mantiene en el mismo lugar.

La *Bergenia* «Baby Doll» es el híbrido más pequeño de bergenia. Muy valiosa en la sombra, posee hojas verdes perennes y espigas de flores rosa azúcar en primavera.

Tulipa kaufmanniana, el tulipán nenúfar, es uno de los primeros tulipanes en florecer. De poca altura, resulta adecuado para los jardines pequeños y es fácil de cultivar al sol.

La *Daphne tangutica* es un arbusto perennifolio muy fragante y de forma compacta. Los capullos púrpura se abren dando racimos de flores blancas a principios de verano.

Los frutos blancos de *Sorbus cashmiriana* se forman en otoño, cuando sus hojas verde grisáceas se tornan amarillentas. Este pequeño árbol es ideal para jardines pequeños.

Cuenta del loro (*Clianthus puniceus*) es una trepadora semiperenne que aportará color veraniego a una pared cálida. Necesita alambres de apoyo y, como es vulnerable a las heladas, puede requerir protección en invierno.

ACER PALMATUM «SANGO-KAKU»

BUDDLEJA ALTERNIFOLIA

CRATAEGUS X LAVALLEEI «CARRIEREI»

árboles

ACER PALMATUM «SANGO-KAKU» (SIN. «SENKAKI») ♔
El arce corteza de coral es uno de los arces japoneses
más elegantes. A veces descrito como arbusto,
crece inicialmente de un único tallo erguido y acaba
abriéndose en finas ramas. En invierno la madera es
de brillante rojo coral, y las hojas palmeadas que
salen en primavera son verde claro con tonos rosas,
acompañadas por pequeñas gotas de flores rojas.
En otoño, las hojas amarillean y las semillas aladas
decoran el árbol. Retire las hojas que reviertan al color
verde y proteja el ejemplar de las heladas y del sol de
mediodía. Crece en condiciones óptimas en un suelo
entre neutro y ácido que no debería secarse. Altura y
anchura de 4 × 2 m.

BETULA PENDULA «LACINIATA» ♔
Este abedul es bastante alto, pero su hábito resulta
fino y grácil. La corteza plateada y las ramitas
colgantes resultan extremadamente atractivas
en invierno, cuando su hermoso perfil se recorta
contra el cielo y la delicada bóveda permite que
la luz se filtre a las plantas semisombreadas
que quedan debajo de él. El follaje dentado y
tembloroso pasa del verde claro al amarillo en otoño.
La B. pendula «Tristis» tiene la misma altura, pero
es más estrecha y pendular. Ambas acaban alcanzando
los 16 × 5 m.

BUDDLEJA ALTERNIFOLIA ♔
A veces tratada como arbusto, esta planta muestra
todas sus ventajas cuando se cultiva como árbol muy
pequeño de un único tallo, pues forma cascadas de
cabezuelas florales redondeadas. Es mejor comprarla
cultivada en un contenedor y colocarla en lugares
ventosos. La Buddleja suele conocerse como arbusto
mariposa, y sus gráciles ramas en arco están coronadas
por fragantes flores lila en verano, a las que las
mariposas a menudo añaden aún más color. Sus
hermosas hojas son grises y de punta estrecha, y se
vuelven amarillas en otoño. Prefiere suelos ricos y
profundos, y estar expuesta al sol. Retire la madera vieja
inmediatamente después del florecimiento. Cuando se
la controla mediante una buena poda, puede
mantenerse en los 3 m de altura y de anchura.

CARAGANA ARBORESCENS «WALKER»
Este arbusto puede cultivarse como árbol llorón, con un
único tallo ligeramente espinoso. Es adecuado como
centro de atención, sobre todo cuando se cultiva en
una maceta grande o asociado con rocas. Racimos
de «flores guisante» amarillas aparecen a finales de
primavera entre el ligero y aéreo follaje de color verde
claro, que en otoño se torna amarillo y se carga de
largas vainas marrones. Le gusta cualquier suelo, incluso
el alcalino, y un lugar soleado, aunque tolera una

sombra ligera. No necesita poda, aparte de retirar la
madera muerta. Generalmente se injerta sobre un tallo
de 1-2 m de altura.

COTONEASTER SALICIFOLIUS «PENDULUS»
Aunque se cultiva como árbol muy pequeño de hoja
perenne, este arbusto es, en realidad, un híbrido de
C. frigidus que cuando se injerta en un tallo erecto
configura una rígida forma llorosa. Las ramas cuelgan
hasta el suelo, aunque se las puede podar a cierta
distancia del mismo. Domina esculturalmente el jardín,
o puede cultivarse asociado con rocas y arces japoneses.
A los racimos de flores blancas les siguen masas de
brillantes bayas rojas. Le gusta el pleno sol y cualquier
suelo, excepto el extremadamente alcalino. Alcanza algo
más de los 3 × 4 m en su madurez, en unos 20 años.

CRATAEGUS X LAVALLEI «CARRIEREI» ♔
Este espino posee un denso follaje que crea sombra,
y cuenta con dos estaciones interesantes. Produce
racimos de flores blancas a finales de primavera,
seguidos por frutos redondeados de color escarlata que
sobreviven hasta bien entrado el invierno. Su follaje
satinado, verde ovalado, se torna notablemente rojo en
otoño, cuando los frutos y las hojas forman una rica
combinación. Se extiende a lo ancho hasta alcanzar los
4 m, aunque sólo llega a los 6 m de altura.

MALUS X ZUMI «GOLDEN HORNET»

SORBUS CASHMIRIANA

MALUS CORONARIA «CHARLOTTAE»

En primavera, este pequeño árbol ornamental de Norteamérica se carga de grandes y fragantes flores semidobles de color rosa violeta. Sus hojas ovales, ásperamente dentadas, se llenan de abundante color en otoño. Llega a alcanzar los 10 m de altura con una anchura de más de 4 m.

MALUS TRANSITORIA ♀

Este árbol frutal posee un perfil elegante, con hojas lobuladas y aterciopeladas que adquieren colores intensos en otoño. A sus flores blanco rosadas les suceden pequeños frutos amarillos. Crece hasta alcanzar los 6 m de altura y 4 m de anchura. El *Malus x zumi* «Golden Hornet» es más alto y erecto, y el árbol desnudo se cubre de «golosas» frutas amarillas durante varios meses en invierno.

PRUNUS «AMANOGAWA» ♀

Un árbol estrecho y erecto con forma de columna que se carga de fragantes flores semidobles de color rosa pálido a finales de primavera y cuyo follaje enrojece en otoño. Crece en la mayoría de los suelos y le gusta estar a pleno sol. En caso de nevados ate las ramas para impedir que se rompan con el peso. Es un buen soporte para las clemátides de florecimiento tardío. A los diez años su altura alcanza los 6 m, si bien es estrecho, pues mide 2,3 m.

PRUNUS MAACKII

Conocido como cerezo de Manchuria, éste es un pequeño pero vigoroso árbol con un pulido lustre en su corteza de color canela que se pela con gran atractivo. Extremadamente robusto, se llena de racimos de fragantes flores blancas a las que les siguen frutos negros. Las hojas verde oscuras se tornan amarillas en otoño. Existe una variante conocida con el nombre de «Belleza ámbar». Su altura final alcanza los 9 m, y una anchura de 6 m.

PYRUS SALICIFOLIA «PENDULA» ♀

El ornamental peral llorón posee una amplia cabeza redonda, pero no es alto, y sus plateadas hojas flotantes y el perfil llorón lo hacen deseable para los jardines pequeños. Las ramas se arquean hacia fuera en anchura antes de colgar elegantemente hasta tocar el suelo, pero se le puede dar otras formas si se desea mantener un perfil menos marcado podando todas las ramas descendentes para favorecer el desarrollo de una ancha bóveda. Si lo selecciona, es probable que se convierta en el espécimen dominante de su jardín, y la ligera sombra que proyecta determinará lo que pueda crecer debajo. Después de unos 20 años puede alcanzar unos 8 metros de alto y 6 de ancho.

ROBINIA PSEUDOACACIA «UMBRACULIFERA»

Esta acacia es un pequeño árbol de crecimiento lento para lugares cálidos. Protegida del viento y con un suelo bien drenado creará una compacta forma de «piruleta», que encaja de manera ideal en jardines formales y soleados. El follaje está formada por una densa masa de hojitas ovales, medio verdes, que se retuercen de manera característica. Raras veces florece y tolera bien la polución. Crece hasta los 4 m de altura y de anchura.

SORBUS CASHMIRIANA ♀

Un árbol pequeño y robusto que adquiere una apariencia notable en otoño por sus racimos de frutos de color porcelana. A finales de primavera, sus flores ofrecen una gama de colores que va del rosa de los capullos cuando se abren al blanco, entre un follaje gris verdoso delicadamente emparejado que permite pasar una luz moteada; en otoño las hojas se tornan amarillas. Se adapta a la mayoría de los suelos y prefiere los lugares soleados. Su altura y anchura es de 4 m.

SORBUS VILMORINII ♀

Este árbol posee una estructura aún más grácil. Las hojas pareadas de color gris con sobretonos púrpura se enrojecen e intensifican en otoño; atrapan el viento y filtran la luz. En primavera, a sus flores blancas les siguen racimos de pequeñas bayas blancas redondeadas con tonos malva. Crece hasta una altura y anchura de unos 5 m.

JUNIPERUS COMMUNIS «COMPRESSA» Y CHAMAECYPARIS OBUSTA «NANA GRACILIS»

PINUS MUGO «OPHIR»

plantas de crecimiento lento y coníferas enanas

CHAMAECYPARIS LAWSONIANA «GIMBORNII» ♔
Planta de crecimiento muy lento que adopta de manera natural una forma de cúpula densamente foliada. El color general es verde grisáceo con puntas violetas. No es exigente con el tipo de suelo y resulta muy robusta siempre que cuente con la humedad adecuada, buen drenaje y esté protegida del viento. Trabaje con unas proporciones de 45 cm de altura y 60 cm de diámetro.

CHAMAECYPARIS OBTUSA «NANA GRACILIS» ♔
Ésta es una auténtica planta enana con un rico y aterciopelado follaje formado por ramitas abiertas en abanico que crecen por niveles. Este perfil crea una forma densa, más ancha que alta, y lo suficientemente pequeña para los jardines de roca. Con un buen drenaje alcanzará finalmente unos 2 m de altura y anchura.

JUNIPERUS COMMUNIS «COMPRESSA» ♔
Diminuta, erecta y cónica, esta planta presenta un aspecto bastante simple cuando está sola, pero su efecto mejora en grupo. Las numerosas pequeñas columnas de las coníferas enanas naturales pueden resultar atractivas con pequeños rododendros y plantas alpinas que se extienden bajo el sol, entre rocas y grava. La altura después de unos 20 años puede ser de tan sólo 70 cm.

JUNIPERUS HORIZONTALIS «BAR HARBOR»
Más que enana, de crecimiento lento, esta planta cubre vigorosamente el suelo en anchura siguiendo sus contornos, lo que la hace adecuada para terrazas y bancos. Está compuesta por largas ramas como cuerdas de látigo y su follaje es de un suave gris con tonos azulados. Si no se la controla mediante la poda, puede desmandarse. La alfombra sólo cuenta con 20 cm de grosor, pero puede extenderse hasta 2 m.

JUNIPERUS SABINA «TAMARISCIFOLIA»
Esta hermosa planta que crece en horizontal no lo hace al azar, sino en capas concéntricas, por lo que resulta útil en pequeños jardines que requieren poco mantenimiento. Esto significa que podría aprovecharse en jardines más formales, pero también puede resultar atractiva al lado de un banco, donde su estructura por capas cumpliría una función decorativa. Estas sabinas son verdes con tonos grises y crecen lentamente hasta los 50 cm de altura, con una anchura de entre 1,5 y 2 m.

PICEA PUNGENS «GLOBOSA» ♔
Un denso arbusto de crecimiento lento que se expande más rápidamente en anchura que en altura. Aunque puede presentar formas irregulares, su perfil general es achatado y cónico, creado por ramas congestionadas con agujas muy puntiagudas. La variedad inerte es

adecuada para jardines de grava expuestos al sol, donde retendrá su fresco color azulado a lo largo del verano. Pode cualquier brote que tome una dirección extraña y altere su forma. Crece hasta 1,2 m de anchura por 1 m de altura.

PICEA PUNGENS «PROSTRATA» ♔
Este abeto extendido puede ser de un luminoso color azul, y resulta muy diferente de otros abetos. Se injerta para retener el hábito horizontal, pero si se desarrolla alguna guía ascendente deberá cortarla. A veces produce pequeñas piñas erectas de color carmesí entre las agujas de azul plateado que son muy bonitas. Si se coloca sobre losas de piedra bajo una buena luz, se asocia bien con el cisto o jara de bajo crecimiento. Altura 2 m y una anchura final de 3 m.

PINUS MUGO «OPHIR»
Los robustos pinos de montaña van muy bien en jardines de ambiente japonés, y presentan buen aspecto entre arces y grava, así como en jardines minimalistas formados por unas pocas perennifolias que exijan escasa intervención humana. Existen hermosas variedades verdes, pero ésta es notoria por su color amarillo en invierno, que se desarrolla mejor en un paraje abierto y soleado. Tiene forma de planta enana: 0,60 × 1 m.

ACER PALMATUM GRUPO DISSECTUM

CARPENTERIA CALIFORNICA

arbustos

ABELIA X GRANDIFLORA ♔

Este arbusto semiperenne con un hábito natural redondeado resulta muy útil para los jardines pequeños porque se le puede dar forma en abanico contra una pared soleada y resguardada. Flores colgantes blancas y rosas con forma de campana recubren el arbusto desde finales de verano hasta principios de otoño sobre un fondo de follaje verde oliva ligeramente cobrizo. Pode un tercio de los tallos más viejos a principios de primavera para favorecer la aparición de nuevos brotes. Prefiere suelos no alcalinos. El cultivar «Francis Mason» ♔ es una variante amarilla variegada, y la «Prostrata» es otra variante que crece poco. La altura y la extensión medias son de 1,5 × 2 m, segun la variedad.

ACER PALMATUM GRUPO DISSECTUM

Los arces japoneses de crecimiento lento constituyen un tesoro para los espacios pequeños. Adquieren muchas formas diferentes, algunas con más follaje que otras. Las formas de rojo intenso ofrecen magníficas llamaradas otoñales, mientras que las variedades verdes son más delicadas. Sensibles al viento y con formas elegantes incluso en invierno, cuelgan sobre lechos elevados. Retire cualquier tallo muerto. Los arces japoneses crecen muy lentamente hasta convertirse en pequeños árboles, con una altura y extensión medias de 1,5 × 2 m.

BERBERIS CALLIANTHA ♔

Un pequeño y voluminoso arbusto perenne de crecimiento lento originario del Tíbet cuyas hojas espinosas parecidas a las del acebo tienen el envés de color glauco. La planta joven es roja y sus pálidas flores amarillas cuelgan debajo de las ramas en primavera. En otoño presenta unos sorprendentes frutos azulados con tonos negros. No requiere poda, sólo para arreglarlo. Es robusto tanto al sol como a la sombra y tolera todo tipo de suelos. Altura y anchura de 1-1,5 m.

BERBERIS X STENOPHYLLA «CORALLINA COMPACTA» ♔

Éste es un arbusto perenne enano de hojas estrechas y ovaladas que da una gran cantidad de flores. Los capullos de color coral se abren en densas y pequeñas flores amarillo anaranjadas que coronan los tallos espinosos a finales de primavera; pequeños frutos negro azulados aparecen posteriormente durante los veranos muy calurosos. Requiere poca poda, pero soporta que lo recorten hasta su base. Es resistente bajo el sol o en la sombra profunda; evite los suelos secos o gredosos. Altura y anchura de 30-40 cm.

BERBERIS THUNBERGII «HELMOND PILLAR»

Un berberís estrecho y erguido, de hojas caducas rojo vino que mantienen su color desde la primavera hasta el verano y adquieren llameantes colores escarlata en

otoño. A las flores blancas les siguen los frutos rojos. Es mejor cultivarlo como espécimen. Retire de vez en cuando la madera vieja –es decir, los tallos de tres o cuatro años– para que salgan nuevos brotes. Es robusto al sol o bajo una ligera sombra. Una forma realmente enana y de hoja roja, la B. thunbergii «Bagaatelle», presenta el tamaño de un puercoespín, lo que la hace apropiada para jardines pequeños. La «Helmond Pillar» crece hasta alcanzar 1,5 m de altura por 0,75 cm de anchura.

BUDDLEJA DAVIDII «NANHO BLUE»

Esta pequeña planta, elegantemente arqueada, produce cortos racimos de flores aromáticas de color azul intenso. Es robusta y crece en suelos ricos y soleados. Pódela rigurosamente cada año a principios de primavera recortando todos los tallos del año anterior hasta unos 10 cm para que florezca con fuerza. Es de menor tamaño que las de su clase, pues crece hasta unos 2 m de altura, pero posee un perfil ligeramente más ancho, de unos 2,2 m.

CARPENTERIA CALIFORNICA ♔

Una perenne que no resiste las heladas y a la que se puede dar forma de abanico sobre una pared soleada y resguardada. Presenta grandes flores blancas con anteras amarillas en verano, aunque cuando es joven florece lentamente. Cuando la planta ya esté bien

CERATOSTIGMA WILLMOTTIANUM

CISTUS x *DANSEREAUI* «DECUMBENS»

asentada, pode un tercio de la madera más vieja después de la última helada de primavera para que conserve su forma y su fuerza. Prefiere suelos ricos; protéjala con un acolchado cuando haga muy mal tiempo. Altura y anchura de 1,5 m.

CERATOSTIGMA WILLMOTTIANUM
Arbusto bajo de hoja caduca con un hábito redondeado y abierto, y unas flores de un azul intenso desde finales de verano hasta comienzos de otoño, cuando las hojas verdes se tornan de un rojo vino. Es robusto, pero resulta conveniente proteger su base con ramitas en zonas muy frías. Le gustan los suelos ricos, que pueden ser secos o húmedos, y es esencial que reciba abundante sol. Recórtela mucho cada primavera. Alcanza 1 m de altura y de anchura.

CHAENOMELES SPECIOSA «ATROCOCCINEA»
Los membrilleros ornamentales son extraordinarios arbustos de pared; crecen con un hábito elegantemente estructurado al sol o bajo una ligera sombra. Éste es carmesí intenso, pero los hay blancos, rosas y de color naranja. Corte todas las ramas no deseadas con tijeras de podar inmediatamente después de que florezca siguiendo el hábito natural del arbusto. Si quiere darle forma contra una pared, pode todas las ramas que sobresalgan hacia delante para favorecer el contorno en abanico. Los membrillos se forman al final de la estación. Crecen en cualquier suelo bueno, excepto en el muy alcalino. La altura y la anchura medias son de 3 m.

CHOISYA «AZTEC PEARL» ♈
Una hermosa perenne cuyas largas y estrechas hojas satinadas crean un delicado efecto. Los ramilletes de flores muy fragantes aparecen a principios de verano, y si la estación es calurosa puede volver a florecer. Es robusta, aunque las hojas pueden dañarse si están expuestas a fuertes vientos o heladas. Pódela, hasta dejarla a 45 cm del suelo, cada tres o cuatro años si se hace demasiado grande para el lugar que tiene destinado. Se encuentra bien en el sol, a la sombra y en todo tipo de suelos, excepto en los muy alcalinos. Altura y anchura de 2 m.

CISTUS x DANSEREAUI «DECUMBENS» ♈
Esta jara perenne se extiende vigorosamente, si bien se puede podar un poco para aclararla. Presenta estrechas hojas verdes que desde principios hasta mediados de verano se cubren de pequeñas flores blancas con manchas carmesí en el centro. Adopta una excelente forma sobre macetas elevadas. Soporta las heladas y todo tipo de suelos, incluido el alcalino; es mejor plantarla a pleno sol. Altura de 60 cm con una extensión de 1,2 m.

CONVOLVULUS CNEORUM ♈
Bajo y robusto, este arbusto espeso y redondeado se adapta bien en espacios de tamaño reducido, donde se cultiva tanto por su follaje perenne como por sus flores. El brillo sedoso de sus estrechas hojas grises capta la luz y se asocia bien con otras plantas de hojas grises como lavandas y santolinas; todas ellas prefieren estar al sol y en suelos bien drenados. Sus típicas flores blancas con forma de campanilla lucen desde finales de primavera hasta mediados de verano. Se beneficia de una ligera poda a principios de primavera para favorecer la floración. Alcanza los 75 cm de altura y anchura.

COTONEASTER COCHLEATUS ♈
Algunos *Cotoneasters* constituyen excelentes coberturas del terreno: *C. congestus* es diminuto y crea pequeños macizos, mientras que el *C. salicifolius* «Repens» se extiende mucho y presenta hojas perennes de punta estrecha. La forma perenne muy robusta que se ha seleccionado aquí tiene un denso follaje y resulta ideal para lugares muy pequeños, donde seguirá la forma del suelo o recubrirá pequeños muros de contención, e incluso se podrá extender por una pared. A las flores blancas de primavera les siguen grandes frutos carmesí. No requiere poda. Crece al sol o bajo una sombra ligera en cualquier tipo de suelo. Los haces alcanzan 1 m de altura y se extienden 1,5 m en anchura.

CUPHEA CYANAEA

X *FATSHEDERA LIZEI* «VARIEGATA»

CUPHEA CYANAEA

Este pequeño arbusto sudamericano, perenne y redondeado, no es muy resistente a las heladas, pero si cuenta con las condiciones adecuadas y puede protegerlo en invierno, le recompensará con masas de brillantes flores tubulares de color naranja a lo largo de todo el verano. No necesita mucha poda. Puede cultivarlo en un contenedor, pero también es perfecto para lugares muy pequeños, soleados y protegidos, pues llega a medir como máximo 1 m de altura y anchura.

DAPHNE MEZEREUM

La laureola merece un sitio en casi todos los jardines, pues se concede un gran valor a sus flores tempranas de intensa fragancia, que pueden ser de color malva púrpura o blancas y crecen en disposición columnar a lo largo de sus ramas rectas y erguidas. Aparecen a finales del invierno, antes que las hojas. La planta es robusta, prefiere suelos calizos y bien drenados, y un lugar fresco, que puede estar ligeramente a la sombra. No requiere poda. Una variedad de color rosa, la «Autumnalis», puede florecer en una fecha tan temprana como Navidad. Altura y anchura de 75 cm por 1 m.

DAPHNE TANGUTICA ♈

Ésta, como todas las *Daphnes*, es muy fragante, y como no es de gran altura resulta ideal para pequeños espacios.

Los capullos de color púrpura se presentan en racimos en el extremo del crecimiento del año anterior y se abren para dar flores blancas entre sus estrechas hojas perennes con envés plateado. Sitúela bajo una sombra ligera y en un suelo rico y bien trabajado que no se empape de agua. Tiene una forma compacta y robusta que no requiere poda, y un diámetro aproximado de 75 cm.

ESCALLONIA «RED ELF»

Este diminuto matorral perenne tiene pequeñas hojas verdes satinadas y se cubre de flores carmesí desde mediados de verano hasta el otoño. Después de la floración, cuando esté bien asentado, retire un tercio de los tallos leñosos. Alcanza 1 m de altura por 1,2 m de anchura.

EUONYMUS ALATUS «COMPACTUS» ♈

Esta forma enana del *Euonymus* alado mantiene el mismo intenso color otoñal. Durante el resto del año, cuando las perennes veraniegas dominan, ésta es una planta de follaje denso y poco llamativo, mientras que en otoño sus hojas brillantes proporcionan un soporte gracias a sus características semillas de color escarlata dentro de una cobertura púrpura. No requiere poda. Aunque es robusta, es mejor cultivarla al sol y en suelos ricos, donde alcanza las medidas aproximadas de 1 × 1 m.

EUONYMUS FORTUNEI «EMERALD GAIETY» ♈

Una valiosa perenne de hojas verdes con margen de color blanco crema que crece a la sombra. Otros cultivares parecidos son la «Emerald'n' Gold» ♈, amarilla variegada, y la «Sunspot», que resulta más verde que las anteriores, pero con pinceladas amarillas. Todas ellas pueden recortarse y podarse para obtener hermosas formas individuales como arbustos enanos, o pueden plantarse en masa para cubrir el terreno. Son robustas, toleran todo tipo de suelos y crecen bajo cualquier condición, desde una completa sombra hasta pleno sol, aunque el color de las variegadas se apaga algo en la sombra, mientras que las amarillas se fortalecen al sol. Si no se las poda, crecen hasta alcanzar los 60 cm de altura por 3 m de anchura.

X FATSHEDERA LIZEI ♈

Se cree que el árbol de hiedra es un cruce entre hiedra y *Fatsia*: se trata de una perenne que se adapta a los pequeños jardines oscuros por ser robusta y tolerar la polución. Se extiende ampliamente si se le da forma de abanico contra una pared, y soporta bien la poda cuando los viejos brotes tienen que recortarse rigurosamente. Es una planta útil para los lugares difíciles, y sus hojas satinadas y palmeadas reflejan la luz incluso en plena sombra. Funciona en todo tipo de suelos, pero crece rápidamente en los más ricos y profundos.

HELIANTHEMUM «FIRE DRAGON»

HEDERA HELIX «CONGESTA»

HYDRANGEA «PREZIOSA»

Los discretos ramilletes de flores verdes son seguidos por racimos de frutos negros. Busque también la variedad variegada. Su altura y anchura media son de 1,5 × 3 m si se le da forma de trepadora.

FUCHSIA «TOM THUMB» ♀

Las fucsias van bien porque florecen al final del verano, cuando muchos arbustos han acabado de hacerlo. Esta forma enana presenta un follaje verde oscuro y flores como péndulos de color carmesí y violeta. Las robustas fucsias suelen cortarse a ras de suelo durante los inviernos fríos, pero se recuperan rápidamente. Soportan la mayoría de los suelos, pero disfrutan de la lluvia y crecen bien a la sombra o en semisombra. Otros cultivares robustos son la roja y blanca «Madame Cornélissen» ♀, y la «Mrs. Popple» ♀, con hojas finas de color escarlata y violeta. La «Tom Thumb» ♀ es compacta y crece hasta los 50 cm en altura y anchura.

HEBE BUXIFOLIA

Este arbusto enano de Nueva Zelanda presenta pequeñas hojas perennes satinadas que se parecen a las del boj. Las flores blancas que produce a comienzos de verano son ligeramente fragantes. Crece en la mayoría de los suelos, y sólo necesita un pequeño retoque en primavera para mantener una forma compacta y potenciar su desarrollo. Hay otras variedades enanas

de hojas grises, como la *H. pinguifolia* «Pagei» ♀, de color peltre, o la *H. pimeleoides* «Quicksilver» ♀, de hábito más postrado y con pequeñas hojas de color gris plateado. Su altura y anchura aproximadas son de 50 cm por 1 m.

HEDERA HELIX «CONGESTA» ♀

No todas las hiedras se arrastran o trepan por las paredes. Existen formas erectas conocidas como hiedras «candelabro» que, al ser más erguidas y compactas, además de perennes, pueden desempeñar un papel protagonista en espacios reducidos. La variedad «Erecta» ♀ es más alta y de hojas más llamativas, y alcanza 1 m de altura, mientras que ésta, aunque resulta algo menos robusta, es más atractiva y fina, con hojas más apuntadas, y su altura llega a unos 45 cm; aunque ambas pueden extenderse más a lo ancho que a lo alto, se debería retirar cualquier rama que se prolongase hacia fuera para mantener su hábito vertical natural.

HELIANTHEMUM CULTIVARES

Los *Helianthemum* se adaptan bien a pequeños espacios calurosos y soleados, pues necesitan sol y buen drenaje. Estos arbustos robustos y bajos están cubiertos de flores durante todo el verano. Resultan excelentes entre rocas y grava en compañía de plantas alpinas, y también van bien para delimitar los senderos. Recórtelos ligeramente con tijeras a principios o

mediados de primavera para que puedan surgir nuevos brotes. Busque los colores frescos de la «Wisley Primrose» ♀, «Wisley White» o «Rhodanthe Carneum» ♀, u otros tonos más cálidos como los de la «Fire Dragon» ♀ o la «Henfield Brilliant» ♀. Altura y anchura de 0,30 × 1 m.

HELICHRYSUM ITALICUM SUBESP. *SEROTINUM*

Conocida como planta curry por su aromático follaje, este arbusto bajo y de hoja perenne se cultiva por su hermoso y estrecho follaje de color gris plateado. Esta variedad (sin. *H. angustifolia*) puede recortarse para crear setos enanos. Necesita mucho sol y suelos bien drenados, donde cohabita bien con lavandas y artemisas. Altura y anchura de 60 × 75 cm.

HYDRANGEA «PREZIOSA» ♀

Entre las muchas *Hydrangeas*, esta variedad pequeña y robusta resulta ideal para los lugares reducidos, y cuenta con dos períodos de interés. Las cabezuelas redondeadas de florecillas rosas aparecen a finales de verano, y a medida que envejecen, hacia el final de la estación se van tiñendo de violeta. Este color es complementado por el follaje que se oscurece progresivamente hasta un verde botella con tonos púrpura que destaca entre otros colores otoñales. Le gusta el sol o la sombra ligera, con un suelo profundo, fértil y húmedo (cuanto más seco esté

LAVANDULA ANGUSTIFOLIA «HIDCOTE»

OSMANTHUS DELAVAYI

el suelo, más sombra necesitará). El color de la flor puede tornarse azul o malva en un suelo ácido. Cada otoño o primavera debe retirar los tallos viejos, débiles o muertos. Altura y anchura de 1 × 1,2 m.

LAVANDULA ANGUSTIFOLIA «HIDCOTE» ♈

Las lavandas compactas resultan ideales en pequeños espacios soleados y bien drenados. En verano, su follaje perenne de color gris plateado se halla coronado por erectas espigas de flores violeta oscuro. Las lavandas pueden estar acompañadas por muchas otras plantas florecientes que disfruten de las mismas condiciones, como las artemisas, los heliantemos y pequeñas rosas «patio». Muy perfumadas, además pueden presentar otros tamaños y colores, por lo que es posible dar con formas enanas como la «Nana Alba», de flores blancas, o la lavanda francesa (*L. stoechas* ♈), con sus brácteas púrpura. Es importante podarlas regularmente: recórtelas en primavera dándoles formas abovedadas, y vuelva a recortarlas después de la floración. Retire la madera muerta en cualquier momento, pero nunca corte el tallo principal. También puede podarse para formar un seto bajo. La altura y anchura básicas son de 1 m.

LOTUS HIRSUTUS

Pequeño y de hojas plateadas, este subarbusto (sin. *Dorycnium hirsutus*) crece mejor en suelos bien drenados, ácidos o alcalinos, y a pleno sol. A partir de finales de verano, los extremos de los tallos se cubren con capullos de flores «trébol», de color blanco rosáceo. En otoño, éstas se convierten en vainas rojizas oscuras que contrastan con gran encanto con las plateadas hojas peludas. Como en general muere anualmente hasta el nivel del suelo, apenas necesita poda, excepto para retirar los materiales muertos. Se expande de forma gradual a lo largo de 20 años hasta alcanzar los 70 cm de altura por 1,2 m de anchura.

NANDINA DOMESTICA «PYGMAEA»

Erróneamente llamada bambú celestial, en realidad esta planta se halla relacionada con el berberís. Es perenne y de forma delicada, con muchos tallos finos y erguidos que surgen en grupo y hojas broncíneas y atractivamente pareadas. Se la valora por su color otoñal, como el de la *N. domestica* «Firepower», que es algo menor y a veces presenta frutos rojos. Esta pequeña planta tiene mucho carácter, sobre todo cuando se encuentra asociada con rocas, arces y hierbas, y también con el agua. En climas fríos, debe protegerse y disponer de suficiente humedad en el suelo. No necesita poda, aparte de la retirada de las viejas espigas florecidas. Recorte un tercio de los tallos de vez en cuando para favorecer que surjan nuevos brotes desde la base. Crece hasta 0,60 × 1 m.

OSMANTHUS DELAVAYI ♈

Este arbusto perenne chino de color gris verde oscuro saca flores blancas de dulce aroma a comienzos de primavera. Es resistente y se adapta a todo tipo de suelos, excepto a los muy húmedos. Prefiere lugares con luz moteada, aunque también crece a pleno sol. No requiere poda, a menos que se deba mantener dentro de unos límites. Sus medidas máximas son 3 × 3 m.

POTENTILLA FRUTICOSA

Las potentillas son valiosísimos arbustos cadufolios, lo suficientemente pequeños para la mayoría de los jardines de reducido tamaño que florecen durante tres o más meses bajo el intenso sol veraniego. Existen formas de hojas plateadas, como la «Beesii» ♈, con flores amarillas y follaje gris; la «Manchu», blanca con hojas verde grisáceas y hábito enmarañado; la «Primrose Beauty» ♈, una clásica de flores crema amarillo y la «Tilford Cream» ♈, de flores más grandes. Las formas naranjas y rosas prefieren una sombra ligera. Crecen en cualquier suelo, pero evitando siempre la sequedad, la humedad y la alcalinidad extremas. Pódelas cada año retirando un tercio de los viejos brotes hasta el nivel del suelo y acorte los tallos crecidos para aclarar la planta. Su medida media es de 1,2 m de altura y de anchura.

SALIX HELVETICA

SANTOLINA CHAMAECYPARISSUS

PYRACANTHA ROGERSIANA ♔

Conocidas como espino de fuego, estas acomodaticias y oscuras perennes pueden cultivarse como setos independientes, pero suelen apreciarse más como arbustos de pared. Pueden recortarse contra un muro o una valla para darles cualquier forma; esto reduce la cantidad tanto de flores como de frutos, pero da lugar a formas planas y atractivas que no invaden el valioso espacio del jardín. Se trata de plantas espinosas que pueden desanimar a los ladrones, con hojas pequeñas y densas. Los ramilletes de flores blancas que salen en verano son seguidos por frutos rojos, amarillos o naranjas. La *P. rogersiana* presenta frutos escarlata y la *P. rogersiana* «Flava» ♔, amarillos; ambas son resistentes a las plagas. Crecen en cualquier suelo, excepto en el muy alcalino y el extremadamente sombreado, expuesto o frío; la variedad *P.* «Mohave», de bayas rojas, es muy resistente en invierno. Pode a finales de invierno o principios de primavera. La altura y anchura son de 4 × 3 m.

RUSCUS ACULEATUS

Esta útil perenne crece bien en la sombra profunda, aunque el suelo sea seco. Conocida como brusco o rusco, es algo inusual, pues no tiene hojas, sino ramas aplanadas con espinas verdes en la punta que parecen hojas. Muy resistente, sólo necesita poda para retirar los brotes dañados.

SALIX HELVETICA ♔

Este pequeñísimo sauce suizo suele cultivarse por sus amentos amarillos de pelo plateado que produce en primavera, antes de que aparezcan las hojas. Posee un atractivo hábito, con pequeñas hojas estrechas y plateadas. Puede comprarse con la forma estándar de un pequeño árbol o de un arbusto de crecimiento lento, y se asocia bien con el agua, las rocas y los arces, a pleno sol o bajo una ligera sombra. No requiere poda, excepto para aclararlo. Puede crecer hasta alcanzar los 0,60 × 1 m.

SANTOLINA CHAMAECYPARISSUS ♔

Las santolinas son pequeños y espesos arbustos, ideales para espacios reducidos dado que son perennes, fáciles de cultivar y pueden recortarse para encajar en cualquier sitio. El follaje plateado del abrótano hembra es muy fino y en verano se cubre de flores amarillo mostaza. Una variedad particularmente pequeña, la *S. chamaecyparissus* var. *nana* ♔, presenta flores amarillo limón; también existe una variante verde brillante, la *S. rosmarinifolia* subesp. *rosmarinifolia* (sin. *S. virens*). Necesitan suelo drenado y abundante sol. En primavera, pode la planta para favorecer un nuevo desarrollo y vuelva a podarla después del florecimiento para mantener una forma compacta que llegue a alcanzar los 50 cm de altura por 1 m de anchura.

SARCOCOCCA HOOKERIANA VAR. *DIGYNA* ♔

Baja, perenne y de florecimiento invernal, esta variedad de boj de Navidad –también conocida como boj dulce– encaja muy en jardines urbanos. Las hojas púrpura estrechas y ovaladas se sostienen sobre tallos erguidos, y las flores blancas, perfumadas, salen en invierno. Necesita suelo fértil, que puede ser ácido o alcalino, y crece al sol o con sombra media hasta alcanzar 1,5 × 0,75 m.

SYRINGA PUBESCENS SUBESP. *MICROPHYLLA*

Esta lila es notable por las fragantes flores rosas de finales de primavera. Como «árbol» de copa redondeada va bien en espacios cerrados. Retire un tercio de la madera vieja a finales de verano cada dos o tres años. La *S. pubescens* subesp. *patula* «Miss Kim» es compacta, redonda y de follaje denso. También muy fragantes, sus flores azules emergen de capullos rosas. Es más alta que las otras: 1,2 m de altura y anchura.

TEUCRIUM CHAMAEDRYS

El camedrio de pared presenta hojas verde oscuro y da flores rojo púrpura a finales de verano; se asocia bien con las fucsias y las rosas «patio». Es resistente a las heladas, y se ve favorecida cuando se encuentra en un lugar soleado pero resguardada. En primavera, corte los tallos de la última temporada en dos tercios. En su madurez alcanza los 45 cm de altura y de anchura.

ANTHEMIS PUNCTATA SUBESP. CUPANIANA

AQUILEGIA MCKANA HÍBRIDOS

perennes

ACANTHUS SPINOSUS ♔

Un hábito escultórico y hermosas hojas en la base hacen
de esta planta una atrevida apuesta arquitectónica para
lugares reducidos. A finales de verano presenta flores
altas con forma de espigas de color malva que, una vez
secas, pueden usarse en la decoración interior. Prefiere
el sol y un suelo bien drenado, y puede crecer también
en los jardines de grava. Llega a medir 1,5 m de altura,
con una anchura de 60 cm.

ACHILLEA X LEWISII «KING EDWARD» ♔

Flores características de cabeza plana y color amarillo
rojizo recubren esta variante alpina de milenrama desde
finales de primavera hasta mediados de verano.
Proporciona un constraste debajo de plantas
espinosas, como el Sisyrinchium striatum, que también
posee flores crema. Con su ligero follaje conforma un
hábito compacto, redondeado y semiperenne. Prefiere
estar en un lugar soleado, pero tolera cualquier calidad
de suelo siempre que esté bien drenado. Plántala en
grupos y repóngala de nuevo en dos o tres años.
No suele superar los 10 × 23 cm.

ANTHEMIS PUNCTATA SUBESP. CUPANIANA ♔

Su follaje gris, aromático y finamente cortado
proporciona un fondo ligero a principios de verano para
multitud de margaritas blancas. Si se poda, la planta

volverá a florecer más adelante. Debe cultivarse al sol
y en terreno bien drenado, donde mantiene un aspecto
atractivo entre lavandas y lirios enanos. Presenta una
forma redondeada y compacta que llega a medir 25 cm
de altura y 75 cm de anchura.

AQUILEGIA MCKANA HÍBRIDOS

Muy apreciada por sus flores espolonadas de principios
de verano entre su hermoso y duradero follaje; requiere
poco espacio de plantación. Existe una forma compacta,
la A. flabellata var. pumila f. alba ♔, que no mide más
de 30 cm de altura y anchura, mientras que sus híbridos
forman plantas mucho más altas con flores de colores
mixtos y espolones muy largos; también existe la
simple, clásica y aguileña A. vulgaris, de colores rosa
azulado, carmesí, violeta y blanco. En un lugar soleado,
las aquileas dispersarán sus semillas por todas partes,
si bien resultan fáciles de eliminar si no se necesitan.
Pueden crear pantallas transparentes porque florecen
sobre tallos altos y finos hasta alcanzar una altura de
75 cm por encima del follaje, con una anchura de 30 cm.

ARMERIA MARITIMA

Más o menos perenne, los haces herbosos de esta
hierba crean densos montículos de rico color verde de
los que a principios de verano surgen flores blancas con
forma de almohadilla sobre tallos finos como alambres.

Existe una variedad enana muy compacta, la
A. juniperifolia ♔, para jardines hundidos de escala
verdaderamente reducida. Crece a pleno sol y en terreno
bien drenado, incluidos los jardines de grava, y alcanza
tan sólo 15 cm de altura con un diámetro de 30 cm.

ARTEMISIA SCHMIDTIANA «NANA» ♔

Muchas de las artemisas gris plata son adecuadas para
los pequeños jardines soleados, si bien esta variedad
alpina y enana es especialmente adorable. Su fino follaje
de filigrana forma suaves montículos en lugares secos y
soleados, tanto cuando se extiende sobre finos jardines
de grava como cuando cuelga de lugares elevados.
Las flores, parecidas a las margaritas, son insignificantes
en comparación con un follaje tan luminoso. Alcanza
una altura de 30 cm por una anchura de 60 cm.

ASTILBE «SPRITE» ♔

Ésta es una forma particularmente enana y elegante,
perfecta para lugares pequeños si se planta a la sombra
y sobre un suelo rico que no se seque. Un mantillo
protector mantendrá estas condiciones ideales, con lo
que favorecerá la vida prolongada de las plantas. De las
hojas verde oscuro surgen ramilletes abiertos de flores
de color rosa pálido desde mediados hasta finales de
verano. Como todos los híbridos de la A. simplicifolia,
la textura de su follaje resulta atractiva durante toda la

EUPHORBIA POLYCHROMA

HOSTA «GINKO CRAIG»

estación. Busque también la variedad *A.* «Bronce Elegans» ♀, con flores teñidas de color salmón y hojas cobrizas, y la *A. chinensis* var. *pumila* ♀, una vigorosa variante que se arrima al suelo y florece más tarde, con suaves tonos malva. Ambas son aún más pequeñas que la «Sprite», que no suele superar los 30 cm.

BERGENIA «BABY DOLL»

Una planta segura y adaptable, adecuada para jardines sombreados. Las flores en forma de espigas de color rosa surgen en masa a principio de año y acaban hacia la mitad de la primavera, cuando dejan atrás sus hojas redondas, perennes y satinadas, que pueden decorar rincones difíciles y ofrecen un interesante contraste con las astilbes de hojas en forma de helecho. De todas las híbridas, ésta es la más pequeña: sólo tiene 20 cm de altura y 30 cm de anchura.

CAMPANULA PERSICIFOLIA

De las rosetas de hojas verde oscuro situadas en su base surgen colgantes flores-campana sobre tallos finos como alambre, de modo que forman una «pantalla» transparente a través de la que pueden verse otras plantas. Se pueden adquirir variedades blancas o azules que florecen durante todo el verano y pueden cortarse. Es fácil de cultivar en suelos fértiles o con ligera sombra. Generalmente mide 60-75 cm de altura por 30 cm de anchura.

COREOPSIS «GOLDFINK»

Flores veraniegas de color amarillo intenso y hermosos haces de follaje verde caracterizan a esta planta. Necesita estar al sol, así como un suelo fértil y bien drenado. Sólo alcanza 30 cm de altura y de anchura.

DICENTRA «LUXURIANT» ♀

Muchas dicentras resultan muy adecuadas para espacios pequeños y ofrecen durante mucho tiempo sus flores colgantes «tipo medallón», lo que las ha hecho merecedoras del nombre de «corazones sangrantes». Todas poseen un delicado follaje como el del helecho. Este híbrido presenta hojas de tinte azulado, entre verde y verde oscuro, y flores del color de «rosas viejas» que florecen desde mediados de primavera hasta finales de verano. Necesita un suelo ligero y un lugar fresco, ligeramente a la sombra, donde crecerá hasta alcanzar una altura de 25 × 20 cm de anchura.

EPIMEDIUM GRANDIFLORUM «ROSE QUEEN» ♀

Los *Epimediums* son muy apreciados en lugares ligeramente sombreados con suelo húmedo; se adaptan al sol, pero no al calor. De crecimiento lento, van construyendo de un modo gradual haces de hojas exquisitamente formadas sobre tallos finos como el alambre. Florecen en primavera, y esta variedad posee flores de color rosa intenso, mientras que otras dan flores de color amarillo

pálido; algunas presentan el follaje con un reborde rojo. La adorable *E.* x *youngianum* «Niveum» ♀ tiene flores blancas y es algo menor. Tanto su altura como su anchura se hallan en torno a los 30 cm.

EUPHORBIA POLYCHROMA ♀

Las tempranas brácteas de color amarillo latón y verde que rodean sus discretas flores aparecen antes que las hojas. Si pueden disfrutar del sol y de un drenaje eficaz, las euforbias presentan un buen aspecto a lo largo de todo el verano. Busque la forma púrpura «Candy», de broncíneo follaje temprano. Si se eliminan las semillas, los nuevos brotes resultan atractivos. La planta forma un hermoso montículo redondo de 50 cm de altura y diámetro.

GERANIUM

La gran cantidad existente de especies robustas y de híbridos de estas plantas, hace difícil la selección de una variedad para espacios reducidos. Entre otras, se encuentran las formas alpinas de crecimiento y flores bajas, como la *G. cinereum*, a menudo con flores rosas y un atractivo follaje, y también hay cobertoras de suelo que suprimen las malas hierbas y se usan para zonas oscuras y difíciles, como la semiperenne *G. macrorrhizum*, con hojas aromáticas y diminutas flores blancas o rosas. La *Geranium sanguineum* var. *striatum* «Splendens» da flores rosas durante dos meses en verano y es de hábito

KNIPHOFIA «LITTLE MAID»

LIRIOPE MUSCARI

rastrero; *G.* x *riversleaianum* «Russell Pritchard» ♔ posee flores de color cereza magenta durante mucho tiempo, y se desparrama a pleno sol. Sólo mide 15 cm de altura por 45 cm de anchura.

HELLEBORUS ORIENTALIS

Muy apreciada en invierno y a comienzos de primavera, la semiperenne rosa de cuaresma dura años y coloniza de manera controlable. Las flores abiertas, oscilantes y a veces moteadas aparecen a comienzos de año, y entonces ofrecen una sutil variedad de sombras rosas, blancas, amarillo rojizas y marrones intensos, a menudo con estambres de color crema. Las hojas nuevas las siguen rápidamente. Prefieren la sombra y sobre todo se encuentran orientadas hacia el norte; también crecen debajo de los árboles en la mayoría de los suelos. Su altura y anchura son de 45 cm.

HEMEROCALLIS «STELLA DE ORO» ♔

Las azucenas amarillas son plantas seguras y atractivas de mediados de verano. Sus brillantes y arqueadas hojas verdes crean una masa frondosa de la que crecen tallos con flores doradas. La variedad que lleva este nombre es ideal para los jardines reducidos, y se adapta muy bien a cualquier tipo de suelo: el único medio que debe evitarse es la sombra espesa. La enana, algo más alta, florece de forma repetida y crece hasta una altura

y anchura de 50 × 45 cm. Busque la pequeña y fragante «Corky» ♔ dorada, que es una de las más diminutas, pues alcanza sólo 23 cm.

HEUCHERA «PEWTER MOON»

La mayoría de las variedades de estas plantas son pequeñas y resultan ideales para un espacio limitado. Cultivadas por el follaje, además de por las flores, desempeñan un buen papel en los márgenes gracias a que las hojas perennes forman hermosas rosetas en su base. La variedad «Pewter Moon» posee hojas broncíneas con tonos plata superpuestos y ramilletes de diminutas flores rosa pálido que en verano crecen de sus finos tallos. Se adaptan a zonas soleadas o parcialmente sombreadas, y necesitan suelo fértil y bien drenado. El follaje presenta un hermoso aspecto desde la primavera hasta finales de otoño. Tanto su altura como su anchura son de 35 cm.

HOSTA «GINKO CRAIG»

Las hostas son especialmente apreciadas por sus soberbias hojas nervadas de una gran diversidad de tamaños, colores y formas. Esta variedad enana cuenta con hojas estrechas y acabadas en punta, con bordes blancos que rápidamente configuran un grupo solapado, del que en verano surgen pequeñas flores malva sobre sus largos tallos. La *Hosta lancifolia* ♔ es algo más grande, pero sigue siendo una variedad

razonablemente pequeña para jardines reducidos, con brillantes capas de hojas puntiagudas de lustroso color verde y flores de color violeta intenso que salen a finales de verano. Ambas requieren un suelo húmedo y sombreado. La «Gingko Craig» sólo mide 20 cm de altura por 45 cm de anchura, mientras que la *H. lancifolia* tiene 45 cm de altura por 75 cm de anchura.

KNIPHOFIA «LITTLE MAID» ♔

Las espigas florales pueden animar una masa vegetal, y a finales de verano se ve coronada por diminutas flores de color blanco marfil, brillantes y que forman un grupo. Las hojas, estrechamente erectas, resultan de color verde azulado. Todas las variantes de esta planta son muy arquitectónicas, y aprecian el pleno sol y un drenaje eficaz. Crece hasta alcanzar los 60 × 45 cm.

LIRIOPE MUSCARI ♔

Esta planta presenta un follaje bajo, herboso y perenne, muy apreciado en espacios reducidos, donde puede dar lugar a hermosos márgenes o formar grupos con plantas caducas. Se expande por rizomas, pero es fácil de controlar. Prefiere los lugares soleados y los suelos bien drenados; soporta las heladas y es muy segura en pequeños jardines cerrados. Cuando menos se espera, a finales de otoño, saca hermosas espigas de flores malva que alcanzan una altura de 30 cm por 45 cm de anchura.

OMPHALODES CAPPADOCICA

SISYRINCHIUM STRIATUM

OMPHALODES CAPPADOCICA

En primavera y a comienzos del verano, sus flores azul nomeolvides son bien recibidas en una sombra parcial o total. Es buena como cobertura y fácil de controlar. Crece óptimamente en suelos profundos, ricos y fértiles, con materia orgánica húmeda pero bien drenada. Las hojas son anchas y están bien formadas; los ramilletes de flores alcanzan 20 cm, el diámetro es de unos 23 cm.

PHLOX SUBULATA

El musgo flox es una pequeña planta alpina perenne que se arrima al suelo y se llena de pequeñas flores azules, rosas o blancas desde finales de primavera hasta comienzos de verano. Se cultiva mejor en suelos ligeros y a pleno sol, donde se extiende por los márgenes y crece sobre la grava. El tapiz raras veces mide más de 13 cm de altura y se extiende unos 45 cm.

SALVIA NEMOROSA «OSTFRIESLAND» ♔

Increíblemente hermosa en espacios pequeños, esta planta redondeada y compacta tiene espigas con flores de intenso color azul que florecen a lo largo del verano. Busque también la *S. x sylvestris* «Blauhügel» ♔, con espigas de flores de color azul claro. Ambas son fáciles de cultivar en un suelo bien drenado, y toleran la sequía a pleno sol o bajo una ligera sombra. Cuenta con una altura de 45 cm por una anchura de 30 cm.

SCABIOSA «BUTTERFLY BLUE»

Se trata de una planta enana de flores azules con un hábito compacto. Es ideal para jardines minúsculos, y se gana en mantenimiento al tener un largo período de florecimiento en el que da sus características flores en forma de almohadilla que duran desde finales de primavera hasta otoño. Atrae a las mariposas y generalmente no presenta problemas en un suelo ligero y bien drenado, así como en un lugar soleado. La altura es de 30 cm, y se extiende unos 35 cm.

SCHIZOSTYLIS COCCINEA

A finales de la estación, cuando la mayoría de las flores están acabadas, esta planta produce espigas de flores de un intenso color carmesí, rosa china o blanco puro que duran casi hasta Navidad durante una buena temporada. El herboso follaje que brota del sistema de raíces subterráneas en expansión es igualmente atractivo. A finales de año presenta un aspecto magnífico, pues se mantiene su color mientras las hierbas ornamentales se van apagando y toman un color pergamino, y con relleno de las broncíneas *Sedum* «Herbstfreude» ♔ (sin. *S. spectabile* «Autumn Joy»). Soportan el sol y una sombra ligera, pero deben disponer de un suelo rico y húmedo. Deben cubrirse en invierno cuando las condiciones climáticas son extremas. Crecen hasta 60 cm y sólo ocupan 23 cm de espacio en el suelo.

SEDUM TELEPHIUM SUBESP. MAXIMUM «ATROPURPUREUM» ♔

Esta forma de *Sedum* tiene mucho que ofrecer en los jardines pequeños, con sus hojas gruesas y carnosas de intenso color púrpura y sus cabezuelas florales aplanadas de color rosa ciruela que a finales de verano se broncean y dan semillas de un tono marrón chocolate. Las flores se abren por encima de las carnosas hojas hasta una altura de 60 cm; la extensión en anchura es la misma.

SISYRINCHIUM STRIATUM

Hojas perennes juncosas que forman anchas formas de abanico de las que en verano surgen espigas de flores color crema. Existe una variante más pequeña de color crema variegada. Ambas añaden distinción a plena luz del sol. La altura es de 60 cm y la anchura de 23 cm.

VERBENA BONARIENSIS

Sus tallos finos, resistentes y ramificados se elevan sobre la base principal del follaje. A su vez, éstos están rematados a partir de mediados de verano por diminutas flores fragantes de color rosa lavanda densamente dispuestas en racimos en forma de penachos. A pesar de su altura, puede cultivarse como pantalla, y por tanto plantarse en la parte anterior del lecho. Aunque no vive mucho, se expande con sus abundantes semillas, siempre suponiendo que tenga un suelo bien drenado y que se cultive a pleno sol. Alcanza 1,5 m de altura por sólo 60 cm de anchura.

ALLIUM SPHAEROCEPHALON Y *A. CRISTOPHII*

ERANTHIS HYEMALIS

ERYTHRONIUM DENS-CANIS

bulbos, tubérculos y cormos

ALLIUM HOLLANDICUM «PURPLE SENSATION» ♀

Un bulbo muy ornamental con grandes cabezuelas florales globulares de color púrpura, hechas con pequeñas flores con forma de estrella en una densa umbela esférica que aparece a principios de verano sobre los tallos altos. El fino follaje como de junco muere cuando las flores aparecen. Plante los bulbos en otoño; si cuentan con buen drenaje y un lugar soleado, aumentarán con los años. Sus cabezuelas de semillas resultan atractivas entre las flores tardías y las hierbas ornamentales. Pueden crecer hasta 1 m de altura.

ALLIUM SPHAEROCEPHALON

Los «palos de tambor» color carmesí marrón del puerro de cabeza redondeada, producidos sobre finos tallos, se mezclan bien a mediados de verano con otras flores perennes en lugares soleados y bien drenados; también resultan vistosos cuando se marchitan a finales de verano. Las cabezas florales crecen por encima de las semierectas hojas basales hasta una altura de 0,50 cm-1 m.

ANEMONE BLANDA ♀

Pequeños bulbos fáciles de cultivar que se ven mejor en grandes cantidades debajo de los árboles, donde encuentran su hábitat natural. Poseen un atractivo follaje verde y existen variedades con flores azules, rosas y blancas, aunque posiblemente es preferible contemplarlas

en una masa de un solo color que mezclar colores. Toleran la sombra y son resistentes, y florecen a finales de invierno, cuando las campanillas de invierno y los acónitos aún siguen florecidos. Plántela en otoño y se multiplicará a lo largo de los años. Tiene una altura de 13 cm.

CROCUS SPECIOSUS ♀

Una excelente especie que florece a partir de finales del verano y en otoño dando flores con forma de fino embudo de color azul liloso. Son resistentes y no necesitan protección en invierno siempre que se las plante al sol y en un terreno bien drenado. Plante los bulbos el otoño anterior. Mide 10 cm de altura.

CROCUS TOMMASINIANUS ♀

Las flores púrpura y lila son bien recibidas a comienzos de primavera y se adaptan muy bien cuando se las cultiva en lugares soleados, bien drenados y con una ligera sombra. Plante los bulbos el otoño anterior en racimos informales. Alcanza una altura de 10 cm.

CYCLAMEN COUM ♀

Sus hojas de color verde oscuro, plateadas o mezcla de verde y plata presentan una atractiva forma de corazón y crean la envoltura para las flores blancas, rosas o violetas que salen durante el invierno. Si se las planta en semisombra y en un suelo rico en materia orgánica se

extenderán rápidamente. Les gusta estar protegidas bajo arbustos o árboles, y pueden tolerar la sequía. Cómprelas siempre de criaderos fiables. Crecen hasta los 10 cm de altura.

ERANTHIS HYEMALIS ♀

Los acónitos de invierno resultan ideales tanto en pequeños jardines con sombra como en espacios abiertos y soleados, donde sus vívidas flores amarillas son muy bien recibidas a mediados del invierno. Plante los tubérculos en suelo arenoso y bien drenado, y no intervenga para dejar que se extiendan. Hallarán su lugar natural debajo de arbustos y no necesitarán más atención. Crecen hasta alcanzar los 8 cm de altura.

ERYTHRONIUM DENS-CANIS ♀

La violeta diente de perro es una perenne que florece en primavera y que debe plantarse inmediatamente después de su adquisición, pues de lo contrario los bulbos empezarán a secarse. Prefiere climas frescos, requiere suelos ricos en materia orgánica y aprecia una capa de mantillo. Dos hojas moteadas se encuentran en la base del tallo portando flores colgantes de color blanco, rosa o púrpura con pétalos vueltos hacia atrás que salen a finales de primavera. Si se la deja, crecerá durante años. La altura que alcanzan las flores es de 15 cm.

Narcissus «Tête-à-Tête»

Tulipa aucheriana

Iris reticulata ♛

Estos pequeños lirios de florecimiento temprano son ideales para contenedores o jardines de grava, donde pueden tener asegurado un buen drenaje y reciben abundante luz diurna. La especie resulta muy aromática, y el color de las flores es púrpura con marcas doradas; existen variedades de tonos pálidos y azules intensos, amarillos y cremas. Se desarrollan mejor en un suelo ligero, alcalino y bien drenado; los bulbos deben plantarse a una profundidad de 8 cm durante el otoño. Pueden crecer hasta alcanzar los 15 cm.

Lilium martagon

Los lirios cabeza de turco crecen bien en zonas semisombreadas del pequeño jardín, y aportan distinción con sus oscilantes y fragantes flores de color púrpura intenso o blanco brillante. Unas largas anteras cuelgan del centro de sus pétalos vueltos hacia atrás. Estos lirios toleran el limo y se adaptarán a un suelo fértil pero bien drenado. Crecen hasta los 75 cm.

Muscari armeniacum ♛

Estos pequeños jacintos suelen extenderse fácilmente, lo que resulta agradable en primavera, cuando sus ricas flores azules seducen la vista, si bien pueden producir cierto desorden en pequeños jardines cuando las hojas mueren después de florecer, por lo que es aconsejable plantarlos entre perennes, las cuales dominarán rápidamente y esconderán su follaje seco. Plántelas al azar entre arbustos y plantas herbáceas en un suelo que drene libremente, bien al sol o a la sombra, y crecerán cada año. Suelen alcanzar los 15-20 cm.

Narcissus «February Gold» ♛

Este híbrido de ciclamen de delicadas formas es uno de los primeros en florecer, por lo que resulta ideal para el pequeño jardín. Es duradero y soporta el viento. La trompeta es de un amarillo más intenso que los pétalos que la rodean, que se abren ligeramente hacia atrás y son puntiagudos. También existe una variedad blanca, la «February Silver». Ambas se adaptan al sol y a la sombra, y crecen hasta alcanzar los 18 cm.

Narcissus jonquilla ♛

En este grupo se encuentran muchos híbridos pequeños y muy hermosos, como el aromático N. «Baby Moon», de múltiples cabezas. Todos son fragantes y pueden crecer en contenedores o lechos elevados, donde se les puede contemplar mejor. Florecen a finales de primavera y alcanzan como máximo los 23 cm de altura.

Narcissus «Tête-à-Tête» ♛

Este pequeño híbrido es el preferido para todos los jardines pequeños. Es seguro, crece al sol o a la sombra, sale a principios de primavera y cuenta con dos o más flores en cada tallo. Los pétalos son de color limón, sus flores, delicadamente formadas, crecen hasta alcanzar los 15 cm.

Tulipa aucheriana ♛

Las especies pequeñas de tulipán, como esta diminuta planta de color rosa, añaden encanto a comienzos de verano si se las planta donde puedan ser contempladas, a lo largo de un camino o entre rocas, en lugares frescos pero bien iluminados. Las flores se abren en forma de estrella antes de despojarse de sus pétalos, que deben recogerse del suelo antes de que se marchiten para evitar plagas. Todas las especies deben adquirirse en criaderos fiables y nunca ser arrancadas de parajes naturales. Sólo mide 8 cm de altura.

Tulipa kaufmanniana

El tulipán nenúfar es el que florece con más facilidad, generalmente a finales de primavera. Existen muchas variedades de vivos colores: *T.* «Concerto» es de color blanco crema, mientras que el *T.* «Heart's Delight» posee flores carmín con bordes rosa y el interior de color crema. El follaje rayado constituye un detalle interesante. Resultan fáciles de cultivar a pleno sol y en suelo bien drenado, donde alcanzan entre 20 y 23 cm.

ABUTILON MEGAPOTAMICUM

CLEMATIS «NIOBE»

trepadoras

ABUTILON MEGAPOTAMICUM ⚱

Un arbusto de pared, perenne pero vulnerable a las heladas, portador de flores estrechas, colgantes y con forma de campanilla. Sus finas ramas pueden ser guiadas para que adopten la forma de abanico contra una pared; sus flores de color amarillo mantequilla y rojo indio cuelgan durante semanas entre sus notables hojas verdes oscuro, ovaladas o con forma de corazón. Su altura y anchura son de 3 m. Cuando el tiempo sea extremadamente frío, protéjala con un acolchado.

CLIANTHUS PUNICEUS ⚱

Las denominaciones «pico de loro» o «garra de langosta» describen las inusuales flores rojas con forma de garra que cuelgan en grupos de esta trepadora semiperenne. Sus hojas gemelas, con hasta 25 hojuelas, crean un efecto textural, pero los tallos son laxos, de modo que han de sujetarse en alambres. Esta planta no soporta las heladas, por lo que posiblemente necesitará protección en invierno y deberá cultivarse en paredes muy cálidas y en suelos que drenen bien, donde puede trepar hasta una altura de 4 m.

CLEMATIS

Son plantas trepadoras ideales para jardines personales porque se pueden introducir muchas en un espacio diminuto, donde se extenderán en vallas, muros, árboles y arbustos, o se entretejerán con las herbáceas perennes. Dan muchas flores, y algunas poseen cabezuelas de semillas verticiladas, trepan enroscándose y pueden ser perennes o caducas. Crecen al sol siempre que las raíces cuenten con un terreno fresco, profundo y húmedo, y necesitan ser alimentadas y regadas regularmente a lo largo del verano. Hay una clemátide que florece en cada estación, desde primavera hasta finales de otoño, e incluso existen variedades que lo hacen en invierno, de modo que estas plantas son muy valiosas durante todo el año. Si le preocupa la poda, ha de saber que las clemátides pueden podarse o dejarse sin podar. Pero para obtener lo mejor de ellas, especialmente en un entorno reducido, siempre deben podarse según el grupo al que pertenezca.

Grupo 1: las especies de florecimiento temprano, como la *C. alpina* ⚱, *C. macropetala* y la vigorosa *C. montana*, prefieren paredes cálidas, si bien pueden tolerar una situación más expuesta. Las flores salen de los brotes que han madurado en la estación anterior, a finales de invierno o primavera. La variedad *C. montana* puede enredarse mucho, por lo que precisa una poda bastante radical; por lo demás, pode ligeramente el ejemplar después de que florezca para permitir que maduren nuevos brotes durante la siguiente estación.

Grupo 2: en éste se incluyen las variedades de grandes flores que florecen temprano y a mediados de la estación sobre los brotes madurados durante la estación anterior, y también en nuevos brotes. Pode a comienzos de primavera hasta donde puedan verse los capullos de las nuevas hojas antes de que empiecen a surgir los brotes nuevos.

Grupo 3: en estas variedades tardías y de flores grandes, éstas salen en los brotes nuevos de verano y otoño. Este grupo también incluye las especies de florecimiento tardío y las variedades de flores pequeñas, que florecen en los brotes de la estación actual. Pode temprano, antes de que empiece a crecer, deje un par de capullos de hojas nuevas y retire todos los tallos de la estación anterior.

C. ALPINA «FRANCES RIVIS» ⚱

Grupo 1. Da pequeñas flores azules oscilantes con forma de linterna que salen a finales de primavera. Alcanza hasta los 2,5 m de altura.

C. CIRRHOSA VAR. *BALEARICA* ⚱

Grupo 1. Hojas del tipo del helecho perennes. En invierno da flores con forma de campanilla de color blanco crema. Sedosas cabezuelas de semillas a comienzos de primavera, después del florecimiento. Llega a extenderse hasta 10 m.

C. «GÉNÉRAL SIKORSKI» ⚱

Grupo 2. Las flores salen a comienzos de verano y son grandes, con pétalos semiazules superpuestos y anteras de color amarillo crema. Crece hasta los 3 m.

PARTHENOCISSUS HENRYANA

ROSA «GUINÉE»

C. MACROPETALA «LAGOON»
Grupo 1. Masas de pequeñas flores semidobles que se balancean. Crece hasta 3,6 m.

C. «NIOBE» ♀
Grupo 2. Variedad temprana de grandes flores que florecen en verano. Son de color rojo, aterciopeladas y con anteras verdoso amarillentas. Crecen hasta 3 m.

C. «POLISH SPIRIT» ♀
Grupo 3. Variedad del grupo Viticella, de florecimiento tardío; con flores color púrpura y anteras color crema y follaje frondoso. Alcanza los 4,5 m.

C. «ROYAL VELOURS»
Grupo 3. Variedad vigorosa tipo Viticella, de florecimiento tardío y florecillas púrpura. Crece hasta 6 m.

ECCREMOCARPUS SCABER ♀
La gloria chilena es una perenne de crecimiento rápido que no resiste las heladas y trepa mediante zarcillos que se sujetan a los alambres. Se desarrolla en cualquier suelo, como caduca, o en lugares resguardados todo el año. Presenta haces de estrechas flores tubulares de intenso color naranja, seguidas de vainas de semillas. Crece hasta 3 m.

HEDERA HELIX «ORO DI BOGLIASCO» (SIN. «GOLDHEART»)
Ésta es una de las trepadoras más útiles, pues crece en plena sombra; los centros de las hojas de esta planta son de color amarillo. Retire cualquier rama cuyo color retorne al verde simple.

HEDERA HELIX «SAGITTIFOLIA»
Esta hiedra resulta muy popular por sus hojas en forma de dedos que siguen esquemas fijos sobre las paredes; puede aprovecharse para recubrir muros de contención. Es robusta, de denso follaje y crecimiento rápido.

PARTHENOCISSUS HENRYANA ♀
Esta parra presenta un aterciopelado follaje verde intenso, marcado con vetas blanco plateadas que en otoño adquieren un color escarlata. Crece en la sombra. Se sostiene sola con zarcillos que tienen almohadillas adherentes; crece hasta los 10 m de altura.

PASSIFLORA CAERULEA ♀
La pasionaria azul presenta un florecimiento impresionante: la corona central de filamentos púrpura queda rodeada por un anillo de pétalos aplanados blanco azulados; en las estaciones cálidas da grandes frutos de color naranja con forma de huevo. Esta trepadora produce efecto en los jardines nuevos gracias a que crece deprisa y es semiperenne, pero no resiste las heladas. Trepa mediante zarcillos que se agarran a alambres enrejados u otras plantas. Necesita mucho sol y suelo fértil, y en condiciones ideales puede llegar a alcanzar los 10 m de altura.

ROSALES TREPADORES
Existe una rosa prácticamente para cada lugar. Para los espacios más reducidos, elija las majestuosas trepadoras de aspecto contenido, cuyas flores aparecen de repente y repetidamente a lo largo del verano y el otoño. Examine su follaje; algunas también presentan frutos maduros, lo que incrementa su brillo otoñal. La mayoría de las trepadoras producen flores en los brotes anuales y se han de podar a principios de primavera. Son ideales para enrejados, columnas y pérgolas; pueden combinarse con la clemátide, que rellenará los períodos más discretos.

«AIMÉE VIBERT»
Esta *noisette* florece temprano y da manojos de flores blancas. Vigorosa, alcanza los 3,6 × 3 m.

«GUINÉE»
De color rojo oscuro y aterciopelada, esta fragante y adaptable trepadora llega incluso a florecer sobre una pared situada en un lugar frío. Déle un espacio de 4,5 × 2,5 m.

«MADAME ALFRED CARRIÈRE» ♀
Esta hermosa *noisette* crecerá sobre una pared situada en un lugar frío, con sus ramilletes de cremosas flores teñidas de rosa. Es vigorosa, pues crece hasta los 3,6 × 3 m.

ATHYRIUM NIPONICUM VAR. *PICTUM*

helechos

ADIANTUM PEDATUM ♈

El culantrillo es caduco; los nuevos brotes aparecen en primavera y duran hasta el invierno. De tallo negro, presenta frondas de color verde delicadamente lobuladas. Necesita suelo húmedo, rico en material orgánico y algo de sombra; crece hasta los 45 × 30 cm.

ASPLENIUM SCOLOPENDRIUM ♈

Conocido como helecho «lengua cerval», se adapta muy bien a pequeños jardines recluidos en los que no haya viento. En las zonas sombreadas, sus hojas satinadas y aterciopeladas se benefician de un suelo alcalino y bien drenado. Elija la variedad con reborde rizado «Undulatum», que posee una textura especial. Puede alcanzar los 35 × 40 cm.

ASPLENIUM TRICHOMANES

El culantrillo menor es un pequeño y hermoso helecho perenne de color verde brillante que crece entre rocas, pavimentos o en grietas de paredes umbrías, donde puede tolerar suelos pobres y secos. Crece entre 5 y 15 cm.

ATHYRIUM NIPONICUM VAR. *PICTUM* ♈

Merece la pena localizar esta variedad de helecho pintado japonés. Su gracioso follaje ofrece encantadores detalles para lugares reducidos y sus tallos de color rojo vino soportan frondas verdes con un toque plateado. Es especialmente hermoso cuando sus hojas se despliegan por primera vez en primavera. Fácil de cultivar en suelos húmedos y protegido por una suave sombra; llega a alcanzar los 45 cm de altura y anchura.

CYRTOMIUM FALCATUM «ROCHFORDIANUM» ♈

Esta variedad del helecho sagrado japonés es una perenne bastante robusta cuyas frondas oscuras, brillantes y pinadas constituyen una maravillosa cobertura para el suelo en zonas sombreadas. En climas cálidos, la intensidad de su color y sus formas puntiagudas ofrecen un buen contraste con otras plantas florecientes de tonos más llameantes. No necesita un suelo en concreto; su altura varía entre 60 cm y 1 m, y su anchura entre 30 y 45 cm.

DRYOPTERIS ERYTHROSA ♈

Estos helechos son robustos y de larga vida. Se presentan en muchas formas y texturas diferentes. El helecho otoñal procede del Lejano Oriente y recibe este nombre por la intensidad de su color a finales de año. Cuando se despliega es de tonos verdosos con algo de bronce rosado, y madura hasta adquirir un verde muy vivo a mediados de verano. La planta se adapta bien a todo tipo de condiciones, y le va bien la plena sombra o en zonas ligeramente ensombrecidas. Forma atractivas masas en suelos ácidos o alcalinos que no se secan y alcanza los 60 cm de altura por 30 cm de anchura.

ONOCLEA SENSIBILIS ♈

Conocido como el helecho delicado, presenta dos tipos de frondas: unas de color verde claro, triangulares y estériles que se vuelven marrones en otoño, y otras estrechas, persistentes y fértiles que tienen adosadas pequeñas frondetas con forma de cuentas. Se adapta muy bien a las áreas boscosas silvestres. Se extiende vigorosamente en semisombra y con suelo húmedo, por lo que es necesario extirpar los brotes jóvenes en espacios reducidos. Aplique un mantillo protector en las zonas frías. Crece hasta alcanzar los 60 cm por 1 m.

POLYSTICHUM SETIFERUM, GRUPO DEL *ACUTILOBUM*

Estos delicados y decorativos helechos son plantas perennes fáciles de cultivar. Puede haber muchas permutaciones de frondas, con pequeñas diferencias, de modo que es preciso examinar las variedades disponibles. Los helechos de este grupo resultan algo más altos y están elegantemente estructurados, y crecen idealmente a la sombra, donde las verdes frondas frescas se despliegan en primavera. Retire el follaje viejo cuando sea necesario. Se adaptan a las condiciones secas y alcalinas de algunas zonas, pero les va mejor en suelos que drenan libremente, ricos en materia orgánica, y debajo de árboles, donde pueden llegar a alcanzar los 60 cm.

CAREX ELATA «AUREA»

PENNISETUM ORIENTALE

hierbas

CAREX ELATA «AUREA» ♛

Esta planta se cultiva por sus hojas brillantes y delicadamente arqueadas que durante la mayor parte del año presentan un vivo color amarillo con rebordes verdes, y se tornan más verdes a medida que progresa el verano. En esta estación aparecen espigas de velludas flores marrones. La planta requiere un suelo bastante húmedo y estar situada al sol; crece con lentitud y acaba alcanzando una altura definitiva de 50 cm por una anchura de 45 cm.

CAREX HACHIJOENSIS «EVERGOLD» ♛

Una hierba verde perenne muy útil, pues mantiene su color brillante en los días oscuros del invierno. Se desarrolla mejor en suelos ricos que no se secan. Como crece en la semisombra resulta indispensable en pequeños jardines con poca luz. Alcanza una altura y una anchura de 25 cm.

DESCHAMPSIA FLEXUOSA «TATRA GOLD»

El fino follaje amarillo ácido y verdoso da tallos rojizos coronados por flores que resplandecer al sol a comienzos de verano. Crece bien tanto a pleno sol como bajo una ligera sombra en suelos húmedos, ricos y algo ácidos. Puede cortarse para hacer arreglos florales. Su altura y anchura son de 70 cm.

FESTUCA ESKIA

Esta pequeña hierba es de color verde esmeralda brillante y puede usarse para cubrir el suelo o cultivarse en macizos con forma de erizos entre otras plantas. La *F. gautieri* es muy similiar, pero tiene una forma realmente enana, «Pic Carlit», que es una miniatura verde y musgosa de tan sólo 10 cm de altura. Ambas crecen al sol o bajo una luz moteada y en un suelo que drene bien y no se quede completamente seco. Su altura y anchura son de 20 cm.

HORDEUM JUBATUM

Conocida también como avena sativa, esta perenne de corta vida y amante del sol dispone de sedosas cabezuelas florales que se abren suavemente en abanico y captan la luz a lo largo de todo el verano. Prefiere suelos bien drenados; puede cultivarse como planta anual y presenta su mejor aspecto agrupada en masas. Cada ejemplar crece una altura de 30-60 cm, con una anchura de 30 cm.

MILIUM EFFUSUM «AUREUM»

Bajo una sombra ligera, esta hierba ondeante de color amarillo mantequilla luce en márgenes donde también pueden verse helechos y pulmonarias. Aunque es de corta vida, sus robustas semillas enraizan sin problemas, por lo que aparece en muchos lugares inesperados donde se puede arrancar fácilmente o dejarla en el nicho que se haya elegido. Cuando florece, llega a medir 45 cm de altura por 30 cm de anchura.

PENNISETUM ORIENTALE ♛

Haces de fino follaje azulado que portan flores rosas velludas e iridiscentes desde mediados hasta finales de verano. Acertadamente descrita como hierba oriental con forma de fuente, puede ser cultivada como especimen a pleno sol o bajo una sombra ligera, en suelo húmedo pero bien drenado. En otoño, puede asociarse con distinción con la *Sedum* «Herbstfreude», de color bronce. Encaja en pequeños espacios con sus 45 cm de altura y sus 30 cm de anchura.

STIPA TENUISSIMA

Delicados grupos que se presentan en montículo, con hojas finas como cabellos de un vivo color verde y que portan plumas de color crema, estrechas y aéreas, que responden a la más leve brisa. Puede cortarse en invierno o dejarla en montículos de finas hojas de color pergamino para cortarla antes de primavera. Crece al sol en suelos bien drenados o entre las plantas en un jardín de grava, donde alcanza 60 cm de altura y una anchura de unos 50 cm aproximadamente.

ARCTOTIS VENUSTA

ESCHSCHOLZIA CALIFORNICA

HELIOTROPIUM «DWARF MARINE»

plantas anuales y perennes delicadas

ARCTOTIS VENUSTA

Plantar en verano la margarita africana de ojo azul, nativa de Sudáfrica, constituye un modo de crear una rica asociación de colores. Da flores de tonos oxidados, naranja brillante, rojo cobre, amarillo oro viejo, crema lechoso y rosa. Los azulados centros y el fino follaje hacen que esta margarita sea más interesante, en mi opinión, que las sorprendentes gazanias. Esta delicada perenne suele cultivarse como anual. Siembre las semillas en interiores para trasplantarlas más adelante al aire libre o siémbrelas directamente donde vayan a crecer. O, aún mejor, compre especímenes de un vivero para estar seguro del color que se va a obtener. Requieren sol y suelos fértiles y bien drenados, y crecen perfectamente en contenedores, donde alcanzan los 50 cm de altura por 40 cm de anchura.

BEGONIA SEMPERFLORENS EXCEL MIXED

Las céreas begonias cultivadas como plantas anuales prefieren suelos ligeramente húmedos, pero pueden soportar la falta de atenciones y estar a pleno sol. Estas híbridas compactas van bien en verano como relleno, y se expanden gradualmente a lo largo de la estación. Las flores pueden ser rosas, rojas y blancas, así como resultar de las permutaciones de estos colores con el verde brillante; presentan suculentas hojas redondeadas, a veces con el margen rojo o broncíneo.

El color de la flor siempre parece quedar compensado por el color de la hoja. Siembre las semillas en interiores y trasplántelas únicamente cuando no haya peligro de heladas, o bien compre las plantas ya desarrolladas. Se cultivan bien en contenedores, aunque también pueden plantarse en masa en un lecho para conseguir un efecto rápido. Su altura y anchura no superan los 30 cm.

ESCHSCHOLZIA CALIFORNICA

Las amapolas de California son fáciles de cultivar, exigen poco del suelo y se autosiembran en años posteriores. Necesitan estar a pleno sol, y suelen prosperar si se las siembra directamente en jardines de grava, donde se extienden entre las grietas del pavimento. Sus flores sueltas con forma de copa, constituidas por cuatro pétalos satinados de color amarillo, naranja, escarlata o blanco, brillan sobre sus finos tallos, por encima del follaje azulado. La mezcla en masa de sus colores funciona muy bien; eliminar continuamente las flores muertas mantiene el efecto a lo largo del verano. Tienen 30 cm de altura por 15 cm de anchura.

HELIOTROPIUM «DWARF MARINE»

Aunque durante mucho tiempo han estado pasados de moda, deben considerarse a los heliotropos por la intensidad de su colorido púrpura y su fragancia vespertina. El follaje verde oscuro y rizado queda compensado por

la presencia de ramilletes de pequeñas flores agrupadas. Se han desarrollado formas nuevas y más pequeñas para usarse en contenedores como plantas de «patio», en lugar de usarlas de forma exclusiva en lechos. Les sirve cualquier suelo bien drenado, pero deben estar a pleno sol. Crecen hasta una altura de 35 cm.

IMPATIENS HÍBRIDOS

Cuando se las cultiva como anuales, estas plantas son las más valiosas de las perennes delicadas. Florecen durante todo el verano sin interrupción y cobran una relevancia especial en jardines pequeños gracias a que crecen tanto al sol como a la sombra. Sus colores rosas y rojos añaden color, mientras que las blancas son luminosas en rincones oscuros, cuando los helioboros y pulmonarias ya están pasados, siempre que cuenten con un suelo húmedo pero bien drenado. Su hábito tupido las hace ideales para macetas y cestas colgantes. La «Serie Dueto» tiene una altura y una anchura de 30 cm.

LATHYRUS ODORATUS ♈

La fragancia es de gran valor en los jardines pequeños, y el guisante dulce trepador anual resulta notorio por esta característica, así como por ofrecer muchas opciones de colores, como la «Painted Lady», un tanto pasada de moda, que crece hasta 3 m de altura y trepa

PETUNIA «PURPLE PIROUETTE»

VERBENA x *HYBRIDA*

con sus zarcillos por alambres, enrejados o cañas.
Las flores se pueden cortar para decorar la casa, pues
así se favorece que la planta produzca más. Son poco
exigentes en cuanto el suelo, siempre que éste se haya
preparado para sembrar, drene bien y esté a pleno sol.
Para espacios muy reducidos es conveniente usar las
variedades enanas, como las del grupo Bijou, que
pueden ser de color rosa, azul o rojo, miden 45 cm
y no necesitan apoyo.

NICOTIANA

Mientras que la mayoría de las anuales semirresistentes
se cultivan para ser plantadas en contenedores, las
plantas de tabaco se asocian muy bien con variedades
permanentes. Los colores más suaves de las flores
de la *N. alata* son rosa, púrpura rojizo, lima y verdes
cremosos, y combinan bien si se juntan las pequeñas
plantas a comienzos del verano. Cultivadas como
anuales perfumadas son bastante altas, pues alcanzan
los 60 cm. Algunas parientes distinguidas, como
la *N. sylvestris* ♀, una perenne elegante, blanca y
muy alta (1,5 m), pueden cultivarse al aire libre en
contenedores, donde aportan al jardín una fragante
sofisticación. No obstante, es posible que otras anuales
menores y más tupidas, denominadas *N.* x *sanderae*
serie Domino, encajen mejor en su espacio por tener
una altura y anchura de 30 cm.

PELARGONIUM

Sus numerosas formas, con distintos hábitos, follaje y
flores, hacen que esta especie de perennes delicadas sea,
con razón, una de las plantas veraniegas más populares.
Entre sus variedades se encuentran las zonales más
comunes de hojas redondeadas, como la *P.* «Alberta»,
de flores rosas y blancas. Muchas de ellas adquieren más
peso y volumen en su parte alta gracias a sus enormes
bolas de flores redondas. Los arbustos regios, como la
P. «Purple Emperor», con marcas rosa y púrpura, presentan
el follaje más enmarañado y resultan más vulnerables
a las inclemencias del tiempo. Las formas delicadas, con
hojas de tipo hiedra, son las más hermosas tanto por su
follaje como por sus flores, como la *P. peltatum* «Red
Mini Cascade», que se extiende y posee un bello aspecto
en cestas colgantes. Las especies de hojas perfumadas
tienden a ser menos espectaculares; presentan flores
diminutas, pero un follaje fragante y atractivo, y si se
plantan en contenedores pueden sacarse al aire libre en
verano. Todos los pelargonios pueden cultivarse a partir
de la semilla, pero en los jardines pequeños resulta más
sencillo comprar plantas crecidas, lo que permite controlar
el color y el tipo de hoja. Es mejor plantarlas en macetas
al lado de un ventanal y en contenedores en el suelo junto
con otros ejemplares, donde no presenta un aspecto tan
natural. Las claves del éxito consiste en eliminar de forma
frecuente las flores muertas y evitar el exceso de agua.

PETUNIA

De estas perennes semiresistentes, en general cultivadas
como anuales de florecimiento veraniego, se pueden
esperar delicadas flores con forma de trompeta en tonos
carmesíes, violetas, rosas y blancos. Existen variedades
simples, dobles, algunas de ellas con una mancha central
y otras a rayas blancas. Son perfectas como plantas de
maceta, pues todo lo que requieren es de na alimentación
regular, limpieza de flores muertas y alguna cobertura
cuando el tiempo resulta muy húmedo (a menos que
haya elegido la serie Resisto), además de un programa
contrababosas. Si se satisfacen estas necesidades, las
petunias le recompensarán con abundantes flores a
lo largo de todo el verano. La mayoría crecen entre los
15 y los 30 cm.

VERBENA × HYBRIDA

Usadas tradicionalmente como plantas de lecho,
muchas de las variedades de ramas anchas resultan
ideales para extenderse desde jardineras o cestas
colgantes. Crecen en cualquier suelo, siempre que no
esté demasiado húmedo, y necesitan un lugar soleado.
Los ramilletes de flores pueden ser de color carmín, lila,
blanco o púrpura intenso. La *V.* «Sissinghurst» ♀ es una
variedad de flores rosas que se extiende a ras de suelo y
la *V.* «Showtime» es carmesí y de ramas anchas, y tiene
20 cm de altura y 30 cm de anchura.

aspectos prácticos

El arte de diseñar un jardín exige un aprovechamiento del espacio, y el mejor modo de conseguirlo es planificar su distribución sobre papel. Este capítulo muestra doce diseños para parcelas reducidas; todos resuelven de un modo personal las limitaciones de espacio y las condiciones del lugar. La habilidad del jardinero radica en el respeto a la naturaleza y en la comprensión y el manejo de los recursos disponibles. En espacios pequeños se debería valorar el hábito natural de cada planta y aprovecharlo para satisfacer las propias necesidades, y combinar las plantas.

planos de jardines

Todos los diseñadores de jardines saben lo valioso que es planificar un jardín sobre papel. Hay que usar una escala precisa que muestre las posibilidades en cuanto a pavimentos, asientos, senderos y plantas. Estos planos están hechos a escala 1:50.

jardines cuadrados

Los jardines cuadrados suponen un desafío, porque esta forma es más difícil de diseñar que un rectángulo. Una de las soluciones consiste en dividir el espacio simétricamente para crear áreas rectangulares; otra radica en utilizar todo el cuadrado de manera totalmente irregular e ignorando por completo la precisión matemática. Puede que uno de estos planteamientos le resulte más atractivo que el otro como punto de partida para crear su propio espacio.

un jardín frontal formal

El diseño del jardín frontal formal que aquí se muestra resalta la geometría de la parcela cuadrada, mientras que su distribución es menos previsible.

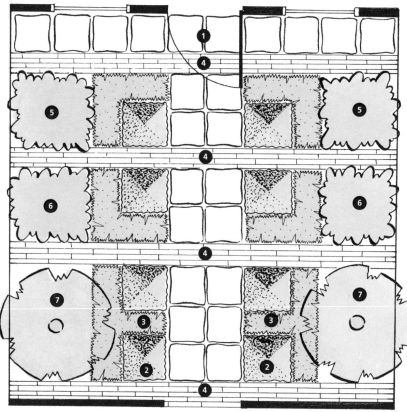

1. *El diseño del jardín hace suya la simetría del doble frente de la casa; el sendero forma un eje central que conduce a la puerta de entrada, y su una anchura aproximada es de 1 m.*

2. *Cuatro plantas formales de boj (Buxus sempervirens) esculpidas como pirámides flanquean el sendero.*

3. *Los setos de lavanda podada (Lavandula «Hidcote») rodean parte de las pirámides, con lo que «ensancha» la zona de acceso.*

4. *Cuatro líneas, cada una con una triple hilera de finas baldosas, recorren el terreno y lo dividen en partes desiguales.*

5. *Hay plantados arbustos informales, como los Cistus corbariensis en los márgenes externos, apartados del sendero axial principal.*

6. *Arbustos perennes pareados, Prunus laurocerasus «Dart's Low Green».*

7. *Debajo de los rosales comunes (Rosa «Sander's White») hay Narcissus «February Silver», de flores blancas, y una Viola cornuta «Alba», que añade color estacional.*

Cuatro líneas paralelas de adoquines recorren horizontalmente el espacio, con lo que crean áreas de desigual profundidad. Dominan las plantas perennes recortadas y situadas a ambos lados del eje central, entre las que se distinguen ocho centinelas de boj esculpidos en forma de pirámide y rodeados por un seto bajo de lavanda que añade espectacularidad al planteamiento. El ritmo creado por las formas y las texturas repetidas sirve para mantener la unidad. Las plantas de los márgenes externos son menos formales: dos *Cistus corbariensis* configuran pequeños promontorios florecientes; dos *Prunus laurocerasus* «Dart's Low Green» proporcionan un realce brillante, y también hay dos rosales comunes (*Rosa* «Sander's White»), que son los elementos más distendidos del jardín.

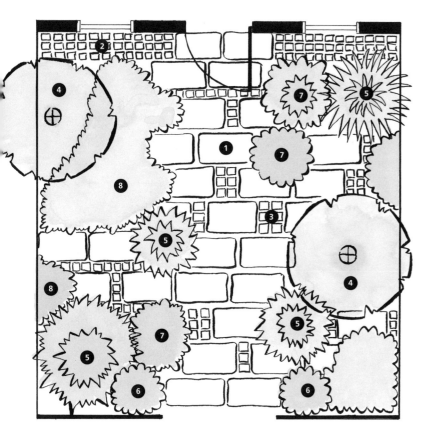

un jardín frontal informal

El diseño de este espacio abierto es acogedoramente casual e irregular. Las losas de hormigón y las losetas más pequeñas de granito están distribuidas informalmente, con espacios para la plantación. El camino directo desde la puerta da lugar a una entrada de anchura variable, ideal para familias, ya que permite pasar cómodamente, pues la línea central no está interrumpida por ninguna planta. En el resto del jardín la plantación es informal, y no todas las plantas son variedades. El espacio está dominado por dos pequeños arces situados uno frente al otro en diagonal; a medida que se desarrollen, alcanzarán el tamaño de unos pequeños árboles y resultarán elegantes incluso cuando no tengan hojas en invierno. Aunque la bóveda creada por su follaje quedará a la altura de la cabeza, no darán una sombra espesa. Entre las otras plantas se incluyen matorrales perennes, pinos de montaña, alfombras de tomillo y otras de alegres flores.

1. *Resulta fácil llegar a la puerta delantera, aunque la anchura del acceso es variable.*

2. *La casa está definida por la triple hilera de losetas de granito que tiene enfrente.*

3. *Las losetas de granito se han instalado al azar entre bandas de losas de hormigón informalmente distribuidas. La anchura de las losetas varía de una a tres hileras, siempre paralelas a las losas de hormigón.*

4. *Los bolsillos de plantación, que deben planificarse desde el principio, dejan espacio para dos arces: Acer palmatum y A. palmatum «Osakazuki».*

5. *Entre las coníferas se ha incluido Pinus mugo «Pumilio», Juniperus «Pfitzeriana» y J. sabina «Tamariscifolia».*

6. *Dos pequeñas hebes (Hebe «Margaret») flanquean la entrada al jardín delantero.*

7. *Entre las plantas florecientes se incluyen pequeños arbustos, como lavandas, heliantemos y x Halimiocistus sahucii.*

8. *Entre las plantas herbáceas se cuentan los geranios alpinos, Phlox subulata y Liriope muscari, además de pequeños bulbos primaverales, como Chionodoxa luciliae, Anemone blanda y narcisos enanos.*

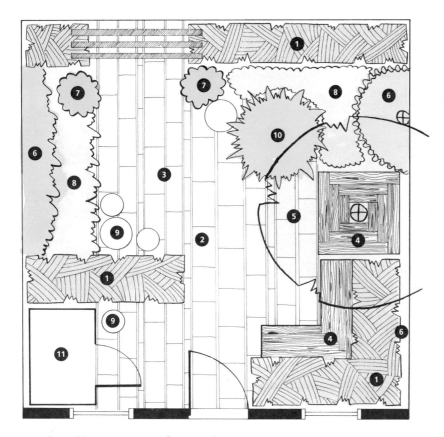

un jardín trasero formal

El espacio cuadrado de este jardín trasero se ha dividido mediante un seto perenne de boj podado que constituye un muro separador, con lo que se crean una serie de rectángulos. En el extremo más alejado, el seto alcanza una altura aproximada de 1,5 m, mientras que el resto está podado a una altura de 1 m para que el jardín sea visible desde la casa. El verdor se extiende a lo largo de la pared posterior, donde se ha dispuesto un asiento debajo de una pérgola de madera para poder ver el amanecer. La zona central del jardín se ha dejado lo suficientemente vacía para instalar muebles en verano. Otro asiento de madera, ligeramente a la sombra de un pequeño árbol, permite contemplar el atardecer; este asiento de esquina está diseñado para que la gente pueda conversar con comodidad. En el rincón orientado al norte hay un funcional cobertizo que no puede verse desde el jardín por encontrarse detrás del seto, y que tampoco es visible desde la ventana de la casa. El pavimento está compuesto por baldosas de pizarra verde de diferentes anchuras que forman un ángulo recto con la casa.

1. Los setos de boj podado dividen el espacio de tal modo que para acceder a él hay que girar a la derecha, hacia la zona principal del patio.

2. El pavimento está compuesto por rectángulos alargados de pizarra verde agrietada de anchura variable, entre los que se incluyen algunas piezas muy estrechas y alargadas.

3. La distribución de las baldosas, que se hacen coincidir en anchura y se unen en sentido longitudinal, produce un efecto visual que parece alargar el patio cuadrado.

4. Dos elementos permanentes son un asiento fijo de madera tratada y una mesa.

5. Un pequeño árbol (Betula pendula «Tristis») crece en el espacio central de la mesa y ofrece sombra.

6. Los arbustos de pared de los márgenes potencian la sensación de intimidad; detrás del banco y del seto hay cinco hiedras guiadas por cordones (Hedera helix «Sagittifolia»).

7. Dos cúpulas de boj a juego flanquean la pérgola de madera, desde cuyo asiento se puede contemplar la salida del sol.

8. Las plantas situadas frente a los arbustos de la pared son principalmente herbáceas e incluyen tapices de alpinas.

9. Hay cultivadas algunas plantas adicionales en contenedores para aportar color en verano.

10. Junto a la mesa de madera se ha colocado un Acer palmatum de bajo crecimiento.

11. El cobertizo queda tapado por el seto.

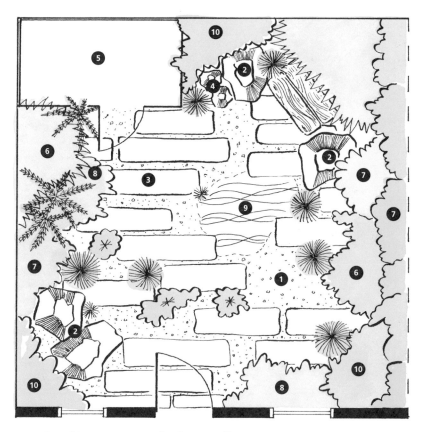

un jardín trasero informal

Este plano está diseñado para transmitir una sensación relajada e informal, asociada con el medio rural. No hay marcados márgenes y tampoco se ve nada de tierra, aunque el suelo se ha preparado previamente para asegurar un buen drenaje. El espacio abierto se encuentra cubierto de grava, entre la que se han distribuido traviesas del ferrocarril que ofrecen una superficie firme donde pisar. En el centro se ha cavado una depresión superficial, rellenada con arena, y una gruesa capa de plástico resistente crea un pequeño estanque de 45 cm de profundidad; la grava, las rocas y las maderas ocultan sus bordes. Dos grandes rocas sirven de asiento, y además hay otro asiento fijo hecho con traviesas del ferrocarril. Un atractivo cobertizo, visible al final del jardín, proporciona espacio para almacenar herramientas. Se han elegido plantas que respondan a la informalidad del diseño: hay una gran plataforma de hierbas ornamentales (*Miscanthus sacchariflorus*) con helechos y eléboros en la sombra. Varias especies de rosas, cultivadas como arbustos de pared, proveen flores, follaje y frutos.

1 *La grava cubre el suelo y las raíces de las plantas. Las rocas, los cantos rodados y la grava son de tipos similares y tienen el mismo color.*

2 *Las pocas rocas de gran tamaño que hay en este jardín se han elegido cuidadosamente para proporcionar asientos adicionales, y causan más impacto que muchas rocas más pequeñas.*

3 *Las traviesas de ferrocarril conforman sólidas unidades de pavimentación que, dispuestas en paralelo, dan lugar a un sendero de piedras por donde pasar.*

4 *Grandes cantos rodados bordean algunos de los grupos de rocas.*

5 *Sólo hay espacio para un pequeño cobertizo de madera oscura.*

6 *Entre las plantas informales hay hierbas ornamentales altas y verdes.*

7 *Rosa primula, R. moyesii y otras especies de rosa han sido guiadas por la pared, y frente a ellas hay ejemplares de Viburnum tinus.*

8 *Una serie de helechos, Helleborus orientalis, dedaleras y plantas alpinas crecen por otros rincones.*

9 *La grava y la madera ocultan el borde del estanque superficial de formas irregulares. Entre las plantas de sus márgenes se encuentran la Caltha palustris, la Butomus umbellatus y la Typha minima.*

10 *Los arbustos perennes incluyen acebos, Cotoneaster y Nandina domestica, asociadas con trepadoras como la madreselva y la clemátide.*

los efectos de la orientación

La dirección del sol influye en la distribución de todos los jardines. En esta página y en las siguientes se ofrecen diseños para cuatro jardines con forma de «L» que muestran la relevancia de la orientación a la hora de tomar decisiones importantes. El sol dicta dónde es mejor sentarse, cómo se planifican las vistas y qué plantas crecerán en torno al lugar. La sombra también debe tenerse en cuenta, dado que es muy posible que a mediodía la gente no quiera sentarse a pleno sol. El sol de la tarde es importante para las personas que llegan a casa y desean pasar un estupendo rato en su jardín después de estar todo el día trabajando. El acceso a los jardines se hace desde las puertas de la casa, en la parte inferior de la planta.

jardín orientado al norte

Este diseño está concebido para sacar el máximo provecho del calor y de la luz que se dan en el extremo del patio más alejado de la casa; a la parte contigua a la casa no le llega el sol. El patio se encuentra dividido en dos por enrejados rectangulares que atraviesan y perfilan el jardín. Más allá hay un espacio abierto con una pérgola de madera que produce sombra. El suelo está formado por un entarimado que permite alterar ligeramente los niveles. Desde la casa, la plataforma desciende; hacia el final el terreno vuelve a ascender y en la «entrada» de la segunda zona hay otro ligero cambio de nivel. Todos los escalones son de 10 cm de altura, con lo que la plataforma principal está 20 cm por encima del pasaje. La variación de niveles y los cambios de dirección del entarimado añaden interés al diseño. Se ha construido una pérgola sobre un asiento fijo en torno al cual crecen trepadoras y plantas amantes del sol. El enrejado cubierto de trepadoras tiene una abertura de 1,2 m de anchura, que revela parcialmente la parte más alejada del jardín.

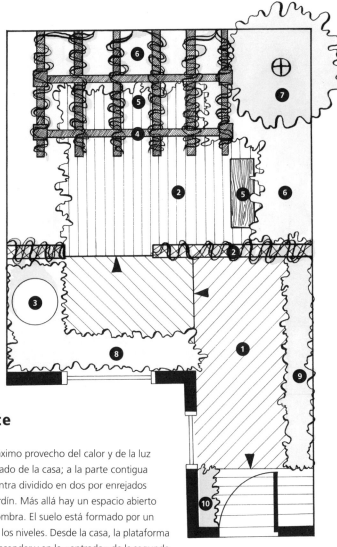

N

1. Plataforma construida sobre una base de hormigón o grava y realizada con diferentes dibujos, pero siempre con madera de la misma anchura (10 cm).
2. Visto desde la casa, el jardín está medio escondido detrás del enrejado e invita a una exploración más detenida.
3. Cuando se gira a la izquierda desde el pasaje, se ve una gran urna de cerámica que no necesita plantas.
4. La pérgola de madera es una estructura sólidamente construida que puede soportar voluminosas trepadoras.
5. Hay dos áreas para sentarse, una a la sombra de la pérgola y la otra abierta, más usada al atardecer, mientras se contempla la puesta de sol.
6. En torno a los asientos se encuentran fragantes y aromáticas plantas. El mirto plantado que hay sobre el muro crece junto a claveles, lavandas, orégano, tomillo, nicotiana perfumada y lirios.
7. El pequeño árbol que crece en una esquina podría ser un Prunus «Amanogawa» de copa apuntada o un árbol que forme una bóveda de hojas, como el Sorbus hupehensis.
8. Alrededor de la ventana orientada hacia el norte crece una Parthenocissus tricuspidata, cuyas guías enmarcan la vista.
9. A lo largo de los limites del pasaje crecen helechos plantados junto a bulbos de primavera como la Anemone blanda.
10. Una hiedra de hojas pequeñas asciende por la pared de la casa, a la sombra.

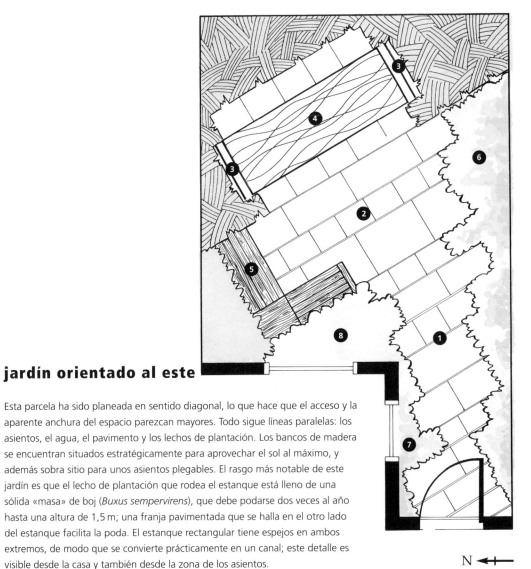

jardín orientado al este

Esta parcela ha sido planeada en sentido diagonal, lo que hace que el acceso y la aparente anchura del espacio parezcan mayores. Todo sigue líneas paralelas: los asientos, el agua, el pavimento y los lechos de plantación. Los bancos de madera se encuentran situados estratégicamente para aprovechar el sol al máximo, y además sobra sitio para unos asientos plegables. El rasgo más notable de este jardín es que el lecho de plantación que rodea el estanque está lleno de una sólida «masa» de boj (*Buxus sempervirens*), que debe podarse dos veces al año hasta una altura de 1,5 m; una franja pavimentada que se halla en el otro lado del estanque facilita la poda. El estanque rectangular tiene espejos en ambos extremos, de modo que se convierte prácticamente en un canal; este detalle es visible desde la casa y también desde la zona de los asientos.

N ←

1 La planificación del jardín en sentido diagonal, formando un ángulo de 30° con la casa, hace que parezca que el espacio aumenta.

2 Para pavimentar se han usado losas de piedra caliza de color crema de tres anchuras: 30, 45 y 60 cm. El tono claro aumenta la sensación de mayor espacio. Las losas se han unido y fijado al suelo siguiendo la línea diagonal.

3 En los extremos de la caja que forma el estanque se han colocado dos espejos. Se hallan sellados con plástico por detrás y en los bordes, y sujetados sobre madera resistente a la presión.

4 El agua no contiene ninguna planta, pero se le podrían añadir lirios o nenúfares, que crearían hermosos reflejos.

5 En este espacio hay dos bancos empotrados de madera o metal.

6 Las plantas situadas frente al banco, en el lado norte, son altas y llaman la atención, como yucas variegadas y herbáceas perennes.

7 En el lado sur del pasaje que sale de la casa se han plantado trepadoras amantes del sol, como la Clematis viticella y la C. cirrhosa *var.* balearica. La alfombra de plantas está compuesta por hierbas y tomillos reptantes.

8 Debajo de la ventana crecen plantas bajas.

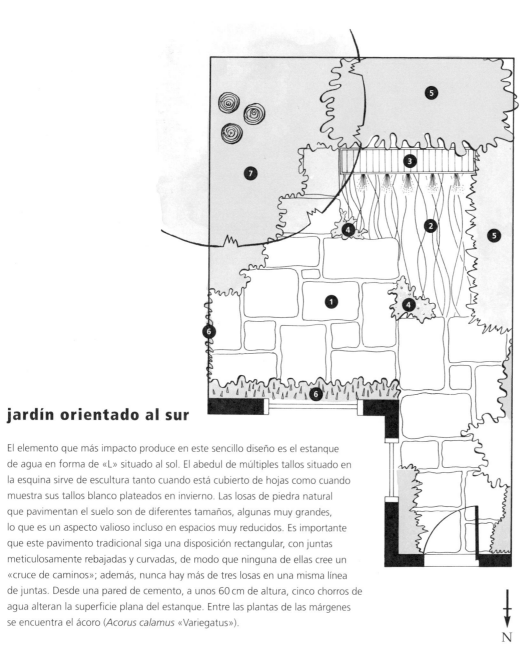

jardín orientado al sur

El elemento que más impacto produce en este sencillo diseño es el estanque de agua en forma de «L» situado al sol. El abedul de múltiples tallos situado en la esquina sirve de escultura tanto cuando está cubierto de hojas como cuando muestra sus tallos blanco plateados en invierno. Las losas de piedra natural que pavimentan el suelo son de diferentes tamaños, algunas muy grandes, lo que es un aspecto valioso incluso en espacios muy reducidos. Es importante que este pavimento tradicional siga una disposición rectangular, con juntas meticulosamente rebajadas y curvadas, de modo que ninguna de ellas cree un «cruce de caminos»; además, nunca hay más de tres losas en una misma línea de juntas. Desde una pared de cemento, a unos 60 cm de altura, cinco chorros de agua alteran la superficie plana del estanque. Entre las plantas de las márgenes se encuentra el ácoro (*Acorus calamus* «Variegatus»).

N

1 Losas de arenisca, distribuidas aleatoriamente, pavimentan la superficie que rodea el estanque; dichas losas rebasan los bordes del estanque en más de 5 cm. Se ha dejado una zona abierta suficientemente grande para poner asientos.

2 El estanque tiene, aproximadamente, 60 cm de profundidad, por lo que puede albergar peces. Además cuenta con la suficiente luz solar para mantener un equilibrio ecológico.

3 La pared de hormigón de 75 cm situada detrás del estanque se halla recubierta de baldosas y sirve para ocultar las tuberías y la bomba de agua. El agua sale formando arcos de las pequeñas tuberías que atraviesan la pared.

4 Plantas acuáticas como Myostis scorpioides *crecen en 8 cm de agua, en repisas en los márgenes suficientemente profundas para plantar cestas. La hermosa oxigenadora* Hottonia palustris *ayuda a mantener el agua clara. A lo largo de los márgenes crece bambú pigmeo variegado.*

5 Entre las plantas del fondo, principalmente perennes, se incluyen la Aucuba japonica «Rozannie» *y una fatsia variegada en la esquina, con pequeñas hostas y una* Astilbe simplicifolia «Sprite».

6 La ventana está rodeada de lavanda; un ejemplar de jazmín plantado en el lecho trepa por el muro separador.

7 Debajo del espécimen de abedul plateado de múltiples tallos crecen Epimedium, Brunnera *y* Omphalodes.

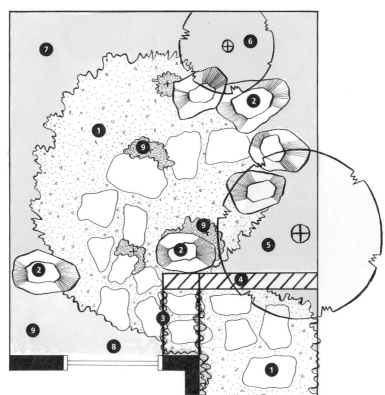

jardín orientado al oeste

Este soleado jardín ha sido diseñado a partir de principios informales que se basan en un esquema circular, con una entrada arqueada y cubierta por una trepadora que lleva del corredor a la casa. La principal zona soleada, con su agrupamiento informal de rocas planas, es visible desde la puerta de la casa a través de una pantalla de rejillas verticales. Los materiales duros son: grava, losas planas de formas aleatorias para pavimentar, piedras y unas rocas de gran tamaño. Las principales plantas son dos pequeños árboles: un arce y otro con un mayor volumen de hojas que proporciona sombra a los asientos de piedra cuando brilla el sol de mediodía. Las otras plantas grandes que hay alrededor del perímetro son especies de bambú, lavanda, *Euphorbia characias* y *Cistus* «Silver Pink», todas ellas amantes del sol. Junto a éstas también hay plantas herbáceas, como *Sisyrinchium idahoense* var. *bellum*, *Alchemilla mollis*, matricaria, dedaleras, violas y pequeñas hierbas ornamentales y anuales como la *Eschscholzia californica*.

→ N

1 La principal zona circular posee una superficie de grava pavimentada con algunas piedras areniscas que crean un sendero informal.

2 Un grupo de grandes piedras areniscas con la parte superior plana hacen de asientos; también hay otros dos «asientos» individuales en otras partes del jardín.

3 Una rosa trepadora (Rosa «New Dawn») crece sobre un doble arco de madera que puede verse desde la ventana, pero que no quita luz.

4 Una pantalla vertical de listones de madera, cubierta por las tempranas inflorescencias de la Clematis macropetala, ofrece una visión parcial desde la puerta.

5 Una Pyrus salicifolia estándar, plantada detrás de la pantalla, es visible desde la casa y proyecta su sombra sobre los «asientos».

6 Detrás del grupo de rocas se ha plantado un arce (Acer palmatum var. dissectum) bajo y que cuelga.

7 El rincón más alejado alberga un grupo de bambúes.

8 Debajo de la ventana hay una Chaenomeles x superba «Pink Lady».

9 En la esquina se ha plantado una Parthenocissus henryana para cubrir la pared de la casa y el muro separador del jardín. Entre las plantas que alfombran el terreno están las variedades de hoja verde de Thymus serpyllum y T. pseudolanuginosus, de hojas grises.

jardines alargados y estrechos

Muchos jardines son alargados y estrechos, casi un corredor, y sólo ofrecen una franja de tierra cuyas dimensiones, en principio, pueden resultar desmoralizantes. Pero si se tiene una idea precisa de cómo se quiere usar el jardín, existen varios planteamientos interesantes. Los diseños que mostramos aquí están centrados en las personas, pues las plantas son elementos secundarios aunque importantes, para dotar de belleza al espacio.

tres jardines en uno

Este diseño aprovecha toda la longitud del jardín para crear pequeñas «habitaciones». El espacio se encuentra dividido por dos pantallas de enrejado que recorren el jardín y dan lugar a tres zonas, cada una de ellas con un carácter diferente. El primer espacio rectangular contiene un pequeño y tranquilo estanque. El pavimento está formado por una simple trama geométrica compuesta por piezas de dos tamaños para «romper» el dibujo del suelo. Tras pasar por el arco, el visitante entra en el segundo jardín, un área de descanso muy recogida por estar rodeada de enrejados. En esta parte sólo hay trepadoras, y el pavimento está formado por las mismas baldosas pequeñas del primer jardín. Incluye dos asientos empotrados, uno frente al otro, y una mesa que se pliega sobre la pared de uso ocasional. El tercer espacio posee una atmósfera muy informal: su suelo se halla cubierto por corteza de árbol troceada y plantas que se autofecundan. También contiene una serie de contenedores que permiten que los amantes de las plantas cultiven lo que deseen.

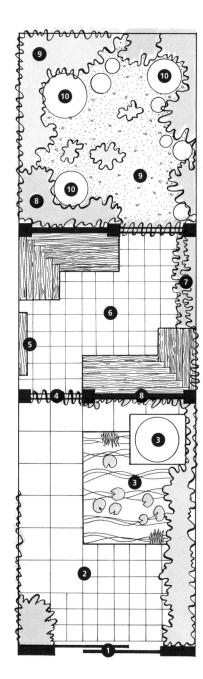

1. Desde las puertas corredizas puede verse un estanque en un relajado espacio rectangular.
2. El suelo está pavimentado con losetas cuadradas de hormigón y baldosas. Las losas se extienden ligeramente sobre el borde del agua.
3. Nenúfares enanos flotan sobre la superficie del agua. En una esquina, un ancho cuenco de hormigón montado sobre un plinto de 20 cm contiene un arbusto perenne.
4. Un arco da acceso a la segunda habitación del jardín.
5. La mesa plegable está situada entre los asientos de esquina de madera, que se hallan uno frente a otro; se usa de vez en cuando.
6. El pavimento, con baldosas pequeñas, es de escala íntima y resulta muy apropiado para la zona de los asientos.
7. Un estrecho lecho lateral permite plantar una hilera de Hemerocallis «Corky».
8. Sobre el enrejado y por encima de los arcos crecen trepadoras, entre las que se incluye la Clematis montana; están plantadas en los lechos del jardín exterior.
9. En el jardín informal, los trocitos de corteza de árbol permiten que las plantas crezcan a través de ellos. Es importante contar con un suelo que drene bien.
10. Se deja abierta la posibilidad de recurrir a contenedores para cultivar plantas de especialista o coleccionista, o simplemente bulbos y rellenos.

escenarios prestados

Aquí se dan dos ejemplos de cómo «tomar prestados» diferentes escenarios: uno es la distante torre de una iglesia, que se ve desde el extremo del jardín, y el otro son dos árboles del terreno contiguo. Este jardín hace uso de ambos escenarios con la idea de conseguir que la parcela parezca mucho mayor de lo que en verdad es. Desde la casa, la torre de la iglesia queda «enmarcada» por dos cubos de boj de unos 60 cm de altura y, su base es recorrida por una hilera de boj de 45 cm de altura. Por esta razón, los escalones que descienden al césped se han orientado en un ángulo de 90°. En la pared este se han combinado los dos abedules que crecen en la parcela vecina con un tercer abedul ya desarrollado que se ha plantado en este jardín. Los límites entre ambos jardines quedan difuminados por una hiedra que fortalece la conexión. La pequeña terraza pavimentada de la puerta de la casa está rodeada por enrejados que recubren los muros de separación. En el resto del jardín se ha plantado informalmente hierba, bulbos y plantas «silvestres» que florecen en verano.

1. Ambas vistas se han incorporado al jardín.
2. Un seto de boj formalmente podado marca el perímetro de la terraza superior separa la zona de descanso pavimentada del jardín «salvaje», además de enmarcar la vista desde la casa.
3. La terraza dispone de espacio para sentarse y contenedores, mientras que el acceso al resto del jardín se ha hecho más interesante al tener que entrar en él lateralmente.
4. El jardín superior está pavimentado con ladrillos que forman un atractivo esquema «espina de pescado».
5. Enrejados sin adornos encierran el jardín superior, mientras que los muros del jardín informal se hallan cubiertos por plantas de pared.
6. Se accede al jardín inferior tras bajar dos escalones de 10 cm de altura.
7. El banco curvado de madera construido a medida tiene a su espalda un arbusto perenne.
8. Desde el banco, la vista se amplía hacia fuera, ya que hay mucho que ver más allá de los límites del jardín.
9. Piracanta controlada, cerezo silvestre, y mundillo, junto a hiedras de hojas grandes y pequeñas, madreselvas y clemátides ocultan los límites inferiores.

una ilusión de anchura

La base de este diseño es un ancho sendero
que va de un lado a otro, haciendo el
máximo uso del espacio. El sendero,
formado por hileras de ladrillos, mide 1 m
de anchura, y se permite que las plantas se
instalen en él y se extiendan sobre sus
márgenes. Éste es el jardín que tiene más
posibilidades de plantación de los jardines
estrechos porque sólo hay un pequeño
lugar para sentarse. El sendero toca la
pared en dos puntos donde no hay franja
de suelo plantable, pero una hiedra
trepadora cubrirá esa parte del muro
o de la valla durante todo el año para
que «desaparezca» entre el verdor, y los
límites del jardín queden disimulados.
El sendero gira alrededor de pequeños
árboles de follaje ligero y por último en
torno a un arbusto perenne de tamaño
sustancial antes de llegar al extremo final,
donde hay una zona pavimentada lo
suficientemente extensa como para instalar
un asiento y una pérgola cubierta.
Los contenedores amplían aún
más las posibilidades de plantación.

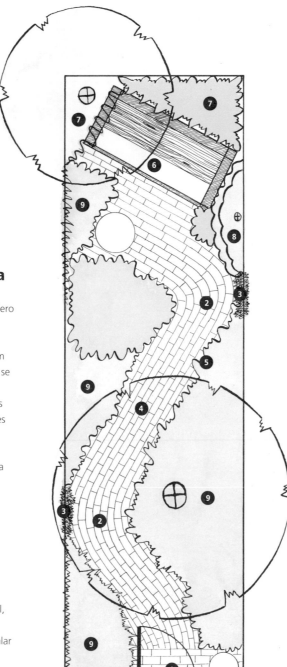

1. *La puerta se abre a una zona pavimentada que recorre el lugar, con una gran maceta a un lado.*

2. *El sendero oscila con generosas curvas alrededor de un árbol (Robinia pseudoacacia «Frisia») y luego de un Viburnum davidii hasta llegar finalmente a una pequeña zona pavimentada frente a la pérgola.*

3. *Hiedras como la Hedera colchica «Dentata Variegata» y la H. canariensis ocultan los muros separadores durante todo el año.*

4. *Las hileras de ladrillos crean las sinuosas curvas del sendero.*

5. *Las plantas se superponen a los límites del sendero en todo su longitud, con lo que suavizan el efecto general.*

6. *La pérgola de marco metálico incluye un asiento doble.*

7. *Detrás de la pérgola hay un macizo de Garrya elliptica «James Roof»; a la izquierda se encuentra el fastigiado Malus «Van Eseltine».*

8. *A la derecha de la pérgola una piracanta podada oculta la pared y conecta con la hiedra.*

9. *La anchura de los bordes en esta parte del jardín ofrece la oportunidad de plantar trepadoras y arbustos de pared de guías bajas, como la piracanta y la escalonia. También queda espacio para plantas herbáceas como los geranios, Phlox subulata y Anthemis punctata subespecie cupaniana.*

una atrevida franja de estilo rural

La finalidad de este atrevido jardín es crear un estilo particular que permita ignorar el entorno urbano. El suelo está cubierto de áspera gravilla, con las losas lisas y las traviesas de ferrocarril que pavimentan el camino situadas al azar entre los asientos elevados. Todos los elementos del jardín son de gran tamaño, desde las traviesas hasta los cantos rodados y las rocas. Las plantas que los acompañan también deben ser atrevidas, lo que implica el uso de bambúes, hierbas altas, helechos, rastreras y trepadoras de grandes hojas. El colorido general resalta el verde; no se han elegido plantas variegadas. Las plantas se autofecundan entre la grava, y son arrancadas selectivamente por su dueño cuando cree necesario controlarlas.

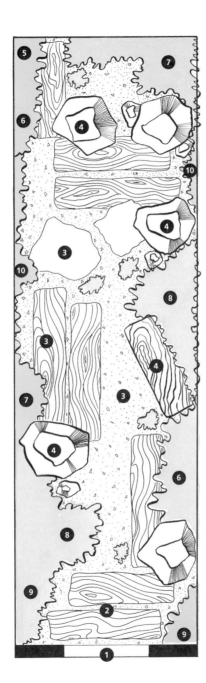

1. Toda la longitud del jardín es visible desde la casa.

2. La escala de los elementos empleados hace que éste sea un espacio inusual por tratarse de un jardín de ciudad.

3. La grava que cubre el suelo está entremezclada con traviesas de madera y algunas losas de piedra colocadas al azar.

4. Se han instalado grandes rocas que sirven de asiento junto a un bloque elevado de traviesas de ferrocarril recicladas y usadas con el mismo propósito.

5. Si hace falta un árbol para crear una pantalla protectora, la Sorbus aucuparia o la S. cahsmiriana desempeñarán un buen papel.

6. Entre los arbustos se incluyen variedades de Rosa rugosa y saúco de hojas púrpura.

7. Los macizos de bambú están contenidos debajo del suelo: Arundo, Fargesia y Sasa veitchii encajan estupendamente.

8. Las plantas de hojas herbosas, como las grandes Miscanthus y otras hierbas ornamentales, se han plantado junto a gladiolos, Sisyrinchiums, Kniphofias y Schizostylis; todas ellas encajan muy bien en este ambiente rural.

9. Entre las plantas que se hallan a la sombra se incluyen diversos tipos de helechos, grandes eléboros y Brunnera.

10. A lo largo de los márgenes se ven las trepadoras de gran tamaño Vitis oignetiae y Actinidia deliciosa, que son compatibles con otras plantas.

Dar forma

Los arbustos se benefician de la poda, pero en los jardines pequeños ésta es un modo de control esencial, tanto para restringir su crecimiento como para mantener su forma contra una pared y darles un uso más versátil.

formas guiadas bidimensionales

Los frutales, las higueras y las parras se cultivaban en los muros de los primeros jardines conocidos, pero fueron los romanos quienes reconocieron que podando bien los árboles podían incrementar la cosecha. Así, inicialmente, las trepadoras y los arbustos de pared fueron podados para mejorar su rendimiento, si bien pronto se crearon diseños ornamentales, por ejemplo en los jardines monásticos,

que alcanzaron elevados niveles de sofisticación. Se descubrió que el hábito de crecimiento de ciertos arbustos formaba distintas figuras, y se crearon diversos patrones para conferirles una forma plana contra una valla o pared. Actualmente, esta manipulación ornamental de las plantas puede constituir el foco de atención de un espacio reducido. Los modelos que se ilustran en estas páginas son especialmente adecuados para pequeños patios donde estos árboles, guiados casi planos sobre los muros separadores, ocupan muy poco espacio.

El principio de la guía en abanico (1) consiste en sujetar las ramas de forma que irradien desde la base de un tronco central formando un perfil más o menos simétrico. Las ramas pueden atarse a cañas, listones de madera o alambres estirados (para atarlas, véase pág. 170). La guía en abanico resulta ideal para árboles frutales como la higuera, los melocotoneros, los albaricoqueros, los cerezos, los ciruelos, los manzanos y los perales, pues todos ellos producen mejor fruta cuando se les guía sobre una pared cálida. Los arbustos ornamentales que mejor se adaptan a este tipo de contención son aquellos cuyo perfil natural no sobresale excesivamente hacia delante. Entre ellos se incluyen: *Chaenomeles japonica*, *Abeliophyllum distichum*, *Bupleurum fruticosum*, *Euonymus fortunei*, la variedad trepadora del viburnum (*Pileostegia viburnoides*) y el *Ginkgo biloba*. Algunos arbustos y ciertas especies de rosas también adquieren un aspecto magnífico cuando se les dan forma de abanicos planos.

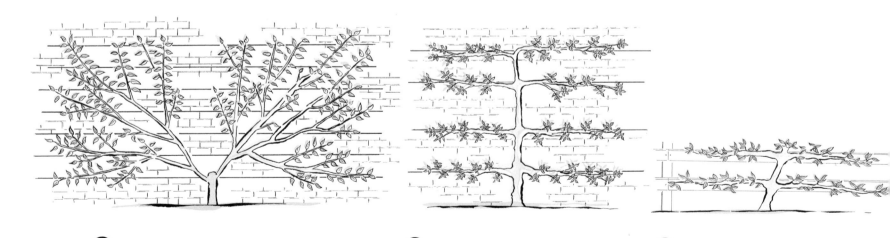

1 *Melocotonero guiado en forma de abanico; se ha creado acortando el tallo principal hasta que sólo sobresale 40 cm del suelo y dirigiendo los dos laterales principales para producir los «nervios» del abanico. Cada año se conduce una rama nueva hacia el centro.*

2 *Las espalderas se crean acortando continuamente la rama guía para favorecer el crecimiento lateral. Cada año, la rama lateral superior se dirige horizontalmente y después se poda.*

3 *Manzano sobre espaldera enana plantado en rizoma enano que puede ser dirigido sobre una valla baja y robusta. Puede tener una hilera o dos.*

El cultivo en espalderas **(2)** implica guiar las ramas de arbustos y árboles para que sigan líneas horizontales paralelas, de modo que se distribuyen por niveles superpuestos. Esto favorece la fructificación de árboles injertados en rizomas enanos. Lo ideal es adaptar estas plantas a muros en los que se las guía sobre alambres, postes o enrejados, pero si se cultivan sobre un marco fijo también pueden servir como finas pantallas separadoras para dividir el espacio. Los perales y los manzanos son los árboles frutales tradicionales que se cultivan de este modo, al igual que las vides (*Vitis vinifera*) y el grosellero chino (*Actinidia deliciosa*). Entre los arbustos ornamentales que se adaptan bien a este tipo de tratamiento se encuentra la piracanta, camelia, escalonia, chaenomeles, jazmín de invierno y, en zonas más cálidas, la poinsetia y la lantana. Las trepadoras, como las madreselvas y las buganvillas de climas cálidos y la *Campsis* x *tagliabuana*, también responden bien a

este sistema. Las espalderas enanas **(3)** se cultivan sobre marcos fuertes y estables, y pueden instalarse en espacios reducidos para proporcionar márgenes a los senderos. Estas espalderas enanas son más usadas para manzanas y peras cultivadas sobre rizomas enanos, y sólo alcanzan los 45 cm de altura.

Muchos árboles frutales se guían a partir de un único brote o cordón **(4)**, y todos los brotes laterales se reducen mucho para favorecer la floración y fructificación. Los cordones pueden cultivarse en vertical o siguiendo líneas oblicuas (generalmente de entre 35 y 45°); se sujetan a alambres resistentes, cañas bien atadas o listones de madera contra una pared. Se suele dar esta forma a perales y manzanos, aunque también resulta apropiada para frambuesos y groselleros. Además la hiedra puede dirigirse de este modo por motivos decorativos podándola de forma estrecha para

que continúe la forma de su soporte; si se dirigen en la dirección contraria, se creará un patrón abierto con forma de rejilla romboidal.

Un estilo de guía antes popular pero ahora menos practicado es el conocido con el nombre de candelabro **(5)**. En él se procura que las ramas laterales crezcan hacia los lados, y las ramas que brotan se conducen hacia arriba. Resulta muy elegante y puede usarse en perales, manzanos, membrilleros, piracanta, ceanotos de hoja perenne, *Cotoneaster dammeri* y *Magnolia grandiflora*. Otra manera de guiar que apenas se ve pero que es muy decorativa se denomina *arcure* («en arco») **(6)**. El método es originario de Francia y Bélgica, y se basa en la creación de arcos. Los manzanos y los perales son a los que tradicionalmente se aplica este sistema; la piracanta y la hiedra también pueden ser tratadas del mismo modo.

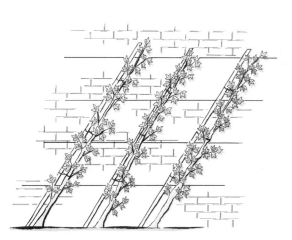

4 *El tallo principal de un cordón da fructíferos ramales que se podarán en verano. Si el líder está demasiado alto, recórtelo a finales de primavera para mantener el crecimiento anual en 2,5 cm.*

5 *El candelabro es una serie de cordones verticales que surgen de un tallo único. Diríjalo con alambres y pódelo en verano para favorecer la floración y controlar el crecimiento.*

6 *La guía en arco parte de la posición oblicua. Cada año se ata una rama para que forme un arco, mientras que un brote surgido de la parte superior de la curva formará un nuevo arco opuesto al primero.*

formas guiadas tridimensionales

El arte de la jardinería ornamental requiere podar cuidadosamente arbustos perennes para crear formas densas y sólidas. Este arte hortícola ha sido practicado durante más de dos mil años, pero aún sigue estando muy de moda en la actualidad. Los jardines formales suelen estar llenos de formas abstractas colocadas simétricamente que contribuyen a su orden geométrico, mientras que ciertos animales, ya sean conocidos o fabulosos, desempeñan un fantasioso papel en jardines singulares de imaginativo diseño. Estas formas ornamentarán el pequeño jardín a lo largo del año, por lo que se podrán disfrutar desde la ventana de casa hasta en los meses más fríos. Desde geométricas almenas hasta serpenteantes setos, irritables dragones o demonios bailarines, las posibilidades de crear

esculturas verdes vivas son ilimitadas. Las formas geométricas sólidas, como conos, pirámides de tres o cuatro lados **(2)**, esferas y cubos **(3)**, así como las formas espirales acabadas en punta **(4)** son relativamente secillas de crear. Un trabajo comprensivo con el hábito natural de la planta puede producir efectos simples, como pasteles nupciales cilíndricos de varios niveles **(1)**. Las plantas que mejor se adaptan para crear estas formas homogéneas son las tradicionales de color verde oscuro de hoja perenne, como el tejo, el boj y muchos acebos; todas ellas presentan hojas hasta el nivel del suelo y se regeneran fácilmente a lo largo del tronco.

Hay otros arbustos que son adecuados para crear esculturas. El ligustro común (*Ligustrum ovalifolium*) se adapta a la mayoría de las formas de fantasía, mientras que el ligustro japonés (*L. japonicum*), de follaje más

denso, puede ser podado hasta conferirle perfiles muy afilados. La madreselva hoja de boj (*Lonicera nitida*) y las azaleas de hojas pequeñas también responden cuando se podan con formas geométricas, aunque tienden a ladearse y a perder la definición de sus formas a lo largo de los años si se hallan expuestas a la nieve o a fuertes vientos. El árbol de laurel (*Laurus nobilis*), de hábito natural erecto, se presta a la creación de grandes formas ornamentales sobre su tronco central. También se pueden usar las líneas fluidas de las sabinas extendidas (*Juniperus sabina*) o del pino blanco japonés (*Pinus parviflora*) para crear «nubes» en las que las formaciones de cúmulos se extiendan hacia abajo desde los tallos leñosos.

Muchas de estas formas ornamentales pueden adquirirse ya hechas, aunque deberá seguir podándolas y recortándolas. Según cual sea el ritmo de crecimiento

1 Retire todas las ramas innecesarias para crear los espesos pisos de un pastel de boda; retóquelo cada año.

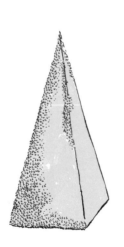

2 Las pirámides achaparradas van bien en setos enanos, mientras que las altas y estrechas atraen la mirada.

3 La combinación de cubo y esfera sugiere que la planta se ha cultivado en un contenedor. Pueden usarse tejos de dos colores distintos.

4 Las espirales aportan un toque afrancesado al jardín. Use una plomada para mantenerlas verticales.

de la planta (el boj enano crece a la mitad de la velocidad que el tejo, por ejemplo), las formas ornamentales requerirán retoques de una a tres veces al año, siempre con tijeras de podar bien afiladas. Asegúrese de que las formas geométricas mantengan su simetría; si no confía en poder mantenerla «a ojo», ponga una plomada a poca distancia para comprobar la verticalidad.

En un recinto reducido es posible dividir el espacio o aislar un lecho plantando un seto bajo; el boj enano (*Buxus sempervivens* «Suffruticosa») y el boj de hoja pequeña (*B. microphylla*) son ideales. Plántelos a 15 cm de distancia uno del otro, pódelos en primavera y vuélvalos a retocar para aclararlos a finales de verano. Por mi experiencia puedo indicar que una sola hilera crea un hermoso perfil y una hilera doble produce un gran efecto, sea cual sea el jardín en el que se adopte.

Falsas ornamentales

Es posible crear ornamentos artificiales en un marco de alambre sobre el que se guíen y poden de forma muy precisa las hiedras de hojas pequeñas (cultivares de la *Hedera helix,* como la *H. helix* «Sagittifolia» o la variegada *H. helix* «Glacier»). Los marcos disponibles comercialmente suelen estar hechos de alambre galvanizado o forrado, aunque también se puede hacer la estructura con tela metálica sobre un perfil simple de alambre galvanizado o pedir al herrero que le haga uno. Además hay marcos menores que caben dentro de un contenedor.

Las hiedras poseen tallos flexibles que pueden enroscarse y retorcerse en torno al marco. Al principio requerirán más ayuda para sujetarse al marco: use pequeños círculos de alambre para guiar la planta con precisión a lo largo de los alambres hasta que la forma esté plenamente conseguida; después, sólo requerirán retoques una o dos veces al año. Cortar los tallos desnudos favorece que la planta responda produciendo un follaje más denso. Dado que estas esculturas ornamentales son elementos huecos y finos –como la cola de un pájaro, por ejemplo– pueden extenderse elegantemente en el espacio, lo que no sería posible con tejos o ejemplares de boj de hojas más densas. Las formas sólidas como obeliscos **(6)**, figuras de ajedrez **(7)** o pavos reales también resultan convincentes; no obstante, tenga presente que son precisas varias plantas de la misma especie para llenar un marco grande.

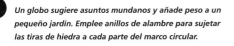

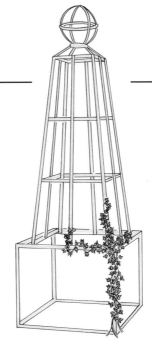

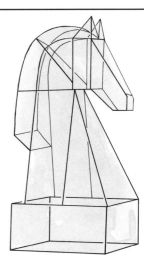

5 *Un globo sugiere asuntos mundanos y añade peso a un pequeño jardín. Emplee anillos de alambre para sujetar las tiras de hiedra a cada parte del marco circular.*

6 *Los obeliscos van muy bien en los jardines muy formales por su estabilidad y su llamativa presencia. Plante una hiedra en la base de cada barra vertical del marco.*

7 *Las piezas de ajedrez pueden ser simples o elaboradas. ¿Es éste un caballo de ajedrez o podría ser Pegaso? En cualquier caso, añade al jardín un ingenioso toque.*

soportes y fijaciones

Las plantas pueden cultivarse junto a muros y vallas, de modo que creen una cobertura bidimensional, o se las puede animar a crecer sobre un soporte estable en un jardín pequeño. En cualquier caso, necesitarán que se les dé apoyo y se las sujete bien; los materiales generalmente utilizados para este propósito son la madera, las cañas de bambú, el metal o el alambre tenso.

soportes verticales

Los tradicionales obeliscos y las columnas cuadradas resultan ideales para parcelas pequeñas, ya que permiten que las plantas crezcan en sentido vertical sin ocupar mucho espacio en el suelo. La mayoría de los soportes estables están hechos de metal o de madera; muchos de ellos pueden fijarse al suelo simplemente presionándolos **(1b)**, y no precisan más apoyo siempre que las

plantas elegidas no sean ni demasiado altas ni demasiado pesadas en su parte superior. Los soportes tienen diversas alturas para ajustarse a las plantas. Algunos obeliscos de madera se asientan sobre contenedores cuadrados, como el de la figura **(1a)**. Los de alambre **(2)** suelen ser de aspecto más fino y delicado, y constituyen el soporte ideal para trepadoras como la clemátide.

Las columnas huecas hechas de listones o de madera contrachapada **(3)** pueden usarse como soportes estables en el jardín o convertirse en las columnas verticales de un arco. Cuando cuentan con enrejados en los laterales, permiten plantar dentro una rosa o bien una clemátide.

El soporte tradicional para las alubias trepadoras puede tener forma de trípode o constituir una

línea continua **(4)**; es posible fabricarlo en casa por muy poco dinero con ramas peladas o cañas de bambú atadas con cordel o rafia. Resultan muy eficaces para sostener las anuales ligeras o las trepadoras delicadas, como guisantes dulces, asarina o *Cobaea scandens* durante una estación. Una línea de soportes verticales, como estas barras retorcidas de metal **(5)**, sirve para dividir el espacio cuando está cubierta de plantas.

Los enrejados tradicionales también pueden aguantarse solos o fijarse a una pared. Los paneles hechos a propósito presentan distintos dibujos **(6b-e)**, como diamantes, cuadrados o rectángulos alargados. Elija siempre enrejados robustos más que paneles frágiles y baratos. Los elaborados remates curvados y los florones son opcionales, pero recuerde que éstos se convertirán en un importante elemento decorativo del jardín y acabarán

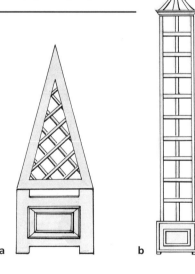 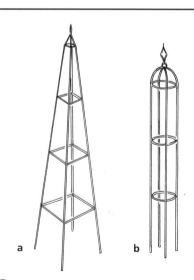  

a   b   a   b

1 Los obeliscos de madera añaden altura y sostienen una trepadora. Pueden construirse marcos que encajen dentro de una planta que será guiada para que tome la forma adecuada.

2 Los obeliscos de metal son ligeros y fáciles de trasladar. Pueden sostener perennes delicadas o trepadoras anuales.

3 Un pilar hueco de sección cuadrada crea una buena vertical para un arco.

4 Cañas de bambú sujetas a una pieza transversal que sostienen trepadoras anuales.

dominando sobre las plantas. Otra alternativa consiste en usar una combinación de paneles de enrejado sobre una pared para crear una ilusión de perspectiva **(6a)**. Si desea que las plantas constituyan la principal atracción, mantenga un diseño de enrejado simple, con la parte superior plana, y píntelo de un color oscuro o neutro. Los paneles de enrejado también pueden servir como separadores para el jardín pequeño.

fijaciones

Las fijaciones de los elementos del jardín son especialmente importantes en espacios muy pequeños, donde los detalles poco cuidados se ven enseguida. Con el transcurso del tiempo las fijaciones acaban corroyéndose o pudriéndose, de modo que es preciso elegirlas de la mejor calidad: tornillos inoxidables, cordel especial para uso en exteriores y alambre recubierto de plástico.

Si está sujetando los enrejados a una pared, asegúrese de no ajustarlos completamente, pues todas las trepadoras necesitan que circule el aire, y las plantas que se enrollan y las que presentan zarcillos requieren espacio entre las tablillas de madera y la pared. Si se deja cierto espacio, plantas como la clemátide, que al crecer acaba teniendo tallos leñosos, podrán sujetarse con hilos a los listones mientras aún sean verdes y flexibles. Para mantener la separación, emplee pequeñas cuñas de madera de igual grosor o inserte rollos de algodón entre la pared y el enrejado **(7c)**.

Existen tornillos especiales «con ojo» **(7a, 7b)** fabricados específicamente para sujetar con firmeza los alambres a una distancia de unos 10 cm de la superficie de la pared; por otra parte, los clavos normales no duran más de una o dos estaciones. Practique agujeros en el cemento para atornillar estos tornillos «con ojo».

Las líneas paralelas de alambre tenso suelen fijarse a una distancia aproximada de 45 cm. Los cables deben estar muy tensos: no hay nada peor que ver una pesada trepadora que cuelga de alambres flojos. También cabe la posibilidad de sujetar una red de plástico, muy adecuada para trepadoras como la *Clematis cirrhosa* var. *balearica*, que la cubrirá completamente. Los alambres de sujeción que recorren en sentido vertical los pilares de un arco se sujetan dentro del mismo **(7d)**; los anillos de alambre dejan suficiente espacio a las trepadoras para que sigan su hábito natural de crecimiento.

Algunos meticulosos sistemas para atar las cañas de una valla de bambú resaltan la belleza de un pequeño espacio **(7e)**. Si desea probar estos métodos tradicionales japoneses, examine las posibles alternativas en un libro especializado.

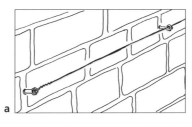

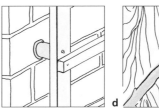

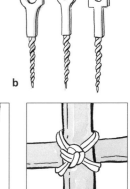

5   *Espirales metálicas, decorativas y ligeras que se introducen fácilmente en el suelo.*

6   *Al estar sujetados planos contra una pared, estos paneles de enrejado crean una sorprendente ilusión de profundidad. Los enrejados pueden incluir todo tipo de dibujos.*

7   *Existen diversas formas de fijar las plantas a sus soportes: los tornillos «de ojo», los alambres tensos o los paneles de enrejado mantienen las plantas separadas de la pared; también hay clips de alambre y alambres estirados a lo largo de un poste. Estudie los nudos japoneses para atar las cañas de bambú.*

asientos cubiertos, arcos y pabellones

Cualquier tipo de cobertura que se extienda por encima del nivel de la cabeza, por ligera que sea, protege y proporciona seguridad al pequeño espacio, además de ofrecer una excelente oportunidad de cultivar plantas en sentido vertical.

asientos cubiertos

La inclusión de un asiento cubierto es particularmente atractiva en jardines de zonas cálidas y expuestas al sol, así como en patios de azoteas, donde la sombra siempre es bien recibida. Es posible comprar un pequeño asiento prefabricado de madera **(1)**, atractivo por sí solo. También puede crear un espacio íntimo para sentarse al abrigo de una pared **(2)** con tablones de madera para los postes verticales y las vigas horizontales.

arcos

En cada jardín, hasta en los más pequeños, hay sitio para un arco, una estructura que siempre indica que se está accediendo a un nuevo espacio. Los arcos más finos y prefabricados están hechos de barras de acero sólido o de tubo de acero, y son lo suficientemente fuertes como para soportar trepadoras, así como fáciles de plantar en el suelo. La parte superior del arco puede ser redondeada **(5a)**, puntiaguda **(5b)** o tener forma de arco Tudor o gótico **(5c, 5d)**.

Las alternativas más pesadas, como los arcos de madera **(4)**, requieren cimientos más seguros. Los postes verticales han de cimentarse firmemente con hormigón o apoyarse sobre encajes metálicos especiales cuyos largos extremos acabados en punta se clavan en el suelo a una profundidad suficiente. El arco mismo puede tener un aspecto rústico si está hecho de listones de

alerce redondeados, o puede construirse con vigas rectas soportadas por sólidos pilares verticales de 10 × 10 cm **(4a)**. El detalle del extremo de las vigas puede variar **(4b-d)** según las preferencias, tanto estéticas como económicas.

Los postes de madera que sostienen el arco deben tener una sección cuadrada de un mínimo de 10 cm de lado. Un soporte débil hará que el arco parezca endeble. Por esta misma razón, las vigas cruzadas que recorren el arco en toda su extensión deberían ser de una altura entre 15 y 20 cm. Las vigas horizontales, que recorren su anchura, pueden ser de sólo 3-5 cm pero de hasta 20 cm de altura. Cuando se hallen cubiertas de plantas presentarán un aspecto robusto, pero no imponente. Para conseguir una apariencia elegante y menos sólida puede lijar y estriar los postes verticales **(3a, 3b)**. Si lo desea, también se pueden incorporar

1 Este asiento cubierto presenta un tradicional diseño; puede adquirirse prefabricado o construirse en casa con listones de madera.

2 Esta pérgola se ha construido con sólidos postes y vigas de madera. Aunque está abierta al cielo, proporcionará sombra si incluye encima trepadoras pesadas, como la wisteria.

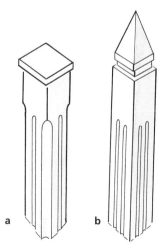

a   b

3 Los postes de madera pueden dejarse con la superficie rugosa o lijarse y estriarse para darles un acabado más elegante.

florones más o menos elaborados. Si se usan enrejados en la parte superior o en los lados del arco, la estructura presentará un aspecto todavía más delicado que producirá atractivas sombras sobre el suelo. Para construir un arco propio, elija siempre madera tratada a presión y de una fuente renovable, y preferiblemente emplee tornillos de latón avellanados.

pabellones

En muchos jardines, la gente necesita protegerse de la intensa luz del sol, sobre todo durante el mediodía. La forma más sencilla de recubrir un espacio reducido consiste en usar un enrejado de madera grande y abierto, construido con listones tratados a presión. Como alternativa, use alambre de yate muy tenso, que no se oxida, es muy fuerte y puede fijarse en

líneas paralelas por encima de la cabeza, tal vez pueda cubrir con él el espacio que hay entre la pared de la casa y un panel de enrejado para dar sombra a la zona donde se come. Tanto los alambres como las vigas de madera deberían ser lo suficientemente robustos como para sostener trepadoras de hojas grandes, como la *Actinidia chinensis*, una parra de uva o incluso la *Vitis coignetiae*, de enormes hojas.

Otra opción para conseguir sombra consiste en sujetar una pieza de lienzo natural resistente entre cuatro postes verticales firmemente sujetos **(6)**. El efecto de esta pieza de tela se basa en crear curvas parabólicas sobre el fondo de cielo, mientras que su neutro color crema ofrece una sombra fresca pero ligera. Los postes tienen que estar más bajos de un lado que de otro,

para permitir que el agua de la lluvia se deslice con facilidad de preferencia sobre un lecho de plantación. Como el lienzo mismo resulta muy pesado, los postes de apoyo deben estar muy verticales. Tense bien el lienzo entre ellos, evitando a toda costa que se cree un abombamiento en el centro que podría contener agua, lo que aumentaría de forma considerable su peso.

También hay anchos parasoles de algodón natural sobre marcos de madera que pueden dejarse al aire libre durante la estación veraniega; es posible sujetarlos con una base pesada y estable o ponerlos en el centro de una mesa.

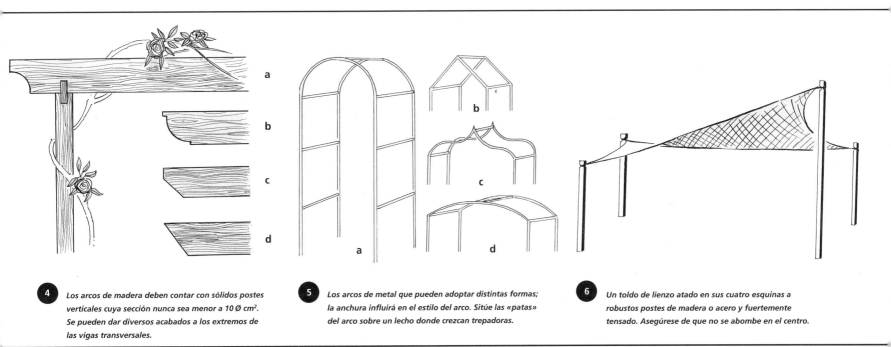

4 *Los arcos de madera deben contar con sólidos postes verticales cuya sección nunca sea menor a 10 Ø cm². Se pueden dar diversos acabados a los extremos de las vigas transversales.*

5 *Los arcos de metal que pueden adoptar distintas formas; la anchura influirá en el estilo del arco. Sitúe las «patas» del arco sobre un lecho donde crezcan trepadoras.*

6 *Un toldo de lienzo atado en sus cuatro esquinas a robustos postes de madera o acero y fuertemente tensado. Asegúrese de que no se abombe en el centro.*

efectos con plantas

El diseñador/jardinero explotará la variedad de formas, perfiles y texturas de las plantas para crear diversos efectos. El hábito de crecimiento de una planta puede aprovecharse para aportar estilo a un jardín.

1 Hedera hibernica *«Deltoidea»* con Liriope muscari.

2 Chaenomeles *x* superba *«Nicoline»* junto a Ceanothus *«Burkwoodii»* y Clematis *«Ernest Markham»,* con Sedum *«Herbstfreude»* a sus pies.

3 Myrtus communis *subesp.* tarentina y Pittosporum tenuifolium *«Irene Patterson»* con Clematis alpina *«White Moth»* y Santolina rosmarinifolia *«Primrose Gem».*

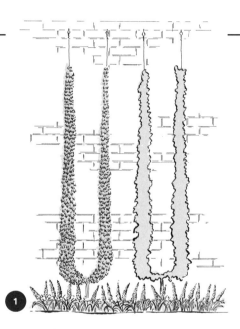

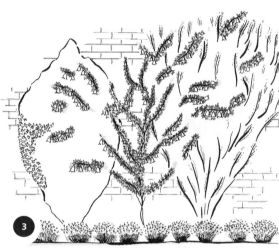

hacia arriba

Tanto las plantas trepadoras que se pueden controlar como las que presentan un hábito natural erguido resultan muy valiosas en los pequeños jardines, donde el espacio horizontal está muy cotizado. Las asociaciones de plantas sugeridas en estas páginas se basan en la elección de arbustos de pared bajos que proporcionan un marco de crecimiento para las trepadoras más delicadas, así como en combinaciones de plantas que crecen hacia arriba y florecen en diferentes momentos del año. No me excuso por haber incluido muchas clemátides puesto que son las plantas ideales para espacios pequeños y casi siempre es posible introducir algún ejemplar más. Siempre que estén bien regadas y alimentadas, le recompensarán con abundantes y coloridas inflorescencias a lo largo del verano. A veces sus flores adquieren la forma de enormes «bandejas», tan grandes como las de la «Nelly Moser» rayada, de más de 18 cm de diámetro, o pueden ser muy pequeñas, como las de la C. viticella «Etoile Rose»; también es posible que sean colgantes y con forma de campana, como las de la delicada C. texensis cultivares, o pueden tener forma de racimos, como la encantadora especie de color blanco C. flammula.

un grupo formal (1)

Esta hiedra de hojas pequeñas se dirige con alambres para que crezca en sentido vertical según un modelo sobre la pared que dura todo el año. Debe podarse bien para que mantenga su forma geométrica. Debajo de ella, en un lecho estrecho, una masa de la herbácea *Liriope muscari* duplicará las líneas verticales con sus flores azul púrpura que salen al final del verano. Como estas plantas son resistentes a la sequía, pueden colocarse al pie de un pared de ladrillos.

un grupo estacional (2)

Este grupo proporcionará color desde principios de año hasta el otoño. La forma del membrillero caduco ornamental es muy valorada por la elegante estructura de sus ramas, ya que destaca en un muro en invierno. Las grandes flores rojas aparecen a principios de primavera, y el arbusto puede guiarse para que crezca plano contra la pared eliminando todas las ramas que sobresalgan hacia fuera. Su altura y anchura suelen ser de poco más de 2 m.

un grupo fragante blanco y verde (3)

El mirto, un arbusto aromático perenne procedente del Mediterráneo, necesita lugares cálidos y abrigados donde pueda dar sus fragantes flores blancas a lo largo de los meses de verano. Crece hasta alcanzar una anchura ligeramente mayor que su altura, de unos 2,4 m. A su lado, el pitosporo llega a desarrollar 1,5 m de altura. La clemátide trepa por los dos arbustos, y produce sus dobles flores blancas y colgantes en

4 Rosa *«Buff Beauty»* y Clematis *x durandii con* Heuchera micrantha *var. diversifolia «Palace Purple».*

5 Ficus carica *«Brown Turkey»* y Clematis *«Abundance».*

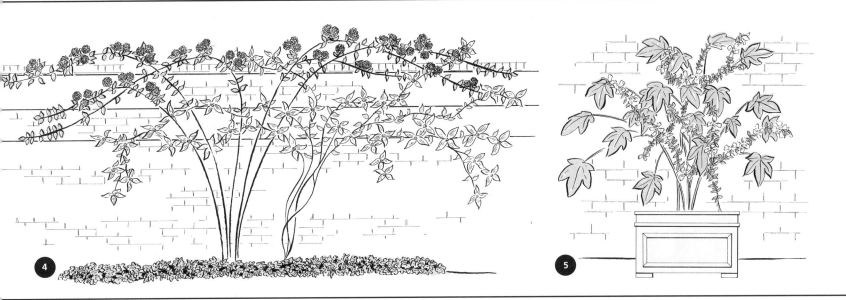

El *Ceanothus* «Burkwoodii» es una variedad robusta de un rico color azul que florece desde el verano hasta el otoño; pódela después de que florezca. La clemátide florece durante todo el verano, y da inflorescencias de un vivo color rosado que no se apaga; es preciso recortar todo el crecimiento del año anterior a comienzos de primavera. Este grupo resulta fácil de cultivar y prospera de manera extraordinaria en suelos fértiles que retengan algo de humedad. Las raíces de la clemátide reciben sombra del sedum, cuyas flores perduran hasta bien entrado el otoño.

primavera. Un grupo de santolinas de densas hojas proyectan sombra sobre sus raíces.

rosas y clemátides (4)

Esta rosa es una planta vigorosa que alcanza 1,5 m de altura y da racimos de fragantes flores durante todo el verano. Éstas son de color amarillo, de modo que su asociación con los sépalos de color azul intenso de la clemátide resulta agradable hasta el otoño. La clemátide debe podarse hasta el suelo a comienzos de primavera. A ambas les va bien estar a pleno sol o bajo una sombra suave. Las raíces de la clemátide se

mantienen frescas detrás de la heuchera de hojas broncíneas.

plantas en contenedores (5)

Si las raíces de la higuera se contienen dentro de una gran maceta, el árbol reduce su vigor y esto le ayuda a dar fruto. Cuando se favorece que crezca en abanico forma un arbusto de pared. Sus grandes hojas se tornan amarillas en otoño. A finales de la estación, la *Clematis viticella* presenta pequeñas flores de color rojo y no necesita poda a menos que se enmarañe. Cubra el contenedor con una capa de grava para refrescar las raíces.

1 Wisteria floribunda «*Alba*» con Rosa «*Climbing Lady Hillingdon*».

1 Wisteria floribunda «*Alba*» con Rosa «*Climbing Lady Hillingdon*».

2 Buddleja alternifolia *con* Acer palmatum *var.* dissectum *y* Hemerocallis «*Golden Chimes*».

hacia abajo

Las plantas que se desarrollan hacia abajo de manera natural pueden adquirirse con el movimiento flotante de suaves sedas o finas muselinas. Producen un efecto muy diferente al de las formas ascendentes, que resultan más dinámicas. Suavizan el aspecto de un jardín, ya sea recubriendo convenientemente las paredes en su camino descendente o siguiendo contornos al colgar de jardineras elevadas. Las más atractivas son las formas lloronas, que caen en sentido descendente creando arcos que tocan el suelo lejos de sus raíces. Sensibles al viento, animan el pequeño jardín con sus cambiantes juegos de luces y sombras. Las pequeñas especies cultivadas en contenedores y cestas colgantes también desempeñan un papel importante.

trepadoras suspendidas (1)

La wisteria de flores blancas ornamenta los arcos con sus racimos de inflorescencias colgantes. Sujeta a una pared, se la puede guiar muy bien sobre vigas transversales, donde la vista de sus flores suspendidas puede disfrutarse desde abajo. En el otro lado del arco se encuentra plantada una rosa amarillo albaricoque de fuerte aroma, guiada para que ascienda por el poste y sobre la viga donde sus famosas flores oscilantes se contemplarán desde abajo. Ambas variedades prefieren un lugar cálido y soleado.

plantas lloronas y arqueadas (2)

Cultivada como árbol muy pequeño con un único tallo, las ramas en cascada de esta buddleja están coronadas en verano por fragantes flores lila; sus hojas grisáceas delicadamente lanceoladas revolotean en las ramas. Se encuentra plantada detrás de un pequeño estanque formal, junto a por un arce en forma de montículo; si su brote principal se guía en sentido ascendente, este sauce llorará y sus hojas sólo dejarán de balancearse en los días más serenos. El árbol enano injertado *Caragana arborescens* «Walker», de flores amarillas, podría sustituir al anterior en los jardines más pequeños. Consigue su forma llorona gracias a que

contornos del suelo y continúen sobre los resaltes de paredes bajas. La jara (*Cistus*) se extiende desde el lecho superior para caer como tapiz por el borde de la pared de contención, con sus estrechas hojas verdes que en verano se llenan de pequeñas flores blancas con el centro carmesí. Se puede obtener el mismo efecto plantándola con un enebro que se extenderá como un tapiz y con la periscaria, de flores rosas con forma de vela.

3 Cistus *x* dansereaui *«Decumbens» con* Juniperus horizontalis *«Prince of Wales» y* Periscaria affinis *«Donald Lowndes».*

4 *Fucsia colgante y* Verbena *«Sissinghurst» con* Helichrysum petiolare, *lobelia colgante y hiedra.*

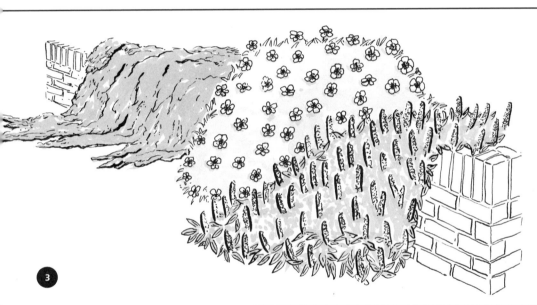

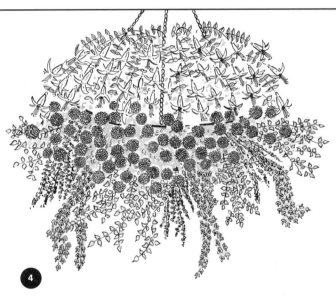

tiene un hábito postrado natural y está injertado en lo alto de un fino tallo de, aproximadamente, 2 m de altura, lo que da un diámetro total de 75 cm. Una masa de pequeñas azucenas amarillas se funde con las otras dos plantas. A este grupo de plantas le va bien tanto estar al sol como bajo una ligera sombra.

plantas rastreras (3)

Si has construido algún lecho elevado para aprovechar al máximo el espacio reducido, puede cubrirlo con un manto verde usando plantas que sigan los

Se trata de una asociación agradable para un rincón soleado.

plantas colgantes para contenedores (4)

Las fucsias constituyen las plantas veraniegas ideales para contenedores. Las variedades estándar de esta planta lloran desde un único tallo creando un hermoso ornamento formal en un contenedor tradicional. En esta cesta, una fucsia colgante, de perfil laxo y flores pendulares, es la pieza central de una combinación informal. Una verbena colgante de color rosa púrpura constituye una atractiva compañera para

la fucsia, al tiempo que el helicriso de hojas grises, la hiedra y la lobelia colgante se extienden hacia fuera para llenar la cesta. A esta combinación de plantas les irá mejor en una posición soleada.

en horizontal

Si un jardín de ciudad está dominado por edificios altos, un modo de reducir la sensación de opresión consiste en diseñar y planear en sentido horizontal. No permita que la rigidez del lugar altere su estilo: si proyecta el jardín en sentido horizontal en lugar de vertical, comprobará que éste parece más espacioso. Las formas horizontales resultan más relajadas e inducen una sensación de

ramas horizontales. La compacta *Prunus laurocerasus* «Low 'n' Green» es una perenne que se extiende en anchura hasta alcanzar 1,8 m de diámetro, aunque sólo tiene 1 m de altura; crece en la semisombra, donde su follaje satinado y sus flores blancas son bien recibidas. A la sombra o a pleno sol, el robusto arbusto perenne y tapizante *Lonicera pileata* se extiende por capas de manera natural; sus ramas horizontales de brillante color verde se pudren cuando tocan el suelo.

1. Pyracantha rogersiana *con* Scabiosa columbaria *«Butterfly Blue» detrás de un seto bajo de* Buxus sempervivens *«Suffruticosa».*

2. Picea pungens *«Prostrata Glauca» con* Hydrangea macrophylla *«Geoffrey Chadbund» y* Cotoneaster congestus.

3. Juniperus horizontalis *«Bar Harbour» con* Phlox subulata *«Oakington Blue Eyes»,* Achillea x lewisii *«King Edward» y* Sedum *«Herbstfreude».*

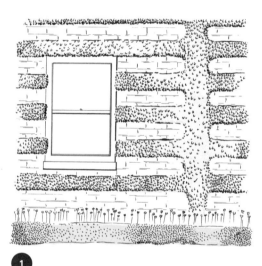

1

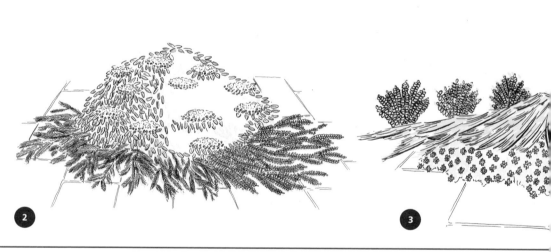

2   3

tranquilidad, del mismo modo que el horizonte o la amplia extensión del mar en calma alivian el espíritu. En jardinería existen modelos de plantación, algunos naturales y otros más artificiales, que pueden producirle este mismo efecto, con lo que el jardín ofrece una sensación de más comodidad y de mayor espacio.

Algunos arbustos crecen con un hábito natural que se expande por niveles, como la *Cornus controversa* «Variegata», que crea una ligera bóveda, o el *Viburnum mariesii* «Summer Snowflake», con blancas flores aplanadas que forman dobles filas a lo largo de sus

El *Cotoneaster horizontalis* también crece a lo ancho, pero sus poseen tienen un hábito más estructurado en forma de «espina de pez».

Existen muchas plantas cobertoras y tapizantes, y algunas de ellas recubren el suelo, como el *Cotoneaster microphyllus* var. *cochleatus* y el *C. salicifolius* «Repens». Hay otras sobre las que se puede pisar, como muchas formas de *Thymus serpyllum, T. lanuginosus,* de textura densa, y *T. micans,* de color verde intenso. La *Raoulia australis* gris plateada, la aromática *Chamomile* «Treneague»

y la hermosa *Acaena* «Copper Carpet» son muy resistentes a las pisadas y crecen agradablemente en parcelas soleadas entre las losas del pavimento.

murales de plantas (1)

El espino albar puede ser guiado fácilmente para seguir formas horizontales, y en este caso se ha usado para decorar una pared lisa. Debajo de él, en el rico y bien trabajado suelo, una masa de escabiosas bajas de sólo 30 cm de altura está cubierta por flores azules en alfiletero a lo largo de todo el verano. Ambas crecen detrás de un seto de boj enano.

asociación de coníferas (2)

El precioso abeto horizontal, con sus hojas de aguja azul plateado de rica textura y sus pequeñas flores rojas, ofrece un aspecto maravilloso al extenderse sobre el pavimento de arenisca roja. Resulta una buena compañía, especialmente hacia finales de verano, para la compacta *Hydrangea*, cuyas flores rojo ladrillo aparecen como corimbos aplanados y se van oscureciendo a medida que se aproxima el otoño.

el espectro de colores con su follaje verde jade, mientras que sus cabezuelas aplanadas de diminutas flores rosas, muy seductoras para las mariposas, repetirán la línea horizontal.

un grupo boscoso para suelo ácido (4)

El cornejo (*Cornus canadensis*) reptante se extiende a poca altura en suelos ricos, húmedos, ácidos y sombreados formando una atractiva cobertura en

4 Cornus canadensis *con Trillium y* Gentiana asclepiadea.

5 Juniperus communis *«Depressa Aurea».*

Un tapiz de cotoneaster reptante de hojas pequeñas se abrirá camino en torno a ellas.

un grupo estacional (3)

En primavera, esta conífera de color gris, de crecimiento lento más que enana y con ramas como cuerdas de látigo, quedará realzada cuando el tapiz de flox perenne que la rodea se llene de sus brillantes flores azules. A mediados de verano, una masa de pequeñas milenramas (*Achillea*), con sus flores amarillo rosáceas de cabeza plana y su liviano follaje, seguirá los contornos del suelo. Posteriormente, el sedum aligerará

primavera; sus hojas aplanadas, radiantes y estriadas se cubren de brácteas de cuatro pétalos que presentan un bello aspecto contra los *Trillium* de color rosa intenso. Este arbusto norteamericano precisa una revisión constante para limitar sus expansivas ambiciones. Más adelante, a finales de verano, el sauce genciana (*Gentiana asclepiadea*) se arqueará bastante, con sus flores-trompeta azul intenso, a lo largo de sus tallos.

plantación en un contenedor horizontal (5)

Un ancho recipiente plano con un espécimen de conífera es todo lo que necesita para disfrutar

de una elegante vista durante todo el año. Muchas coníferas, en concreto los enebros, se extienden a lo ancho, lo que no resulta tan fácil en un contenedor, algo que se debe tener en cuenta en el momento de adquirirlas. El follaje de este enebro es broncíneo en invierno, pero se torna amarillo mantequilla al llegar el verano. Otra hermosa variedad, la *J. sabina* «Tamarascifolia», es de color azul grisáceo y desarrolla gradualmente hileras de ramas superpuestas. Al cabo de siete u ocho años debe podarse.

textura

La textura desempeña un papel importante en los efectos que pueden crearse con las plantas. La forma y el contorno tienden a dominar, y el color resulta de un gran atractivo, mientras que las diferentes texturas producen alegría en los pequeños jardines donde se las puede apreciar de cerca. Las superficies inmaculadas, como las de las hostas, allanan el camino para incluir

1 Brachyglottis *«Sunshine» con* Stachys byzantina y Santolina rosmarinifolia.

2 Cortaderia selloana *«Pumila» con* Eryngium bourgatii y Artemisia schmidtiana *«Nana».*

3 Dryopteris erythrosora *con* Brunnera macrophylla *«Variegata»,* Bergenia *«Baby Doll» y* Hakonechloa macra *«Aureola».*

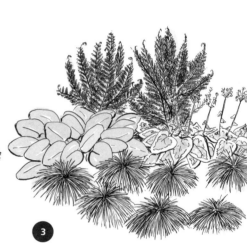

detalles más ricos, como los que se ven en el follaje de las astilbes, por ejemplo. Algunas texturas resultan tan finas que apenas es posible tocarlas, como las bolas de diente de león, y otras son de carácter casi enteramente visual, como la de los cotoneasters de hojas diminutas, tomillos y aéreos helechos. Algunas hojas son verdaderamente agradables al tacto, mientras que otras sólo tienen aspecto texturado y no implican el tacto en absoluto. La asociación de diversos follajes puede dar lugar a ricos contrastes visuales. Ciertos hábitos de crecimiento detallados, como los del follaje pinado de la sorbaria o las hojas con forma

de corazón de los epimedios, se reafirman dentro de un grupo. Las superficies lisas como las de las brillantes aucubas pueden producir reflejos en rincones oscuros; los eringios espinosos añaden brío a un esquema de plantación y las texturas de tipo cuero, como la de la *Rodgersia podophylla*, causan impacto entre el follaje más fino. Como las superficies duras probablemente dominarán en el jardín pequeño, el desafío consiste en suavizarlas y hacerlas más atractivas. El «lanoso» *Thymus lanuginosus* suaviza las duras losas de pavimento; los patrones rítmicos de la *Hedera helix* «Sagittifolia Variegata» al adherirse a las paredes de

ladrillo u hormigón añaden encanto textural, mientras que los macizos de cardo herboso difuminan la aspereza de la grava.

un grupo táctil (1)

La suavidad, como de cuero, del follaje de la *Brachyglottis repanda* hace que este arbusto perenne gris plateado sea agradable al tacto; en verano aparecen margaritas amarillas entre sus hojas velludas y espesas. La *Stachys bizantina* (orejas de liebre), también plateada y amante del sol, presenta unas hojas más gruesas, vellosas y muy táctiles que resultan mucho menos refinadas; esta planta da «lanosas» espigas de flores en verano. Las formas redondeadas de la santolina, con sus suaves macizos verdes y flores botón amarillas, simplemente invitan a tocarlas.

un grupo para el sol (2)
Reducir el contraste de colores favorece que la diferencia de texturas se haga más patente. La pequeña hierba de la pampa (*Cortaderia selloana* «Pumila») produce blancas

elegancia con las grandes hojas en forma de corazón de la *Brunnera* variegada blanco cremosa; esta planta baja recubre el suelo y da racimos de brillantes flores azules en primavera. Las redondeadas y satinadas hojas de las bergenias constituyen un excelente acompañamiento perenne. Bordeando estas plantas, por delante, hay una densa masa arqueada de estrechas *Hakonechloa,* cuyas hojas herbosas y variegadas de tonos amarillos se tornan gradualmente cobrizas a lo largo del otoño.

 Parthenocissus henryana *con* Anthemis punctata *subesp.* cupaniana.

 Especies de Sempervivum *entre rocas distribuidas en estratos formando un jardín ligeramente hundido.*

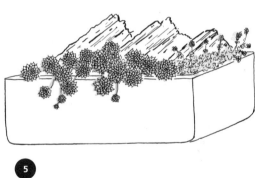

plumas aéreas en verano a partir de una maraña de fino follaje herboso sobre el que las flores de cardo azules del eringio, con sus dentadas hojas basales con estrías blancas, adquieren un aspecto espectacular. Ambas plantas surgen de un montículo plateado de artemisas, finas como filigranas, que disfrutan del sol.

un grupo amante de la sombra (3)
Los helechos son las plantas ideales para las áreas umbrías, y ofrecen un follaje verde brillante ricamente pinado y de delicada textura. Las frondas del *Dryopteris* se despliegan en primavera, cuando contrasta con gran

un grupo para la pared (4)
Cualquier muro que no sea muy estético puede llenarse de ricas texturas con la robusta trepadora *Parthenocissus*, de aterciopelado follaje verde intenso marcado por estrías blanco plateadas; en otoño, toda la pared se tornará carmesí. Debajo se ha dispuesto una franja de manzanillas plateadas que constituyen el complemento perfecto a su aéreo y fino follaje. Dos veces al año la imagen quedará avivada por masas de margaritas blancas que cubrirán la planta a comienzos de verano y también después del recorte. A ambas plantas les gustan los suelos bien drenados y estar en un lugar abierto.

grupo en un contenedor (5)
Entre las plantas no hay ninguna que destaque más por la textura que las siempreviva (*Sempervivum*). Es posible que le gusten las especies con una red de finos pelos, o las grandes y rojizas. Todas ellas son duras al tacto y presentan patrones muy hermosos. Algunas personas coleccionan todas sus variedades y las cultivan en bandejas planas sobre un suelo pobre pero con un buen drenaje. Como alternativa, ofrecen un buen aspecto en jardines hundidos. Estas plantas de aire pacífico sacan sus rosetas de flores, y a medida que van muriendo, surgen más para rellenar los huecos.

contrastes

Todos los espectáculos tienen sus estrellas, y el jardín no es una excepción: algunas plantas destacan por su presencia y no pueden dejar de llamar la atención.

pétalos de venas delicadas. Sobre las hojas anchas, carnosas y con forma de tiras del agapanto surgen redondeadas cabezuelas florales sobre elevados tallos entre mediados y finales de verano. A este grupo de plantas les gusta el sol.

1 Macleaya cordata *«Flamingo»* con Geranium x magnificum e *híbridos de* Agapanthus Headbourne.

2 Acanthus spinosus *con* Penstemon *«Andenken an Friedrich Hahn»* y Liatris spicata *«Floristan White»*.

3 Crocosmia *«Lucifer»* con Iris pallida *«Argenteovariegata»*.

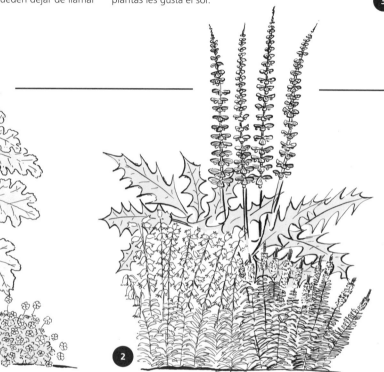

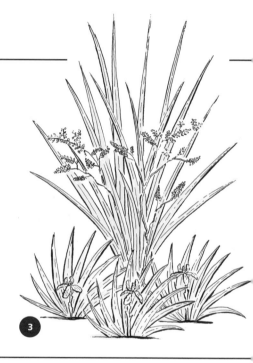

un grupo atrevido de hojas grandes (1)

La *Macleaya cordata* puede alcanzar la escultural altura de 2,5 m y sus hojas redondeadas de color gris pueden llegar a medir 30 cm de longitud, por lo que no puede evitar su papel dominante. Las panículas de vellosas flores rosas surgen a finales de verano. Su sistema de raíces resulta bastante imprevisible, pero fácil de tratar, y la planta raras veces necesita estacas de sujeción.
El suave macizo verde de *Geranium* x *magnificum*, de 60 cm de diámetro, presenta grandes hojas que enrojecen en otoño. Florece a comienzos de verano, cuando da inflorescencias de un azul intenso con

un grupo vertical (2)

La hermosa figura del acanto es toda una declaración tanto en los pequeños jardines como en los grandes. Sus espigas de flores rígidamente erectas y con pinchos no necesitan apoyo y crecen hasta alcanzar casi 1,5 m de altura, mientras que su follaje aislado es famoso desde los tiempos clásicos. Junto a ella, una masa de delicadas inflorescencias de penstemon florecen a lo largo de todo el verano; las espigas florales verticales, cargadas de campanas tubulares, se alzan erguidas al pie del grupo. La liatris, otra perenne floreciente de hábito vertical, produce velludas flores parecidas a velas, y su fino follaje se asemeja al del

sauce. Este grupo florece entre mediados y finales de verano, y le gusta el sol y los terrenos bien drenados; también puede desarrollarse sobre una capa de grava.

grupo de follaje puntiagudo (3)

La efectividad de este grupo que florece en verano depende de dos plantas. Una de ellas es la crocosmia, parecida a una espada, que crece más de 1 m de altura. Frente a ella hay un grupo de lirios que pueden distinguirse por sus característicos abanicos entre los que se insertan las hojas. Las hojas variegadas poseen un grueso trazo blanco a lo largo de un costado.

acentos exóticos

La definición de «exótico» depende de dónde se halle uno, pero en general se entiende que el término incluye plantas de espectacular presencia originarias de países cálidos y secos, o de los denominados, de manera un tanto imprecisa, subtropicales. En climas templados, estas plantas sobrevivirán al aire libre en el microclima comienzos de verano. La caña de indio (*Hedychium densiflorum*) cuenta con un racimo de hojas lanceoladas y estriadas de las que surgen espigas de flores amarillas y naranjas a finales de verano. Todas ellas requieren sol.

1. Chamaerops humilis *con* Yucca whipplei *y* Hedychium densiflorum.
2. Eccremocarpus scaber *con* Lapageria rosea.
3. Begonia tuberosa *«Fortuna Peach Shades»*.

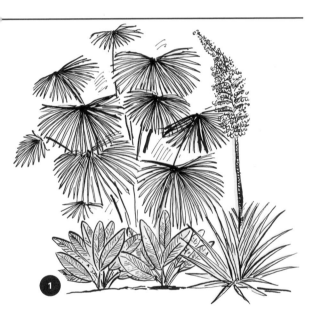

de diminutos espacios cerrados o en pequeñas áreas donde cada planta pueda ser cuidada individualmente abrigándola en invierno y cubriendo el terreno con un grueso mantillo para protegerla.

un aspecto subtropical (1)
Las plantas de este grupo muestran la riqueza de su exótico follaje, si bien no son necesariamente subtropicales. La palmera enana semirrobusta presenta hojas de hasta 1 m de anchura con densas formas de abanico. Junto a ella, a la misma altura de 1,5 m, hay una yuca que da fragantes panículas de flores blancas a

trepadoras exóticas (2)
Muchas trepadoras son de apariencia claramente exótica, y aunque resultan poco resistentes a los rigores climáticos, pueden cultivarse en el microclima cerrado de un pequeño patio. La perenne *Eccremocarpus scaber* es una trepadora de rápido crecimiento que prospera en cualquier suelo, pero, como no resiste el frío, posiblemente se tendrá que tratar como anual; se extiende bien sobre un enrejado, pues crece 1,8 m cada estación. A sus agrupamientos de flores tubulares naranja rojizo les siguen vainas infladas. Cerca, sobre una pared sombreada, crece la

Lapageria rosea, una planta leñosa que se enrosca y puede alcanzarlos 5 m; en un jardín reducido tendrá que podarse a comienzos de primavera. Las hojas son oblongas y las flores carnosas y colgantes, de más de 8 cm de longitud. Ambas plantas necesitan un suelo bien drenado.

contenedores exóticos (3)
Las elegantes begonias tuberosas crean un frondoso follaje que cuelga sobre el borde de la maceta. Este cultivar de flores grandes florecerá a lo largo de todo el verano.

elemento central (1)

Este *Viburnum* es un arbusto redondeado con simples hojas elípticas que se diferencian por la estructura de sus nervios. Su hábito de crecimiento hace de él un arbusto «asentado» que embellece modestamente lo que le rodea. Detrás de él se encuentra la alta y erecta mahonia, con follaje pinado con pinchos y racimos de fragantes flores amarillas en invierno. Su hábito arqueado y estrecho permite plantarla en jardines pequeños. Debajo de ambas

1 Viburnum davidii *con* Mahonia «*Winter Sun*» *y* Lonicera pileata.

2 *En la rica diversidad de hiedras pueden incluirse las siguientes:*
a. Hedera helix «*Oro di Bogliasco*»; b. H. helix «*Pedata*»;
c. H. colchica «*Dentata*»; d. H. helix «*Parsley Crested*»;
e. H. helix «*Merion Beauty*».

3 Camellia x williamsii «*Donation*».

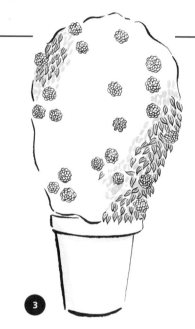

perennes

Algunas de las valiosas plantas perennifolias son tan resistentes como el cemento. Pueden tapizar como muchos arbustos de pared, por ejemplo el ceanoto o la escalonia, o pueden recubrir un muro, como las apreciadas hiedras trepadoras; también cabe la posibilidad de que formen la escultura de un jardín, como las vistosas fatsias, las sólidas hebes redondeadas o los magníficos cultivares de mahonia; asimismo, pueden repeler a los invasores: no hay nada tan dañino como la espinosa *Berberis julianae*.

plantas crece la madreselva reptante semiperenne, cuya masa de diminutas y brillantes hojas verdes resulta refrescante en contraste con los verdes más oscuros.

trepadoras (2)

Hay pocas trepadoras perennifolias que resulten tan compactas y manejables como las hiedras, si bien existen tantas variedades de hiedra que con una selección de ellas se pueden conseguir efectos muy diferentes. Los pequeños cultivares de *Hedera helix*, algunos de los cuales se muestran en esta obra, son muy adecuados para los jardines reducidos. Para una sombra completa no hay otra variedad

mejor que la *Hedera helix* «Oro di Bogliasco» (sin. «Goldheart»); sus centros amarillos brillan hasta en las paredes más oscuras. Entre las variedades de hojas más grandes están la *H. canariensis* y la *H. colchica*, algunas de ellas con hojas variegadas o con forma de receptáculo.

cultivo en contenedor (3)

El uso de compost ericáceo permite cultivar plantas amantes de los suelos ácidos en macetas y en cualquier lugar del jardín. Esta camelia es un denso arbusto penenne que crece a la sombra o semisombra y da flores rosas en primavera.

plantas para propósitos especiales

Estas listas representan una elección personal de plantas adaptadas a diseños concretos en espacios reducidos. Por lo general habrá muchas otras que cumplan sus requisitos. Compruebe siempre las dimensiones definitivas de las plantas y sus necesidades de suelo, luz y humedad para asegurarse de que encajen bien en su jardín.

* **Suelo ácido**
c **conífera**
h **herbácea**
a **arbusto**
o **hierba ornamental**
t **trepadora**

plantas para crear formas verticales
Acanthus spinosus h
Asphodeline h
Bambúes (algunos)
Cimicifuga (algunas) h
Delphinium h
Digitalis h
Eremurus robustus h
Hedera helix «Erecta» a
Juniperus communis «Hibernica» c
Juniperus scopulorum «Skyrocket» c
Kniphofia h
Lobelia (algunas) h
Lupinus h
Lythrum h
Rosmarinus officinalis «Miss Jessopp's Upright» a
Sidalcea h
Taxus baccata «Fastigiata» c

Verbascum h
Veronica (algunas) h

plantas con formas que se extienden a lo ancho o cabezuelas de flores planas
Abies procera «Glauca Prostrata» c
Acer (algunas) a
Achillea h
Anaphalis margaritacea h
Cotoneaster horizontalis a
Cornus controversa «Variegata» a
Dianthus barbatus h
Hosta (follaje por capas) h
Heuchera (follaje por capas) h
Hydrangea macrophylla a
Juniperus sabina «Tamarascifolia» c
Lonicera pileata a
Prunus laurocerasus «Zabeliana» a
Viburnum sargentii «Onondaga» a

plantas para crear una masa redondeada
Artemisa alba «Canescens» h
Anthemis punctata subesp. cupaniana h

Buxus microphylla «Green Pillow» a
Cistus x hybridus a
Choisya «Aztec Pearl» a
Hebe a
Hypericum «Hidcote» a
Pinus mugo «Ophir» c
Potentilla (algunas) a
Santolina chamaecyparissus a
Viburnum davidii a

plantas lloronas
Acer palmatum var. dissectum a
Buddleja alternifolia (cultivada de la manera estándar) a
Cotoneaster salicifolius «Pendulus» (injertado de la manera estándar) a
Cedrus deodara «Aurea» c
Dicentra spectabilis h
Fuchsia h
Gentiana asclepiadea* h
Polygonatum x hybridum h
Tsuga canadensis «Bennett» c
Wisteria (cultivada de la manera estándar) a

formas herbosas y con inflorescencia en espigas
Agapanthus h
Bambúes
Cordyline a
Cortaderia selleona «Pumila» o
Crocosmia h
Gladiolus communis h
Hierbas (ornamentales) o
Hemerocallis h
Iris (algunos) h
Kniphofia h
Libertia h
Liriope h
Phormium a
Sisyrinchium striatum h
Yucca a

plantas de follaje o flores liviano
Tamarix a
Artemisia h
Astilbe h
Cortaderia o
Helechos
Foeniculum vulgare h

Gypsophila h
Hierbas o
Nepeta h
Nigella damascena h
Perovskia h
Solidago h
Thalictrum h

plantas de hojas grandes

Bergenia h
Brunnera macrophylla h
Canna h
Ensete ventricosum a
Fatsia japonica
Helechos
Galax urceolata* h
Hosta h
Ligularia (algunas) h
Macleaya cordata h
Melianthus major h
Phyllostachys bambusoides
Rheum palmatum h
Ricinus communis h
Rodgersia h
Rumex sanguineus h
Veratrum h
Zantedeschia aethiopica
    «Crowborough» h

plantas herbáceas con hábitos que atraen la mirada

Agapanthus
Allium (algunas)
Anthericum liliago
Camassia leichtlinii
Cleome hasslieriana
Crinum
Dicentra
Dierama pulcherrimum
Erythronium (algunas)
Fritillaria (algunas)
Galtonia viridiflora

Hedychium gardnerianum
Lilium (algunas)
Nectaroscordum siculum
Nicotiana langsdorfii
Schizostylis coccinea
Trillium*
Thalictrum delavayi
Hierbas y helechos (algunas)

plantas para esculpir y hacer setos

Artemisia abrotanum a
Azara microphylla a
Buxus (algunos) a
Carnipus a
Corylus a
Euonymus a
Fagus a
Hedera a
Ilex a
Juniperus c
Laurus nobilis a
Lavandula a
Ligustrum a
Lonicera nitida a
Osmanthus x burkwoodii a
Pyracantha a
Santolina a
Taxus c
Teucrium chamaedrys a
Thuja c

arbustos de pared y trepadoras

Campsis x tagliabuana «Madame
    Galen» t
Ceanothus (algunas) a
Chaenomeles (algunas) a
Clematis (algunas) t
Euonymus fortunei «Silver Queen» a
Escallonia (algunas) a
Hedera helix (algunas) t

Itea ilicifolia a
Jasminum officinale «Affine» t
Lapageria rosea t
Lonicera japonica
    «Aureoreticulata» t
Parthenocissus henryana t
Parthenocissus quinquefolia t
Passiflora (algunas) t
Pyracantha (algunas) a
Solanum crispum «Glasnevin» t
Solanum jasminoides t
Trachelospermum jasminoides t
Vitis vinifera «Purpurea» t
Wisteria (algunas) t

arbustos muy pequeños

Acer palmatum (de crecimiento
    lento)
Berberis candidula
Cistus x dansereaui
    «Decumbens»
Coníferas (de crecimiento
    lento) c
Convolvulus cneorum
Cotoneaster (algunas)
Daphe (algunas)
Euonymus fortunei
Fuchsia (algunas)
Gaultheria shallon*
Genista lydia
x Halimiocistus sahucii
Hebe (algunas)
Helianthemum (algunas)
Hypericum x moserianum
Hyssopus officinalis
Lavandula (algunas)
Potentilla (algunas)
Rhododendron* (algunos)
Rosa (patio)
Rosmarinus officinalis, grupo
    Prostratus
Ruta graveolens

Salix (algunas)
Salvia officinalis
Santolina (algunas)
Sarcococca
Skimmia* (algunas)

índice

Los números de página *en itálica* hacen referencia a las ilustraciones

agradecimientos

La autora y los editores quieren recordar la memoria de John Kelly, cuya ideal inicial inspiró este libro.

agradecimientos de la autora

Quiero dar las gracias al equipo que ha trabajado en este libro, y debo decir que aporta nuevos datos a la obra *Ladies who Lunch*. En este equipo que tan bien ha funcionado incluyo a Carole McGlynn, la editora, cuya excepcional meticulosidad, tacto y atención para «retener» mi voz hizo que sus llamadas telefónicas fueran muy bien recibidas. Aprecio enormemente la visión creativa de Francoise Dietrich, la editora de arte, que ha marcado un estilo con el que me siento completamente identificada, y a Nathalie Hennequin, su «asesora» creativa, que también trabajó con paciencia. Asimismo, creo que es de mucho valor el trabajo de Nadien Bazar, consiste en buscar imágenes especiales. Rachel Gibson logró que en el diseño de la última parte del libro se diera un equilibrio magistral entre imágenes y texto. Jane O'Shea, que hizo el encargo del libro, siguió su progreso dándonos sus claros ánimos a lo largo de todo el proceso. En conjunto, este trabajo en equipo ha sido una experiencia muy feliz.

Marianne Majerus tomó algunas notables fotografías para este libro y aprecio enormemente las ilustraciones abstractas en color de Alison Barratt, que reflejan estados de ánimo. Julia Brett ha llevado adelante una investigación sistemática e imaginativa, además de darme apoyo con su divertido ingenio. Nancy Alderson ha hecho todo el trabajo de mecanografía bajo una presión creciente y Freya Billington ha mostrado su talento artístico cuando he necesitado que me escucharan. Además, han colaborado demasiados diseñadores como para mencionarlos a todos, pero amigas como Barbara Hunt, Cleve West, Johnny Woodford, George Carter, Paul Cooper y Victor Shanley merecen una mención individual. Y en cuanto a mi marido, que me ha dado su apoyo práctico y creativo, simplemente siento que sin él no hubiera habido libro.

Redactor: Françoise Dietrich

Redactor del proyecto: Carole McGlynn

Diseñadores: Rachel Gibson, Nathalie Hennequin

Ayudante de dirección: Katherine Seely

Selección de imágenes: Nadine Bazar

Producción: Candida Lane

Ilustraciones (Partes 1, 2 y 3)
de Alison Barratt; (Parte 5) de Michael Hill

El editor quiere dar las gracias a los fotógrafos y las organizaciones por darnos amablemente su permiso para reproducir en este libro las siguientes fotografías:

2-3 Beatrice Pichon-Clarisse; 4 Guy Bouchet; 6 extremo izquierda Jill Billington/diseño Victor Shanley; 6 izquierda diseño Jill Billington; 6 centro Marianne Majerus/Dominique Lubar, para IPL Interiors; 6 derecha, Marianne Majerus/diseño Johnathan Baillie; 6 extremo derecha Beatrice Pichon-Clarisse/diseño Sylvie Devinat; 7 Marianne Majerus/diseño Paul Cooper; 8 Marianne Majerus/Catherine Geraghty; 9 izquierda Marie Claire Maison/Gilles de Chabaneix/Marie Kalt; 9 centro Christian Sarramon/C Decarpenterie; 9 derecha Garden Picture Library/Gary Rogers; 10 izquierda Marianne Majerus/Catherine Geraghty; 10 derecha Elizabeth Whiting & Associates/Jerry Harpur/Michael Love; 11 Agence Top/Pascal Chevallier/diseño Jacques Grange; 12 Marianne Majerus/arquitecto Rick Mather; 13 izquierda Christine Ternynck; 13 derecha Jerry Harpur/diseño Stephen Brady, San Francisco; 14 superior, Beatrice Pichon-Clarisse/diseño Camille Muller y H. Peuvergne; 14 inferior Marianne Majerus/Jane Short; 15 Garden Picture Library /Ron Sutherland/diseño Anthony Paul; 16 izquierda Marianne Majerus /diseño Jill Billington con Anne y Roger Harrabin; 16 derecha Michèle Lamontagne; 17 Inside/Claire de Virieu/diseño Loup de Viane; 18 izquierda Marianne Majerus/diseño Lucy Gent/Bernadette y John Thompson; 18 derecha Jill Billington; 19 Beatrice Pichon-Clarisse/diseño Sylvie Devinat; 20 izquierda Clive Nichols/Christian Wright, San Francisco; 20 derecha Marianne Majerus/diseño Christopher Masson; 21 Jerry Harpur/diseño Robert Watson, Christchurch, Nueva Zelanda; 22 Jerry Harpur/diseño Sonny Garcia, San Francisco; 23 izquierda John Glover/diseño Barbara Hunt; 23 derecha Jerry Harpur/diseño Jason Payne, Londres; 24 The Interior Archive/Peter Woloszynski; 25 izquierda Marianne Majerus/diseño Thomasina Tarling; 25 derecha Jerry Harpur/diseño Andrew Weaving, Londres; 26 superior Marianne Majerus/Dominique Lubar, para IPL interiors; 26 inferior Camera Press; 27 Jerry Harpur/diseño Tim Vaughan, Londres; 28 John Glover/diseño Barbara Hunt; 29 izquierda S&O Mathews/Beth Chatto Gardens; 29 derecha Inside/Jean-Pierre Godeaut; 30 Marianne Majerus/Carol Lee; 31 izquierda Jill Billington; 31 derecha Marianne Majerus/David French; 32 Marianne Majerus/Rose Cooper; 33 superior izquierda Marianne Majerus/diseño Kim Whatmore/contratista Nick Ryan; 33 inferior izquierda S&O Mathews/Sir H. Hillier Gardens; 33 derecha S&O Mathews/Pashly Manor; 34 S&O Matthews/Longhatch, Hampshire; 35 Michèle Lamontagne; 36 Marianne Majerus/arquitecto Rick Mather; 37 superior Marianne Majerus/Rose Cooper; 37 inferior Marianne Majerus/Leslie Sayers; 38 izquierda Beatrice Pichon-Clarisse; 38 derecha Jerry Harpur/diseño Patricia Dymond, Londres; 39 Marianne Majerus; 40 Jill Billington/diseño Victor Shanley; 41 Marianne Majerus/Sandy y Fiona MacLennan; 42 Marianne Majerus/diseño Lucy Gent/Bernardette y John Thompson; 43 izquierda, Michèle Lamontagne; 43 derecha Marianne Majerus/Rose Cooper; 44 izquierda, Jerry Harpur/diseño Keeyla Meadows, San Francisco; 44 derecha Jerry Harpur/diseño Gunilla Pickard, Fanners Green, Essex; 45 Derek St. Romaine/diseño Hiroshi Nanamori y Andrew Butcher; 46 izquierda Jerry Harpur/diseño Sonny Garcia, San Francisco; 46 derecha, Jerry Harpur/diseño Peter Wooster y Gary Keim, Connecticut; 47 Marianne Majerus/diseño Pamela Johnson; 48 Marianne Majerus/Mrs Adamsí jardín diseñado por Anthony Noel;

49 izquierda Noel Kavanagh; 49 derecha Marianne Majerus/Jane Short; 50 Clive Nichols; 51 superior Inside/Jerome Darblay; 51 inferior Michèle Lamontagne/diseño Sonny Garcia; 52 superior Garden Picture Library/Ron Sutherland/diseño Anthony Paul; 52 inferior Marianne Majerus/Kathy Lynam; 53 Marianne Majerus/David French; 54 Marianne Majerus/diseño Christopher Masson; 55 John Glover; 56 Jill Billington; 57 Noel Kavanagh; 58 S&O Mathews/Old Barn Close, Hampshire; 59 Marianne Majerus/David French; 60 Marianne Majerus; 61 Jerry Harpur/diseño Robert Chittock, Seattle; 62 izquierda Marianne Majerus; 62 derecha Marianne Majerus/diseño Jill Billington con Anne y Roger Harrabin; 63 Marianne Majerus; 64 Beatrice Pichon-Clarisse; 65 Marianne Majerus/diseño Johnathan Baillie; 66 izquierda Christine Ternynck/Menken; 66 derecha Jerry Harpur/diseño Jean Goldberry; 67 izquierda Marianne Majerus/diseño Christopher Masson/Professor Ian Macdonald y Stanley Hamilton; 67 derecha Marianne Majerus/arquitecto Rick Mather; 68 extremo derecha Marianne Majerus/diseño Jill Billington con Anne y Roger Harrabin; 68 izquierda Marianne Majerus/David Altaras; 68 centro Beatrice Pichon-Clarisse/trampantojo de Christin Merle; 68 derecha Marianne Majerus/Rose Cooper; 68 extremo derecha Jerry Harpur/diseño Raymond Hudson, Johanesburgo; 69 Vogue Living/John Hollingshead; 70 Vogue Living/Chris Chen; 71 izquierda Marianne Majerus/diseño Jill Billington con Anne y Roger Harrabin; 71 derecha Inside/Claire de Virieu; 72 izquierda Marianne Majerus/Mrs Adamsí, jardín diseñado por Anthony Noel; 72 derecha Christian Sarramon; 73 Marie Claire Maison/Laurent Teisseire/Catherine Ardouin; 74 Christine Ternynck/Menken; 75 izquierda, John Glover/diseño Barbara Hunt; 75 derecha Christian Sarramond/Zoy di Lorenzo; 76 superior Beatrice Pichon-Clarisse; 76 inferior Jerry Harpur/diseñador Sonny Garcia, San Francisco; 77 Jerry Harpur/Martin Sacks, Londres; 78 superior izquierda Marianne Majerus/arquitecto Rick Mather; 78 inferior izquierda Clive Nichols/Turn End Garden, Bucks; 78 inferior derecha Marianne Majerus/John Sarbutt; 79 Outdoor Lighting Company/Hugh Palmer; 80 Jill Billington; 81 superior izquierda Michèle Lamontagne/diseño Chris Rosmini; 81 superior centro Garden Picture Library/Ron Sutherland/diseño Duane Paul Design Team; 81 derecha Garden Picture Library/Steven Wooster/diseño Anthony Paul; 82 izquierda Marianne Majerus/mural diseñado por Francis Hamel-Cooke; 82 derecha Marianne Majerus/David Altaras; 83 izquierda Marianne Majerus/diseño George Carter; 83 derecha Jerry Harpur/diseño Raymond Hudson, Johanesburgo; 84 izquierda, Jerry Harpur/diseño Ron Simple, Philadelphia; 84 derecha Jerry Harpur/diseño Patrick Presto, San Francisco; 85 Marianne Majerus/Rose Cooper; 86 izquierda Beatrice Pichon-Clarisse/trampantojo de Christian Merle; 86 derecha Michèle Lamontagne; 87 © 1997 Harel; 88 extremo izquierda Marianne Majerus/diseño Patrick Rampton/contratista Nick Ryan; 88 izquierda Derek St Romaine/diseño Cleve West; 88 centro Marianne Majerus/diseño George Carter, Fulcher Tate; 88 derecha Marianne Majerus/John Sarbutt; 88 extremo derecha Derek St Romaine/Johnny Woodford; 89 Christian Sarramon; 91 superior izquierda Christine Ternynck/Menken; 91 superior derecha Beatrice Pichon-Clarisse; 91 centro Marianne Majerus/diseño Patrick Rampton/contratista Nick Ryan; 91 inferior Jerry Harpur/diseño Keeyla Meadows, San Francisco; 92 superior Marianne Majerus/Rose Cooper; 92 inferior Noel Kavanagh; 93 Inside/Claire de Virieu/diseño Camille Muller; 94 Clive Nichols/diseño Keeyla Meadows; 95 izquierda Clive Nichols/diseño Sonny Garcia; 95 derecha Marianne Majerus/David French; 96-97 Marianne Majerus/diseño Patrick Rampton/contratista

Nick Ryan; 99 superior Undine Prohl/Enrique Albin, Albin Vasconce los Elizondo Architects; 99 centro izquierda Derek St Romaine/Johnny Woodford; 99 centro derecha Marianne Majerus/diseño Paul Cooper; 99 inferior Christine Ternynck/diseño E. d'Avdew; 100 superior izquierda Derek St Romaine/diseño Hiroshi Nanamori y Andrew Butcher; 100 superior derecha Beatrice Pichon-Clarisse/diseño Sylvie Devinat; 100 inferior izquierda Jill Billington; 101 Vogue Living/Trevor Fox; 102 superior Garden Picture Library/Ron Sutherland; 102 inferior Camera Press; 103 Michèle Lamontagne/diseño Camille Muller; 104-105 Derek St Romaine/diseño Cleve West; 107 superior izquierda Christine Ternynck; 107 superior derecha Marianne Majerus/diseño George Carter, Fulcher Tate; 107 centro Marianne Majerus; 107 inferior Marianne Majerus/Mrs. Adamsí garden diseño por Anthony Noel; 108 Dennis Krukowski/diseñador Michael Formica Inc.; 109 superior Christine Ternynck; 109 inferior Henk Dijkman; 110-111 superior Marianne Majerus/diseño George Carter, Fulcher Tate; 113 superior Marianne Majerus/John Sarbutt; 113 centro Christian Sarramon; 113 inferior Marianne Majerus/Carol Lee; 114 Marianne Majerus/diseño Jonathan Baillie; 115 izquierda Jerry Harpur/diseño Jason Payne, Londres; 115 centro Marianne Majerus/John Samuel; 115 derecha John Kelly; 116-117 Marianne Majerus/John Sabutt; 119 superior izquierda Christian Sarramon; 119 superior derecha Marianne Majerus/diseño Lucy Gent/Bernadette & John Thompson; 119 inferior Marianne Majerus/diseño Jonathan Baillie; 120 izquierda Marianne Majerus/diseño Christopher Masson; 120 derecha Christian Sarramon; 121 izquierda Michèle Lamontagne/diseño Harry Gullickson; 121 derecha Christian Sarramon; 122-123 Marianne Majerus/arquitecto Rick Mather; 125 superior izquierda Derek St Romaine/diseño Johnny Woodford; 125 superior derecha Marianne Majerus/diseño Jill Billington con Anne y Roger Harrabin; 125 centro Inside/Claire de Virieu/diseño Madison Cox; 125 inferior Garden Picture Library/Ron Sutherland/Duane Paul Design Team; 126 Dennis Krukowski/diseño Madison Cox/Lexington Gardens, ciudad de Nueva York; 127 superior Belle Magazine/Simon Kenny; 127 inferior Christian Sarramon; 128-129 Derek St Romaine/Johnny Woodford; 130 izquierda S&O Mathews/Sir H Hillier Gardens; 130 centro & extremo derecha John Glover; 130 derecha Andrew Lawson; 131 S&O Mathews/Morton Manor; 132 izquierda y centro S&O Mathews; 132 derecha John Glover; 133 izquierda John Glover; 133 centro Andrew Lawson; 134 izquierda Clive Nichols; 134 derecha Garden Pictures Library/John Glover; 135 izquierda Andrew Lawson; 135 derecha Neil Campbell-Sharp; 136 izquierda Clive Nichols; 136 derecha Neil Campbell-Sharp; 137 izquierda A-Z Botanical/Geoff Kidd; 137 derecha John Glover; 138 izquierda Garden Picture Library/Sunniva Harte; 138 centro Andrew Lawson; 138 derecha S&O Mathews; 139 Andrew Lawson; 140 izquierda A-Z Botanical/A Young; 140 derecha Andrew Lawson; 141 izquierda John Glover; 141 derecha Andrew Lawson; 142 izquierda John Glover; 142 derecha S&O Mathews; 143 John Glover; 144 izquierda John Glover; 144 derecha S&O Mathews; 145 izquierda Andrew Lawson; 145 centro Clive Nichols; 145 derecha John Glover; 146 izquierda Clive Nichols; 146 derecha Garden Pictures Library/J S Sira; 147 izquierda S&O Mathews; 147 derecha Andrew Lawson; 148-149 Andrew Lawson; 150 izquierda S&O Mathews/53 Ladywood, Eastleigh; 150 derecha Andrew Lawson; 151 izquierda A-Z Botanical; 151 centro John Glover; 151 derecha Eric Crichton; 152 izquierda Clive Nichols; 152 derecha John Glover.